能源经济与低碳政策丛书

电动汽车政策体系研究
从推广应用到车网融合

RESEARCH ON THE POLICY SCHEME OF
ELECTRIC VEHICLES

From Promotion to V2G Integration

马少超　范　英　著

科学出版社

北京

内 容 简 介

推广电动汽车有助于减少空气污染、降低化石能源消耗和碳排放、振兴我国汽车工业。在推进碳达峰、碳中和及能源系统低碳转型的背景下，电动汽车还被赋予了配合电力系统削峰填谷、以车网融合模式协助电网消纳可再生能源的新历史使命。本书针对我国电动汽车产业发展与车网融合模式的政策体系进行系统性研究，涵盖推广应用与车网融合两部分内容，研究范围包括既有政策效果评估、消费者购车偏好、补贴取消后替代政策设计、车网融合政策体系转型路径与政策工具设计。每章内容都包含政策意义与建议，为我国能源系统低碳转型中的电动汽车与电力系统融合发展的政策制定提供参考。

本书可供高等院校、科研院所、各级党政机关、行业协会、企业与非政府组织机构的研究人员、研究生、管理决策者以及关注中国电动汽车产业发展的其他读者阅读。

图书在版编目（CIP）数据

电动汽车政策体系研究：从推广应用到车网融合 / 马少超，范英著. —北京：科学出版社，2024.1

（能源经济与低碳政策丛书）

ISBN 978-7-03-076242-9

Ⅰ. ①电⋯　Ⅱ. ①马⋯ ②范⋯　Ⅲ. ①电动汽车-产业政策-研究-中国　Ⅳ. ①F426.471

中国版本图书馆 CIP 数据核字（2023）第 160114 号

责任编辑：徐　倩 / 责任校对：姜丽策
责任印制：张　伟 / 封面设计：无极书装

科 学 出 版 社 出版

北京东黄城根北街 16 号
邮政编码：100717
http://www.sciencep.com

北京盛通数码印刷有限公司 印刷
科学出版社发行　各地新华书店经销

*

2024 年 1 月第 一 版　开本：720×1000　1/16
2024 年 1 月第一次印刷　印张：14 3/4　插页：2
字数：298 000

定价：168.00 元

（如有印装质量问题，我社负责调换）

总　　序

　　能源和环境约束已经成为人类经济社会发展的重大挑战，节能减排和应对气候变化已经纳入中国社会经济发展的长远规划和发展战略中。中国在大力发展新能源和可再生能源、提高能源利用效率、降低单位国内生产总值（gross domestic product，GDP）碳排放强度的同时，进一步在《能源发展"十三五"规划》中提出"能源消费总量控制在 50 亿吨标准煤以内"。

　　不断深入的能源革命和节能减排实践，对经济学和管理学提出了新的挑战和要求，包括经济结构调整和经济转型、能源市场化改革、气候变化的全球性、新能源新技术的发展动力等，这些既有国际范围的课题，又有中国特有的课题。范英教授带领的研究组是国内较早对这些课题开展系统深入研究的团队，他们围绕能源和环境的现实挑战，应用扎实规范的经济学和管理科学理论方法，长期耕耘探索，不断积累，形成了丰富的研究成果。"能源经济与低碳政策丛书"是这些优秀成果的汇编，丛书具有以下鲜明的特点。

　　问题来源于实践。丛书中每部专著的选题都来自现实的能源环境挑战，特别是针对中国经济的特点和所处的发展阶段，发挥了经济学和管理科学的学以致用的特点，直面问题，揭示规律，探索机制，提出优化的政策建议。

　　研究方法有创意。丛书采用规范的经济学和管理科学研究方法，基于大量的实际数据，将理论研究和实证研究相结合。书中涉及很多数学模型和计算，研究成果已经过同行评议，并发表在国际、国内一流学术期刊上。

　　重视研究成果的落实。在理论研究和模型分析的基础上，注重讨论决策和机制设计问题，以及决策变量与环境条件参数的关系，将现实的决策与未来的情景分析结合起来，最后推导出优化的政策选择。

　　"能源经济与低碳政策丛书"选题新颖、内容丰富、论证严谨，理论与实证相结合，具有创新性、前瞻性和实用性，是一套优秀的学术丛书。我希望并深信这套丛书的出版将进一步推动中国能源经济学、环境经济学和能源环境管理学科的发展，推动中国能源环境决策的科学化和国际化。希望范英教授团队和国际、国内同行一道，在应对能源和环境挑战的事业中不断做出新的贡献。

中国优选法统筹法与经济数学研究会原理事长

中国科学院科技政策与管理科学研究所原所长

2015 年 10 月于北京

序

党的二十大报告指出，实现碳达峰、碳中和是一场广泛而深刻的经济社会系统性变革。要积极稳妥地推进碳达峰、碳中和，需要在确保能源安全的前提下，深入推进能源革命，规划建设新型能源体系，从能源生产与消费方式两侧同时推动低碳转型。积极推广和有效利用电动汽车，能够在降低化石能源依赖的同时促进交通部门脱碳，是构建新型低碳能源体系的重要内容。

电动汽车是我国的战略性新兴产业，是保障能源安全、改善空气质量的先进交通工具，是推动能源利用方式清洁化、促进能源生产方式低碳化的重要途径，是基于重大技术革新和发展需求、具有长远经济发展潜力的重要产业，是以技术进步推动经济高质量发展的典型案例，是我国从汽车大国走向汽车强国的重要支柱，是带动人工智能、5G、智慧城市、信息技术、储能技术等高科技产业创新与发展的重要力量。

我国电动汽车产业的快速发展始于政府政策的强力支持。从 2009 年由科学技术部等四部委联合启动的"十城千辆"计划至今，通过财政与行政多层次的政策激励，我国电动汽车已经在技术研发、产业规模、基础设施建设等方面的全球竞争中取得了来之不易的优势地位和先发效应，在政府、企业、民众心中建立了自信。然而，短短十余年的政策执行过程中也伴随着诸如对补贴政策的争议和消费者普遍反映的充电难等现实问题。随着 2023 年电动汽车购置补贴的取消，需要科学地评估既有政府政策在电动汽车推广中的积极作用、总结施政经验，才能建立健全以市场机制为导向的政策体系，促进电动汽车技术升级和产业可持续发展，推动燃油汽车企业及相关产业链平稳有序转型，助力电动汽车产业从优惠政策的接受者转变为以技术进步和市场需求引领的创新者。

电动汽车当前最重要的创新方向之一是融入能源系统低碳转型、协同电力系统实现碳达峰、碳中和的变革中。这场变革的核心是通过政策设计推动能源生产利用的技术革新与产业升级，以实现碳排放的快速达峰并下降。电力与交通领域的碳排放之和约占全球碳排放总量的三分之二，分别代表着能源供给侧与需求侧在这场变革中的重要部门。电动汽车正处于电力与交通部门的连接点，恰当地利用电动汽车充电需求与储能潜力，在近期可以通过有序充电减小电力系统的峰谷负荷差，从而降低电力系统二氧化碳排放与经济成本，推动化石能源清洁低碳高效利用；在中远期可以借助车网融合实现源网荷储一体化，提升电力系统消纳可再生能源发电的能力，从根本上加快能源体系由化石能源向非化石能源转变。国务院发布的《新能源汽车产业发展规划（2021—2035 年）》指出，促进新能源汽车与能源、交通、信息通信深度融合，统筹推进技术研发、标准制定、推广应用和基础设施建设，把超大规模市场优势转化为产业优势。

以上电动汽车推广应用和跨部门车网融合的主题正是《电动汽车政策体系研究：从推广应用到车网融合》的主要研究内容。该书凝聚了范英教授领导的研究团队多年的研究成果，以科学严谨的管理学理论为基础，灵活运用计量经济学和行为经济学模型方法，依据大量实证数据与市场调研结果，对我国多年来的电动汽车产业推广政策进行了规范深入的分析与评估，对未来如何推动电动汽车进一步扩大市场份额，以及如何促进电动汽车与可再生能源电力系统融合发展的政策路径与机制设计进行了有针对性的研究与探讨。在此基础上取得了一系列具有科学价值的研究结论，提出了一套具有现实意义的政策建议。《电动汽车政策体系研究：从推广应用到车网融合》是这个新兴领域比较系统的一部学术专著，具有很强的理论价值与实践意义。

值得指出的是，《电动汽车政策体系研究：从推广应用到车网融合》采用经济管理和工程技术学科交叉的研究框架来解决能源系统低碳转型问题。在供给侧，通过大规模线性规划和电力系统模型仿真来优化车网融合情景下的电力系统低碳转型路径，采用大数据技术刻画消费者对电动汽车的购车行为与参数偏好以优化车辆生产设计。在需求侧，基于计量经济学、行为经济学理论与方法，综合评估了既有政策体系对产业发展的影响，量化设计了消费者行为导向的电动汽车推广应用与车网融合政策工具。全书从跨学科交叉角度出发，对优化生产要素流动与配置，引导和培养需求侧消费者的行为习惯做出了富有意义的探索。

希望这部著作的出版可以深化对电动汽车在我国实现碳达峰、碳中和路径上重要意义的认识与理解，有益于完善中国特色经济学的理论与实践体系，为完善相关低碳产业融合发展的政策体系建设研究提供理论与实证参考，为相关部门的规划决策提供科学依据。

发展中国家科学院院士
世界计量经济学会会士
中国科学院大学经济与管理学院院长

前　　言

　　电动汽车在保障能源安全、治理空气污染和实现能源低碳转型战略中都扮演着重要的角色,因此电动汽车是我国大力发展的战略性新兴产业之一。电动汽车的发展经历了从大力推动到快速发展的不同发展阶段,目前已经成为电力系统提高对可再生能源吸纳能力的重要可调度负荷。在电动汽车发展的不同阶段,政策措施都发挥了重要的作用,随着技术升级和市场的扩大,电动汽车相关的激励政策也在动态演化,并体现出从推广应用到车网融合的实质性提升。

　　从 2009 年由科学技术部等四部委联合启动的“十城千辆节能与新能源汽车示范推广应用工程”开始向普通消费者推广电动汽车,到 2022 年 6 月底我国电动汽车保有量已达 1 001 万辆,累计销量占全球累计总销量的 50% 以上。在十余年的快速推广过程中,逐步构建的政策体系毫无疑问起到了重要的支持推动作用。根据国务院办公厅 2020 年 10 月印发的《新能源汽车产业发展规划(2021—2035年)》,电动汽车将成为与能源、交通、信息通信等相关领域融合发展的前沿技术产业。在我国努力推进碳达峰、碳中和工作,实现能源低碳转型的战略引领下,以电动汽车与电网融合发展为代表的交通与能源部门协同减排脱碳将成为首要发展方向。

　　随着我国能源系统低碳转型的不断推进,以电动汽车替代燃油汽车、以可再生能源发电替代火力发电等低碳能源生产和利用技术应用规模迅速增加,这导致承载能量传输任务的电力系统面临着大规模随机性充电需求和波动性发电消纳的双重挑战。借助电动汽车充电时间可调度、电池储能空间可用的特征,采用车网融合的模式解决上述能源系统低碳转型过程中的供需结构性矛盾是自然科学和工程技术学科的研究热点。在工程科技之外,车网融合发挥效用还需要两个前提:一是规模保障,即电动汽车保有量和可再生能源发电量;二是行为引导,即电动汽车消费者配合高比例可再生能源电力系统运行规律进行充放电。

　　从经济学和管理学视角出发,如何设计未来电动汽车推广应用政策、优化电力系统投资运营决策、构建引导协同电动汽车与电力系统融合发展的政策体系是极具潜力的研究领域，也是本书的主要研究内容。我国中央和地方政府出台的一系列激励和管理政策初步形成了以推广应用为目标的电动汽车政策体系，缩小了电动汽车与燃油汽车在经济成本和使用场景比较中的差距，有效推动了电动汽车产业初期的产销量增长。在政策的多次调整和迭代中，蕴含着非常值得梳理总结的问题与经验。以政府为主导的财政补贴政策在经历了多次退坡后于 2022 年底彻底退出，但电动汽车保有量仍只占全国汽车总量的 3.23%，我们面临着如何将电动汽车产业"扶上马再送一程"的问题。对于车网融合的政策体系构建，我们仍处于起步阶段，对于在何时何地、采用何种政策工具、以何种施政力度推进车网融合模式的落地等关键问题都亟待开展探索。上述问题的研究将为我国电动汽车产业发展和推进车网融合模式落地的政策体系建设与政府决策提供具有理论与现实意义的参考。

本书将我们对于中国电动汽车政策体系的研究工作分为推广应用与车网融合两大部分。推广应用篇包括第 2~5 章：第 2 章采用面板协整模型和面板误差修正模型研究了电动汽车产业导入期各项政策的影响与效果；第 3 章采用大数据技术与文本处理方法研究了消费者对电动汽车的偏好、关注点与用途等；第 4 章采用面板向量自回归（panel vector autoregression，PVAR）模型评估了电动汽车销量、新增充电桩数量和消费者关注度三者之间的互相影响关系；第 5 章基于行为经济学的离散选择实验，量化研究了消费者对未来多种替代政策的支付意愿（willingness to pay，WTP）及异质性影响。

车网融合篇包括第 6~10 章：第 6 章介绍碳中和愿景下发展车网融合模式的理论基础；第 7 章构建电力调度与产能扩张模型，模拟仿真了车网融合对电力系统成本、碳排放和可再生能源发电的影响；第 8 章结合电动汽车行业政策的演进历程研究，分析如何采用市场机制驱动车网融合并阐述了政策体系转型路径；第 9 章通过离散选择实验调研全国消费者对电动汽车在不同时段和场景下的充电支付意愿，并构建电力经济调度模型仿真了多情景分时电价政策的效果；第 10 章分析我国推进车网融合发展所面临的现实问题，并提出了相应的政策建议。

本书多个章节的研究工作在我们团队其他研究人员的参与下完成。团队中的郭剑锋、许金华、衣博文、姚星、朱建楠等老师和同学对于本书的研究工作做出了不同程度的贡献，在此表示衷心感谢。同时感谢团队每周的讨论班上老师和同学的意见和建议，感恩和大家成为密切的合作伙伴。

本书的研究工作得到了科学技术部国家重点研发计划项目（2020YFA0608603）、国家自然科学基金创新研究群体项目（72021001）、国家自然科学基金青年项目（72204233）及北京市社会科学基金规划项目（22GLC045）的支持，以及中国地质大学（北京）发展规划与学科建设处和经济管理学院对于出版工作的支持，在此一并感谢！

限于作者的学术水平和研究经验，书中难免存在不足之处，恳请各界专家和广大读者批评指正。

马少超　范　英

2023 年 4 月于北京

目　　录

推广应用篇

车网融合篇

第1章 绪　　论

1.1　研究背景及意义

　　十余年来，电动汽车在各国政府的推动下迅速发展，特别是我国在各项政策的激励下从 2016 年开始就已经稳居全球电动汽车销量和保有量第一。全面推广电动汽车替代传统的燃油汽车有助于改善城市空气污染、实现国家能源安全战略、增强交通部门碳减排潜力，同时振兴我国的汽车工业（解振华和张明柳，2017）。然而，目前电动汽车存在价格较高、技术不够成熟、配套的充电基础设施建设不够充足等推广障碍，导致部分消费者对其接受程度不高，所以仍然需要政府层面出台相关激励政策给予扶持。在我国全面推进碳达峰、碳中和的背景下，电动汽车更是被赋予了有序充电、从车辆到电网（vehicle-to-grid，V2G）储能供电等更为主动的车网融合方式协同电网削峰填谷，促进电网低成本消纳可再生能源发电，推进交通部门与能源部门融合发展的新历史使命。无论是进一步推广应用，还是逐步利用车网融合的模式配合电力系统脱碳，都需要研究构建和完善相应的政策体系来激励、引导和管理电动汽车产业与电动汽车消费者，以科学合理的方式推动产业扩张升级，积极推进碳达峰、碳中和。

　　本节将分四小节系统地介绍本书的研究背景及意义，具体包括电动汽车的发展背景、电动汽车的推广障碍、电动汽车的低碳价值及电动汽车政策的研究意义。

1.1.1　电动汽车的发展背景

　　随着中国经济的快速发展，城市空气污染问题陆续在中国各大城市出现，2011 年前后被大家了解的"雾霾"天气引发了社会和政府的关注。自从国家卫生和计划生育委员会于 2013 年开始监测雾霾对健康的影响以来，全国范围内的空气污染防治工作开始被各地政府重视，特别是广受关注的京津冀核心城市北京（张中祥和曹欢，2022）。如图 1.1 所示，北京市的空气质量近年来有了显著的逐年好转趋势，重度污染及严重污染的天数呈下降趋势。

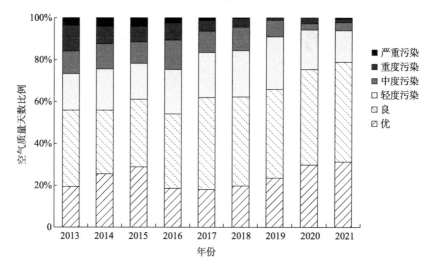

图 1.1　2013~2021 年北京市空气质量天数

　　那么雾霾的来源在哪呢？根据北京市在国家大气污染防治攻关联合中心的指导下完成并发布的北京市 2013 年、2018 年和 2021 年共三轮《细颗粒物（$PM_{2.5}$）来源解析研究成果》，包括汽油车、柴油车、航空和火车在内的移动源排放一直在雾霾污染源中占比最大。随着政府对广受关注以工业源和燃煤源为代表的固定源排放的集中治理，以技术升级、末端处理、能源替代等方式大幅降低了集中排放在 $PM_{2.5}$ 来源中所占比例。难以低成本高效治理的移动源排放比例已经从 2013 年的 31%上升到了 2021 年的 46%（图 1.2）。因此，为了解决城市空气污染问题，有必要推广电动汽车的发展以取代各种类型的燃油汽车（Nichols et al.，2015）。

　　推广电动汽车解决城市空气污染问题主要基于以下原理。首先，电动汽车在使用过程中可以实现零排放，直接减少了城市区域的空气污染；其次，采用电力替代燃油作为机动车辆的能源实际上是改变了排放方式，从难以处理的移动源（汽车）分散排放改为利于处理的固定源（发电厂）集中排放，这使得解决地面交通的空气污染问题成为可能。即使是在火电比例在电力结构中超过 70%的中国也可以通过发电厂超低排放技术的推广解决空气污染问题，而且实际上中国已经于 2017 年超额完成了火力发电厂二氧化硫、氮氧化物和烟尘超低排放改造的目标（Tang L et al.，2019），所以采用电力代替燃油、采用电动汽车代替燃油汽

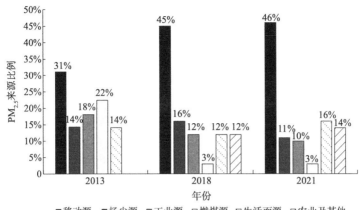

图 1.2 北京市三轮大气 $PM_{2.5}$ 来源解析结果

生活面源包括餐饮、汽车修理、畜禽养殖、建筑涂装；农业及其他包括农业源、生物质燃烧源、自然本底及未解析部分等

车来减少城市空气污染是完全可行的。

能源安全问题本身就是一个涉及国际局势、政治、经济、管理和环境科学的复杂问题，我们在此并不会展开讨论。推广电动汽车对于能源安全问题的贡献在于，将路面交通需要的大量燃油消费转化为电力消费，从而降低我国能源消费结构中石油的比例并以此降低石油进口量和对外依存度。中国油气资源并不丰富，根据中国石油和化学工业联合会的统计数据，中国原油对外依存度近 20 年来逐年攀升，2018 年首次突破七成大关达到 71%，且到 2021 年仍一直保持七成以上的原油消费量由进口石油提供。其中，根据中国能源研究会（2018）发布的《中国能源发展报告 2018》，我国车用汽柴油占全国汽柴油消费 70%以上。因此，这样高的对外依存度在经济稳步增长、能源消费持续增加的背景下显然会对我国的能源战略安全产生潜在的威胁。路面交通电气化正是通过能源结构与技术演化的途径，从根本上将交通部门的能源消费从不可再生、多依赖进口的油气资源转化为短期内可采用我国资源禀赋中更为丰富的煤炭、长期还可采用可再生发电技术的电力消费，从而有助于解决我国能源安全问题，缓解我国石油战略储备的压力。

全面推广电动汽车的另一个意义在于它具有减少碳排放的潜力。全球气候变暖问题已经远远超出科学研究的范畴，它影响到世界各国的经济运行模式和未来发展，并成为国际关系中的焦点问题。随着联合国政府间气候变化专门委员会（Intergovernmental Panel on Climate Change，IPCC）第五次评估报告的发布以及 2016 年 4 月我国郑重签署了《巴黎协定》，作为碳排放大国，我国节能减排的任务十分艰巨。交通部门作为碳排放的重要部分，承担着重要的减排任务。根据

《联合国气候变化框架公约》的数据，交通部门约占发达国家二氧化碳总排放量的 30%，约占全球人为二氧化碳排放总量的 23%。交通电气化在国际能源署（International Energy Agency，IEA）的各种能源系统脱碳方案中均扮演着重要角色，特别是在电力部门提升清洁能源发电比例的基础上，实现交通电气化能够更加有效地减少温室气体排放（Du et al.，2019）。

推广电动汽车作为传统内燃机汽车（internal combustion engine vehicle，ICEV）的替代工具是交通电气化的重要一环。电动汽车和传统燃油汽车的能源生产和使用路径有显著差异（Peng et al.，2018）。电动汽车的优势在于使用阶段可以实现完全零排放，其主要碳排放环节是电力生产环节，因而电力生产中清洁能源的使用是其全生命周期中碳排放量的重要因素（Peng et al.，2015）；而传统的燃油汽车的碳排放源从井口到车轮（well to wheel）的整个周期始终存在。尽管众多学者已经通过各种方式的环境效益对比，证明即使在中国目前火力发电仍占主导地位的情况下，相较于燃油汽车，电动汽车能够显著降低能耗并减少温室气体排放，不过仍然有少数研究对电动汽车是否能够降低碳排放持怀疑态度。但是，考虑到清洁能源电力的占比不断扩大[①]、碳捕捉与封存（carbon capture and storage，CCS）技术的不断进步以及电力行业碳捕集的集中优势（段宏波等，2015），电动汽车的碳减排潜力还是无可争议的。

电动汽车还是中国汽车工业在交通电气化时代超越欧美和日韩成为汽车工业强国的机会。2014 年 5 月，习近平总书记在上海汽车集团考察时强调：“发展新能源汽车是我国从汽车大国迈向汽车强国的必由之路。”[②]我国汽车工业起步晚，中华人民共和国成立后从零开始追赶德国、日本和美国等汽车强国的道路十分艰辛，始终未能在内燃机、变速箱及车控系统方面持有核心技术。根据中国汽车工业协会的数据，2020 年我国汽车销量达到 2 531.1 万辆，占全球汽车总销量的近 1/3，但出口销量只有 99.5 万辆，自主品牌的乘用车销量在国内也只占到 38.4%的市场份额。但电动汽车的兴起给了中国汽车工业一个翻身的机会。电动汽车绕过了传统燃油汽车时代先进国家对于发动机、变速机等关键技术的封锁，在电池、电机、电控技术的发展上，我国与传统汽车强国站在了同一起跑线上，有了同步竞争的希望。例如，动力电池产业就是典型的技术密集型和劳动密集型相结合的产业，这就给工业体系建设完善、资本积累雄厚、劳动力相对供给充足、汽车市场消费潜力巨大的中国提供了一个千载难逢的弯道超车机会。根据中国汽车工业协会数据，2021 年，我国电动汽车的出口销量达

---

① 中国的可再生能源发电装机容量占全国总装机量的比例已从 2008 年的 22.83%增加到 2021 年底的 45.8%。

② 习近平：发展新能源汽车是迈向汽车强国的必由之路. http://www.xinhuanet.com/politics/2014-05/24/c_1110843312.htm，2014-05-24.

31 万辆，同比增加 3 倍[①]，为我国电动汽车产业进一步扩大产能、开拓海外市场布局建立了信心。

1.1.2 电动汽车的推广障碍

随着电动汽车有助于解决城市空气和噪声污染、国家能源安全及碳排放等问题得到全球越来越多国家的认可，用电动汽车代替燃油汽车已经成为在交通运输领域实现环保和低碳化的最重要方法之一（Huo et al.，2013；Peng et al.，2016）。近年来，各国政府相继提出了电动汽车的推广目标和技术发展计划，并颁布了许多消费者购车优惠政策和企业激励政策（Zhang et al.，2017；Ma et al.，2017）。电动汽车的销量在过去 10 年中迅速增长，全球电动汽车的累计销量已从 2012 年的不到 20 万辆增加到 2021 年底的 660 万辆（IEA，2016，2022）。但即使是在这样快的增长下，我们仍需注意的是 2021 年全球电动汽车的市场份额仍仅占全球机动车市场的 8.1%（IEA，2022），而且这已经是迄今为止最高的销售市场份额。可以看出，消费者对电动汽车的接受程度仍然有限。电动汽车的推广主要面临着以下几个主要障碍。

首先，电动汽车的价格比同档次的燃油汽车高。主要原因是动力电池和电控系统价格昂贵，导致电动汽车整车价格往往比同档次的燃油汽车高一倍左右。例如，纯电动汽车的电气化组件约占车辆总成本的 52%，其中电池组约占 19%，其余 33% 是电机，包括电控系统在内的电力电子设备以及其他辅助设备组件的成本（Safari，2018）。当然，电动汽车售价高是可以通过使用过程中相对于汽油价格便宜很多的电价来进行部分弥补的。一辆中型汽油轿车的每千米行驶成本在 0.6~1.0 元浮动，而同档次使用居民用电充电的电动汽车行驶成本每千米只要 0.1~0.2 元。但如果按照每千米节约 0.5 元的单位价格计算，累计行驶 10 万千米才能节约 5 万元的使用成本，而 10 万千米对于绝大部分家庭用车来说可能是 3 年以上的行驶里程，所以从价格成本方面考虑，电动汽车与燃油汽车相比目前确实处于劣势。

其次，当前的电动汽车技术还不成熟，并且未来的技术发展路径具有很高的不确定性。尽管近年来电动汽车在各种政策激励下销量迅速增长（Ma et al.，2017，2019a），但与传统的燃油汽车相比，电动汽车的技术缺陷仍然十分明显，如纯电续航里程短、充电时间长、电池寿命有限以及电池在低温下性能骤降等问题。同时，电动汽车技术研发存在多个方向和不确定性。随着近年来全球汽车企业的涌入，大量研发资本被投入电池能量密度、电机效率、电池管理

①中国汽车出口蓄势发力再上新台阶. https://auto.cnr.cn/yc/20221017/t20221017_526036375.shtml，2022-10-17.

系统、能量回收效率、车身轻量化和充电接口等不同方向，这就意味着有可能如今市场上的车型车系及所采用的核心技术（如电池材料）可能会在未来几年被新技术彻底淘汰（Tian et al.，2018；Taiebat and Xu，2019；Zhang P et al.，2015；Borgstedt et al.，2017），所以不成熟的技术不但会从性能缺陷和使用感受方面影响消费者购买电动汽车，还因为未来技术发展方向的不确定性让消费者产生不安。

再次，除了价格因素和技术因素以外，导致电动汽车推广困难的另一个原因是充电基础设施不足。充满电之后的续航里程比同级别燃油汽车加满油之后的里程短，而充电设施的分布密度不足就会导致消费者对电动汽车存在里程焦虑，始终担心半路找不到充电桩导致电量耗尽。而且，与燃油汽车去加油站加注汽油不同的是，电动汽车行驶到充电场站找到空闲可用的充电桩开始充电之后需要等待很长时间，即使是直流快速充电也需要半个小时左右的时间才能充到电池80%左右的电量。因为在充电时间里车辆不能移动，所以当车主找到充电桩之后有可能已经被其他电动汽车占用，且数小时内可能会一直被占用，而且如果充电桩的位置离车主的目的地距离较远，车主需要使用其他交通工具到达目的地。燃油汽车在城市中以及城际公路上都很容易找到加油站，且加油时间只需要几分钟，相比之下不需要车主花费额外的时间去寻找充电站和等待充电。因此，充电设施近年来始终是推广电动汽车的障碍之一。

最后，电动汽车的安全问题也不容忽视。近年来常有电动汽车自燃事件被媒体报道，电动汽车的安全问题常被质疑。电动汽车的安全问题本质仍然是技术问题，虽然自燃的车型大多事后被证明是制造商的设计缺陷或是质量问题，但仍会给一些消费者造成不可靠的印象。

1.1.3　电动汽车的低碳价值

电动汽车从被推广之初就被赋予了绿色低碳的固有属性，其低碳价值除了可以通过在交通部门替代燃油汽车减少石油消费来实现之外，近年来被讨论最多的是如何与能源部门特别是电网进行融合发展（简称车网融合），以获取更深层次的低碳价值（马少超和范英，2022）。具体来说，一方面，可以采用削峰填谷的充电方式，通过引导电动汽车少在电网负荷波峰时段充电以降低大规模电动汽车集中充电对电网的负荷冲击，同时鼓励多在负荷波谷时段（如凌晨0~6时时段）充电以吸收电力系统的富余电量，这种模式被称为有序充电；另一方面，则是利用电动汽车大容量、分布式的动力电池，为电网提供相比于新建集中式储能电站更低成本的储能空间，通过在电网负荷波谷时段吸收电能转而在波峰时段向电网供电实现更为主动的削峰填谷，这种模式被称为从车辆到电网的储能供电，我们将在第 6 章详细介绍。可见，通过车网融合的方式，可以降低电动汽车的规模化用电需求带来的电力系统新建电厂与升级电网设施的成本，更是可以利用电动汽车动力电池的储能空间为电网将夜间低成本电力转移到昼间波峰时段，实现电动汽车低碳价值的进一步挖掘。

在我国积极推进碳达峰、碳中和工作的背景下，电动汽车的上述低碳价值显得尤为重要。2020 年 12 月 12 日，习近平主席在气候雄心峰会上宣布："到 2030 年，……风电、太阳能发电总装机容量将达到 12 亿千瓦以上。"[①]在能源系统低碳转型的目标引领下，能源供给侧电气化转型势不可挡，以风电、光伏为代表的可再生能源发电将大比例替代当前占主导地位的燃煤发电。但风能、太阳能具有间歇性、不确定性及难以准确预测等自然属性，作为电力部门的供能来源，需要调峰机组和储能单位进行配合，以满足电网实现稳定运行、实时调度与供需平衡的技术要求。电动汽车则恰好可以通过车网融合的有序充电和 V2G 模式降低电力系统吸收波动性风力发电与光伏发电的成本，协同消纳可再生能源发电。

1.1.4　电动汽车政策的研究意义

电动汽车是全球各主要国家公认的未来地面交通工具，从健康和环保的角度可以有效减少城市空气污染和噪声污染，从国家能源安全的角度可以有助于摆脱石油依赖，从气候变化的角度具有降低交通部门与能源部门碳排放的巨大潜力，从汽车工业的角度是我国跻身世界汽车强国的战略机遇。

我国从 2009 年由科学技术部、财政部、国家发展和改革委员会、工业和信息化部四部委联合启动的"十城千辆"计划开始向普通消费者推广电动汽车。国务院 2012 年 7 月 9 日印发的《"十二五"国家战略性新兴产业发展规划》和 2016 年 11 月 29 日发布的《"十三五"国家战略性新兴产业发展规划》都将新能源汽车定为国家战略性新兴产业之一，将其发展方向划定为以纯电驱动为新能源汽车发展和汽车工业转型的主要战略取向，当前重点推进纯电动汽车和插电式混合动力汽车产业化，即纯电动汽车为主、插电式混合动力汽车为辅是我国未来电动汽车产业的发展方向。

需要说明的是，本书的研究对象是电动汽车（electric vehicle，EV），而不是更为广义的新能源汽车（new energy vehicle，NEV）。电动汽车包括纯电动汽

---

① 习近平在气候雄心峰会上发表重要讲话. http://www.gov.cn/xinwen/2020-12/13/content_5569136.htm，2020-12-13.

车（battery electric vehicle，BEV）、插电式混合动力汽车（plug-in hybrid electric vehicle，PHEV）和增程式混合动力汽车（extended-range hybrid electric vehicles，EREV）这三种汽车。《节能与新能源汽车产业发展规划（2012—2020 年）》中对新能源汽车的定义是"采用新型动力系统，完全或主要依靠新型能源驱动的汽车，本规划所指新能源汽车主要包括纯电动汽车、插电式混合动力汽车及燃料电池汽车"。其中，氢燃料电池汽车（hydrogen fuel cell vehicle，HFCV）虽然与前三种汽车同样用电机驱动车轮行驶，但其利用的是氢能转化为电能的燃料电池组，因而在学术措辞中一般与电动汽车分开。目前氢燃料电池汽车仍然处于萌芽状态，根据中国汽车工业协会数据，2021 年我国全年产量才 1 777 辆。我国的政策文件中既出现过"新能源汽车"，也出现过"电动汽车"的用词，在含义上差别仅为是否包括氢燃料电池汽车。

　　从电动汽车的推广应用方面看，正如第 1.1.2 节所介绍的，电动汽车目前还存在许多技术和成本方面的不足，因此各国为了能够抢先发展和推广电动汽车，都推出了大量的激励政策以吸引消费者购买。我国电动汽车产业经过短短十余年的发展，已经从初级起步的导入期迈入了成长期。总结评估已经实施的电动汽车政策起到了怎样的作用，哪些政策对消费者引导作用更强，调查当前消费者对电动汽车的关注点与偏好，厘清当前市场的发展规律都可以为制定更有效的电动汽车政策提供参考。毕竟每一项政策的出台都可能对消费者、汽车制造商、充电桩运营商各自的决策产生相应的影响，每一项激励措施的经济成本都需要国家财政拨款消耗税收，每一套制度的颁布都可能影响我国电动汽车作为国家战略性新兴产业的发展进程。我国想要通过电动汽车的快速发展赶超欧美日韩的汽车工业水平实现弯道超车，必然需要在政策制定和引导消费者方面走在各国前列，因此对于我国电动汽车政策的研究是非常必要的。政策资源是有限的，合理有效地配置政策资源是政策设计的基本原则。

　　从电动汽车对于降低碳排放的意义看，一是需要足够的电动汽车保有量来实现对燃油汽车的有效替代，二是需要推进电动汽车与电网进行车网融合发展。保有量的提升需进一步地推广电动汽车，而车网融合的重点则是引导电动汽车消费者行为的改变。无论是要求将充电时间从波峰时段向波谷时段转移的有序充电模式，还是利用电动汽车动力电池在波谷时段充电储能转而在波峰时段向电网供电的 V2G 模式，都需要消费者的积极配合，改变既有的、随机的充电行为，配合电力系统运行负荷波动情况进行电动汽车充放电。这样的行为习惯的改变需要构建政策体系进行引导，而我国除了部分地区从电力系统需求出发实施的分时电价机制之外，并没有相关的政策体系可以根据电动汽车技术特性和车主习惯偏好制定的消费者行为引导政策。因此，亟待从电动汽车与电力系统协同发展的角度构建既能有效引导消费者低碳充放电行为，又能最大限度利用车网融合模式降低电力系统成本的政策体系，从而加快交通部门脱碳与能源部门低碳转型的进程。

1.2　我国电动汽车发展格局

1.2.1　电动汽车销量

从 2009 年科学技术部、财政部、国家发展和改革委员会、工业和信息化部共同启动"十城千辆"工程开始，我国电动汽车产业才正式起步，但刚刚启动的前几年销量一直不佳。主要原因有以下几个：一是消费者对电动汽车的认识还停留在旅游观光车或者高尔夫球车的阶段，从消费意识上不能接受；二是当时的电动汽车虽然补贴高，但价格仍然高出同档次的燃油汽车一大截，从价格上完全没有优势；三是技术水平确实有限，我国的汽车工业在全球汽车工业体系中一直处于量大不强的地位，虽然市场潜力大，但是在自身技术水平不高、续航里程短、汽车工业的技术积累不够的情况下，突然改变技术路线与其他国外成熟品牌竞争电动汽车领域的电池、电机和电控这"三电"技术并没有比较优势；四是当时充电基础设施建设几乎为零。

随着政策工具多管齐下的激励、市场宣传的逐步培育以及产业技术的发展，我国电动汽车销量开始迅速增加并逐步超过外国。以普通消费者购买最多的乘用车（9 座以下的载客汽车）市场为例，根据 IEA 的统计数据绘制了 2013~2021 年的全球电动乘用车销量，如图 1.3 所示（IEA，2022），可见我国的电动乘用车销量于 2014 年超过了除欧洲国家和美国外其他国家的总和，2015 年销量逾 20 万辆，超越了欧洲国家和美国成为销量最高的国家，此后除了 2020 年被增长迅猛的欧洲市场超过之外，一直保持着全球销量第一的位置。从销售的电动汽车动力类型看，因为中国制定的是以纯电动为主的发展路线，所以中国在图中代表纯电动汽车的深色柱体要远高于浅色代表的插电式混合动力汽车，且纯电动汽车的销量比例也比其他国家高，如欧洲的销量中纯电动汽车和插电式混合动力汽车的市场份额一直保持在 1:1 左右。从全球格局看，中国电动汽车的市场销量领跑全球，紧随其后的两大销售市场分别是欧洲和美国，其他国家销量增长缓慢，直到 2021 年，其他国家的年度销量之和也只达到了 34 万辆左右。

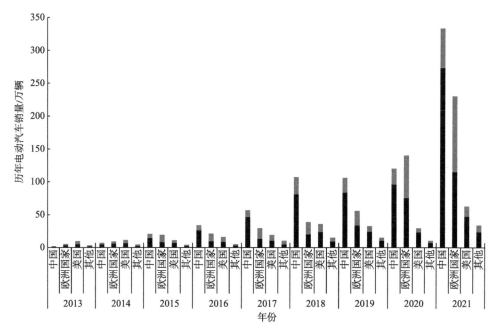

图 1.3　世界各国电动乘用车历年销量

1）柱状图的深色部分代表纯电动汽车销量，浅色部分代表插电式混合动力汽车销量
2）"欧洲国家"代表包括德国、法国、英国在内的所有欧洲国家，"其他"包括日本、韩国、澳大利亚、
巴西、智利、印度、马来西亚、墨西哥、新西兰、南非和泰国等所有其他国家

1.2.2　电动汽车市场份额

　　从 IEA 统计的电动汽车市场份额这一项指标看，情况则与销量排名大不一样，表1.1统计了全球所有国家2021年电动汽车占国内汽车市场总销量10%以上的国家排名以及其近年来电动汽车在各自国内汽车市场中所占的份额（IEA，2022）。可见上榜的 13 个国家中除了中国以外，其他全部是欧洲国家。北欧五国挪威、冰岛、瑞典、丹麦和芬兰的电动汽车市场份额占据了 2021 年各国电动汽车市场份额的前五名，特别是挪威和冰岛的电动汽车销量已经分别达到了全国汽车总销量的 86.2% 和 71.7%，是目前全球仅有的两个电动汽车市场份额过半的国家，其所采用的高补贴政策模式与中国类似。但这几个北欧国家的销售总量比较低，对全球市场竞争的影响有限。中国电动汽车在国内汽车市场的占比从2013 年的0.1%稳步增长到2021 年的16.0%，考虑到中国汽车 2021 年销量已经接近全球总销量三分之一的规模，电动汽车能取得如此高的国内市场份额实属不易。美国的电动汽车销量虽然一直在世界各主要国家中排名靠前，但其电动汽车在国内的市场份额增长缓慢，直到 2021 年也只有 4.6%。

表 1.1　各国电动汽车市场份额

国家	2013 年	2014 年	2015 年	2016 年	2017 年	2018 年	2019 年	2020 年	2021 年
挪威	5.9%	13.3%	21.1%	26.6%	37.1%	46.4%	55.9%	74.7%	86.2%
冰岛	1.3%	2.1%	3.6%	5.6%	11.7%	17.2%	22.6%	52.4%	71.7%
瑞典	0.5%	1.4%	2.4%	3.4%	6.3%	7.9%	11.4%	32.3%	43.3%
丹麦	0.3%	0.8%	2.2%	0.8%	0.6%	2.1%	4.2%	16.4%	35.4%
芬兰	0.2%	0.4%	0.6%	1.2%	2.6%	4.7%	6.9%	18.1%	30.8%
荷兰	5.4%	3.9%	9.8%	6.4%	2.7%	6.6%	15.2%	25.0%	29.7%
德国	0.2%	0.4%	0.7%	0.7%	1.6%	2.0%	2.9%	13.5%	26.0%
瑞士	0.4%	1.0%	1.7%	1.9%	2.7%	3.2%	5.6%	14.2%	22.4%
葡萄牙	0.2%	0.1%	0.6%	0.8%	1.9%	3.9%	5.7%	13.8%	19.9%
英国	0.2%	0.6%	1.1%	1.4%	1.8%	2.1%	3.1%	11.2%	19.0%
法国	0.5%	0.7%	1.2%	1.4%	1.8%	2.2%	2.8%	11.3%	18.9%
比利时	0.1%	0.4%	0.8%	1.7%	2.7%	2.5%	3.2%	11.1%	18.4%
中国	0.1%	0.4%	1.0%	1.4%	2.3%	4.5%	4.6%	5.3%	16.0%

1.2.3　公共充电设施

除了电动汽车本身的普及，公共充电基础设施的建设推广也是电动汽车产业发展的一部分。中国在电动汽车公共充电桩的建设方面走在世界的最前列，截至 2021 年底，我国交流慢充桩总量达到 67 万个以上，直流快充桩总量达到 47 万个。根据 IEA 数据，2021 年底慢充桩总量超过 2 万个的国家只有 9 个（表 1.2），其中慢充桩数量最多的美国才刚刚超过 9 万个；同时，快充桩数量超过 2 000 个的国家只有 12 个（表 1.3），除中国之外数量突破 1 万个的只有美国和韩国。值得注意的是，中、日、韩三国都很重视直流快充桩的建设，共同原因应该是东亚的人口密度大，城市空间宝贵，很难实现每位电动汽车车主都能拥有私人家用充电桩，所以比其他国家更加依赖公共充电设施，特别是能够在较短时间内完成充电的直流快充桩，蕴含其中的充电桩发展模式以及对电动汽车产业和消费者的影响将在本书的第 5 章细致探讨。

表 1.2　2021 年交流慢充桩总量超过 20 000 个的国家　　　单位：个

国家	2015 年	2016 年	2017 年	2018 年	2019 年	2020 年	2021 年
中国	46 657	86 364	130 508	163 666	301 238	498 000	677 000

续表

国家	2015 年	2016 年	2017 年	2018 年	2019 年	2020 年	2021 年
美国	28 150	35 089	39 601	50 258	64 265	82 263	91 775
韩国		1 095	10 333	22 139	37 396	54 383	91 634
荷兰	17 786	32 120	32 875	36 010	49 324	63 586	82 876
法国	9 865	18 620	20 153	22 569	27 661	30 843	49 795
德国	4 587	22 213	22 213	23 112	34 203	37 213	41 813
英国	8 174	11 497	13 062	14 732	22 359	27 222	29 231
日本	16 120	17 260	21 507	22 287	22 536	21 916	21 150
意大利	1 679	2 298	2 424	2 860	8 312	12 150	20 224

表 1.3　2021 年直流快充桩总量超过 2 000 个的国家　　单位：个

国家	2015 年	2016 年	2017 年	2018 年	2019 年	2020 年	2021 年
中国	12 101	54 889	83 394	111 333	214 670	309 000	470 000
美国	3 524	3 079	3 436	4 242	13 093	16 718	21 752
韩国		919	3 343	5 213	7 396	9 805	15 067
德国	471	1 688	1 801	2 612	5 088	7 456	9 159
日本	5 971	7 061	7 255	7 684	7 858	7 939	8 043
英国	1 066	1 763	2 179	2 692	4 735	6 248	7 663
挪威	328	501	917	1 226	3 970	5 299	6 670
法国	580	998	1 031	1 713	2 040	3 284	4 465
加拿大	63	135	673	840	975	2 258	3 055
西班牙	243	232	596	618	1 003	2 128	2 643
荷兰	222	404	407	819	829	2 047	2 577
意大利	70	166	393	573	864	1 231	2 247

1.3　我国电动汽车政策梳理

政府的政策是为了在一定的历史时期内实现某一目标，制定出的所需遵循的行动原则、完成的明确任务、实行的工作方式、采取的具体步骤和措施。一般来说，政策会随着时代发展和社会演化而不断变化。我国政府为了电动汽车产业发展，近十几年来制定了一系列政策措施，本节将分三个小节以时序图的形式从中央政府层面的财政激励、行政管理和技术管理政策三方面梳理我国主要的电动汽车政策。在我国的政策体系中，中央政府的政策文件是对国民经济全局和全国各地方政府起到纲领指导性作用的政策，中央政府政策由国务院及各部委颁布后，各地方政府再根据各地具体情况出台落地政策措施予以执行，所以在做政策梳理时，只要抓住中央政府政策就可以理清我国电动汽车的政策脉络。

1.3.1 财政激励类政策

中央政府发布的财政激励类电动汽车政策主要包括发布和不断更新购置补贴额度、免征车船税和购置税、向各地方政府发放充电设施建设奖励以及对电动汽车充电实施扶持性电价。具体的政策名称、发布时间及政策核心内容如图 1.4 所示，由于篇幅原因，部分同质性的政策在图中只出现一次，未能全部体现。

从图 1.4 中可见，电动汽车购置补贴政策是最主要的激励政策，补贴额度高、更新的速度也比较快，基本是一年更新一次额度标准且不断退坡。另外一个力度较强的政策是免征电动汽车的购置税，车辆购置税对于传统燃油汽车的征收税率是车辆价格的 10%，是消费者需要承担的较高的一项税款。因此，免征购置税是对消费者购车影响比较大的一项政策。对于这两项政策，我们会在下一章具体探讨它们的作用。

1.3.2 行政管理类政策

中央政府发布的行政管理类电动汽车政策主要包括发布行业发展规划、行业推广意见、行业方向指导、企业管理规定、产品准入规定以及电动汽车不限购、不限行等管理规定。具体的政策名称、发布时间及政策核心内容如图 1.5 所示。

其中值得一提的是 2017 年 9 月，由工业和信息化部、财政部、商务部、海关总署和国家质量监督检验检疫总局五部门联合发布的《乘用车企业平均燃料消耗量与新能源汽车积分并行管理办法》开启了我国汽车行业节能环保政策体系的新时代。该政策对汽车企业生产和进口的燃油汽车油耗水平做了详细的规定，并对生产和进口的电动汽车实施了积分考核政策，即每生产或进口一定数量的燃油汽车必须完成相应比例的电动汽车生产和进口数量要求，多完成的积分还可以交

2009年1月 《节能与新能源汽车示范推广财政补助资金管理暂行办法》	科技部、财政部、发改委和工信部启动了节能与新能源汽车示范推广试点工作（即"十城千辆"工程），以培育节能与新能源汽车市场
2010年5月 《私人购买新能源汽车试点财政补助资金管理暂行办法》	选择5个城市开展私人购买新能源汽车补贴试点工作
2012年3月 《财政部 国家税务总局 工业和信息化部关于节约能源 使用新能源车船车船税政策的通知》	自2012年1月1日至2015年10月，对新能源汽车免征车船税
2013年9月 《关于继续开展新能源汽车推广应用工作的通知》	分两批批复了39个推广应用城市和城市群共计88个城市作为新一轮新能源汽车示范应用城市
2014年8月 《关于免征新能源汽车车辆购置税的公告》	自2014年9月1日至2017年12月31日，对纯电动汽车、插电式混合动力汽车和燃料电池汽车免征车辆购置税
2014年7月 《国家发展改革委关于电动汽车用电价格政策有关问题的通知》	对充换电设施用电实行扶持性电价政策、对电动汽车充换电服务费实行政府指导价管理、将充换电设施配套电网改造成本纳入电网企业输配电价
2014年11月 《关于新能源汽车充电设施建设奖励的通知》	中央财政安排资金对新能源汽车推广成效突出且不存在地方保护的城市或城市群给予充电设施建设奖励
2015年4月 《关于2016-2020年新能源汽车推广应用财政支持政策的通知》	财政部明确了2016~2020年中央政府继续实施新能源汽车推广应用补助政策
2017年12月 《关于免征新能源汽车车辆购置税的公告》	自2018年1月1日至2020年12月31日，对购置的新能源汽车继续免征车辆购置税
2018年2月 《关于调整完善新能源汽车推广应用财政补贴政策的通知》	更新了补贴标准，此外，从2018年起将新能源汽车地方购置补贴资金逐渐转为支持充电基础设施建设和运营、新能源汽车使用和运营等环节
2019年3月 《关于进一步完善新能源汽车推广应用财政补贴政策的通知》	加大了补贴退坡力度，优化并细化了享受补贴的电动汽车技术指标，坚持"扶优扶强"，为2020年底完全退出做好铺垫
2020年4月 《关于新能源汽车免征车辆购置税有关政策的公告》	自2021年1月1日至2022年12月31日，对购置的新能源汽车免征车辆购置税
2020年12月 《关于进一步完善新能源汽车推广应用财政补贴政策的通知》	2021年新能源汽车补贴标准在2020年基础上退坡20%，公交、物流配送、环卫等公共领域的新能源汽车退坡10%
2021年12月 《关于2022年新能源汽车推广应用财政补贴政策的通知》	新能源汽车补贴标准在2021年基础上退坡30%，公交、物流配送、环卫等公共领域的车辆补贴标准退坡20%

图 1.4　近年来中央政府发布的电动汽车财政激励类政策

2012年6月 《节能与新能源汽车产业发展规划（2012—2020年）》	国务院提出要科学制定总体发展规划，加强新能源汽车关键技术开发，探索有效的商业运营模式，加快培育和发展节能与新能源汽车产业
2014年7月 《国务院办公厅关于加快新能源汽车推广应用的指导意见》	重点发展纯电动汽车、插电式（含增程式）混合动力汽车和燃料电池汽车，以市场主导和政府扶持相结合，建立长期稳定的新能源汽车发展政策体系
2015年3月 《交通运输部关于加快推进新能源汽车在交通运输行业推广应用的实施意见》	交通运输部要求加快交通运输行业对新能源汽车的推广，提出了2020年交通运输行业的新能源汽车推广目标和具体推广路线
2015年6月 《新建纯电动乘用车企业管理规定》	提出了申请企业的基本条件、投资项目的基本要求和核准流程，目的是支持具有技术创新能力的企业参与新能源汽车行业竞争
2015年9月 《国务院办公厅关于加快电动汽车充电基础设施建设的指导意见》	提出了各类停车场充电桩和预留建设比例。到2020年，基本建成适度超前、车桩相随、满足500万辆电动汽车的充电需求的充电基础设施体系
2017年1月 《新能源汽车生产企业及产品准入管理规定》	从企业设计开发能力、生产能力、产品生产一致性保证能力、售后服务及产品安全保障能力等方面提高了准入门槛，并强化了安全监管要求
2017年9月 《乘用车企业平均燃料消耗量与新能源汽车积分并行管理办法》	自2018年4月1日起开启汽车工业双积分时代，降低燃油汽车油耗，保证新能源汽车产量。通过积分制让传统车企分担新能源汽车成本
2018年2月 《新能源汽车动力蓄电池回收利用试点实施方案》	明确到2020年，建立完善动力蓄电池回收利用体系，探索形成动力蓄电池回收利用创新商业合作模式
2019年6月 《推动重点消费品更新升级畅通资源循环利用实施方案》	各地不得对新能源汽车实行限行、限购，已实行的应当取消。鼓励地方对无车家庭购置首辆家用新能源汽车给予支持
2020年6月 修改《乘用车企业平均燃料消耗量与新能源汽车积分并行管理办法》	新能源汽车积分比例被抬高，针对新能源乘用车车型积分计算方法做了修改。醇醚燃料乘用车纳入管理。修改了新能源汽车正积分结转规则
2022年1月 《国家发展改革委等部门关于进一步提升电动汽车充电基础设施服务保障能力的实施意见》	加快实现电动汽车充电站"县县全覆盖"、充电桩"乡乡全覆盖"。到"十四五"末，满足超过2 000万辆电动汽车充电需求

图 1.5　近年来中央政府发布的电动汽车行政管理类政策

易。实际上是从行业标准上限制了燃油汽车的油耗水平以推动节能技术的普及，同时让不生产电动汽车的传统车企通过购买积分的方式分担电动汽车生产企业的各项成本，并倒逼传统车企开始研发和生产电动汽车。该政策从 2018 年 4 月 1 日起施行，并对 2019 年和 2020 年设置了较低的新能源积分比例要求，给车企留出了 3 年左右的缓冲期。

另外，关于明确提及各地不得以各种形式对电动汽车实施限行、限购的政策，除了 2019 年 6 月国家发展和改革委员会、生态环境部、商务部共同发布的《推动重点消费品更新升级 畅通资源循环利用实施方案（2019—2020 年）》之外，其实早在 2015 年 9 月 29 日召开的国务院常务会议就已明确提出"各地不得对新能源汽车实行限行、限购，已实行的应当取消"[1]，以鼓励对电动汽车实行开放购买，提升电动汽车的使用比重，但因为该次常务会议并未单独发布政策文件，所以未在图 1.5 中体现。

1.3.3 技术管理类政策

中央政府发布的技术管理类电动汽车政策主要包括发布行业技术规划和行业技术规范、引导技术发展方向、明确技术进步要求等管理规定。具体的政策名称、发布时间及政策核心内容如图 1.6 所示。从图 1.6 中可以看出与电池相关的技术政策较多，包括技术进步发展要求、产能规模化、回收利用产业化和换电模式推广等。

在上述政策中，2020 年 10 月由国务院办公厅印发的《新能源汽车产业发展规划（2021—2035 年）》是指导我国电动汽车未来 15 年发展的核心政策。规划中不仅肯定了电动汽车产业在新一轮科技革命中对于世界和我国经济发展的重要推动作用，定义了我国电动汽车产业进入加速发展的新阶段，还首次正式提出了要推动电动汽车与能源、交通、信息通信等相关产业融合发展，即实现电动汽车与电网能量互动、与交通物流运输体系智能融合、与信息网络构建"人-车-路-云"多层数据融合与计算处理平台。规划文件极大地拓宽了电动汽车在未来社会运行与发展中的应用场景和角色定位，深化了电动汽车的经济与社会价值挖掘。其中，电动汽车与电网融合发展促进电力负荷削峰填谷、协同消纳可再生能源发电的发展规划正是本书后半部分的政策研究重点。

---

[1] 李克强主持召开国务院常务会议. http://www.gov.cn/guowuyuan/2015-09/29/content_2940663.htm，2015-09-29.

2010年5月 《汽车产业技术进步和技术改造投资方向（2010年）》	将电动汽车及部件列为支持重点，支持电动汽车技术进步和技术改造项目
2011年7月 《国家"十二五"科学和技术发展规划》	科技部提出全面实施"纯电驱动"技术转型战略，实施新能源汽车科技产业化工程
2012年3月 《电动汽车科技发展"十二五"专项规划》	通过国家科技计划加大力度，持续支持电动汽车科技创新；坚持"三纵三横"的研发布局，建立"三纵三链"产业技术创新战略联盟
2015年3月 《汽车动力蓄电池行业规范条件》	对相关电池企业提出了产能和技术等方面的要求，以促进动力蓄电池生产企业的技术进步和规模化、规范化发展
2016年1月 《电动汽车动力蓄电池回收利用技术政策（2015年版）》	明确了动力电池的回收利用各相关方的责任、权利和义务，将其作为发展循环经济、促进电动汽车产业化的重要内容
2017年2月 《促进汽车动力电池产业发展行动方案》	到2020年动力电池系统比能量力争达到260瓦时/千克、成本降至1元/瓦时以下，到2025年动力电池单体比能量达500瓦时/千克
2017年4月 《汽车产业中长期发展规划》	为未来十年汽车产业发展指明了方向、明确了任务、提供了保障，确定了"力争经过十年持续努力，迈入世界汽车强国行列"的总目标
2018年11月 《提升新能源汽车充电保障能力行动计划》	力争用3年时间大幅提升充电技术水平，提高充电设施产品质量，加快完善充电标准体系，全面优化充电设施布局，快速升级充电运营服务品质
2020年10月 《新能源汽车产业发展规划（2021—2035年）》	坚持电动化、网联化、智能化发展方向。突破关键核心技术，提升产业基础能力，构建新型产业生态，完善基础设施体系，优化产业发展环境
2021年8月 《新能源汽车动力蓄电池梯次利用管理办法》	鼓励梯次利用企业与新能源汽车生产、动力蓄电池生产及报废机动车回收拆解等企业协议合作，加强信息共享，利用已有回收渠道，梯次利用废旧动力蓄电池
2021年10月 《工业和信息化部办公厅关于启动新能源汽车换电模式应用试点工作的通知》	启动新能源汽车换电模式应用试点工作。纳入此次试点范围的城市共有11个（北京、南京、武汉、三亚、重庆、长春、合肥、济南、宜宾、唐山、包头）

图 1.6　近年来中央政府发布的电动汽车技术管理类政策

1.4　电动汽车政策研究综述

电动汽车发展政策的研究是一个综合性交叉性的研究领域，涉及的文献研究主题包括电动汽车政策的设计、分析、评估；消费者需求、偏好、支付意愿、推广障碍；电动汽车产业本身的发展制约因素、发展规律、市场规模和利益相关方分析；还涉及经济、管理及社会学科研究方法的选择等。这里的文献综述部分主要是对哪些因素造成了消费者购买电动汽车的障碍，以及针对电动汽车产业各国学者对政策实施方式、政策效果评估和政策可能带来的影响的相关研究进行了整理，具体涉及本书中的研究方法、研究方案设计以及研究结果对比的其他类型研究文献将在各个相应的章节进行综述。

1.4.1　电动汽车推广的影响因素

从消费者视角出发研究哪些因素会影响他们购买电动汽车是推广电动汽车的第一步。目前大量丰富的研究工作都是围绕这个主题展开的，总结起来可以分为以下五类。

第一类是经济因素。购买价格始终是消费者最关注的成本因素，也是电动汽车目前的主要推广障碍之一（Lieven et al.，2011；Moons and de Pelsmacker，2012）。正如行为经济学中的"能效悖论"所描述的消费者在选购节能产品时往往更看重当前付出购买价格而忽略使用过程中的节能收益，电动汽车同样符合购置价格较高但使用成本较低的特征。因此，弥补电动汽车经济方面劣势的政策多偏重发放购车环节的经济补贴，如购车价格补贴和免征购置税（Franke and Krems，2013；Hackbarth and Madlener，2013）。使用过程的成本包括保养成本和每千米行驶成本方面支出，电动汽车在这方面相对于燃油汽车有明显优势（Carley et al.，2013；Hackbarth and Madlener，2016）。行驶成本包括两个方面，首先是燃料（电力/汽油）经济性即行驶每千米的能耗，其次是燃料价格即充电价格和汽油价格的价差。多个研究都显示汽油价格升高会对消费者购买电动汽车有显著正向影响（Hoen and Koetse，2014；Prakash et al.，2014）。

第二类是技术性能因素。电动汽车在技术性能层面与燃油汽车相比优势与劣势并存。纯电续航里程短与充电时间长毋庸置疑是各类研究中一致得到的对消费者选择电动汽车影响最大的技术因素（Graham-Rowe et al.，2012；Pierre et al.，2011；Skippon and Garwood，2011）。另外是围绕电动汽车的储能部件即电池方面的技术因素，包括电池的安全性和电池的使用寿命问题（Graham-Rowe et al.，2012；Egbue and Long，2012）。安全性问题其实相对于燃油汽车的油箱来说在发生碰撞时并没有更高的危险性，但使用寿命确实是电动汽车的技术软肋（Jensen et al.，2013）。然而，电动汽车在加速度、动力响应、输出平滑性和动力噪声方面的性能要显著优于传统燃油汽车，主要归功于电动汽车的电机输出可以用快于内燃机数倍的速度瞬间提供动力响应并以最大扭矩输出，同时并不会发出轰鸣的噪声（Skippon and Garwood，2011；Burgess et al.，2013）。

　　第三类是充电基础设施因素。消费者所在城市中公共充电桩总量包括直流快速充电桩与交流慢速充电桩数量都会显著影响电动汽车的销量（Hackbarth and Madlener，2013；Egbue and Long，2012；Sang and Bekhet，2015）。即使有研究证明消费者在家充电可以满足绝大部分电动汽车的日常使用（Bühler et al.，2014），消费者也不可能完全依靠家用充电桩进行充电，何况是否每个车主家里都有安装私人充电桩的条件本身也是个问题（Hackbarth and Madlener，2013），所以对于消费者来说，可否在家中安装私人充电桩以及可就近采用公共充电桩的便捷程度会极大地影响消费者对电动汽车的购买意愿（Hidrue et al.，2011）。

　　第四类是心理因素。驾驶电动汽车可以给消费者带来象征绿色环保的心理和精神需求，向外界展示自身对于空气污染与环保问题的关注以及低碳环保的生活方式（Sierzchula et al.，2014）。因此，电动汽车的社会标签作用与象征意义是从心理层面影响消费者购买电动汽车的又一个因素，特别是在电动汽车产业发展的早期技术不成熟的阶段（Hidrue et al.，2011；Noppers et al.，2014）。另外，电动汽车作为一种新兴的交通工具，消费者对其需要一个从了解到关注再到接受的心理过程，因此需要引导消费者多去了解和关注电动汽车才能让他们产生信任和接受的态度（Egbue and Long，2012；Jensen et al.，2013）。最后，因为电动汽车的动力结构中不含有多级变速器，所以在驾驶习惯上会给一部分传统燃油汽车车主带来一定的心理接受壁垒（Beck et al.，2017）。

　　第五类是人口学因素，包括消费者的年龄、性别、受教育程度、家庭人口数量、年收入水平、所居住的城市及家里现有车辆数量。对于年龄、受教育程度、所居住的城市和家里现有车辆数量的影响有较为一致的研究结论，基本认同年轻、高学历、居住在大城市且家中已经有一辆及以上汽车的消费者更有可能去购买电动汽车（Bjerkan et al.，2016；Schneidereit et al.，2015；Zhang et al.，2011）。但是，对于性别、家庭人口数量和年收入水平的影响却没有集中的观点（Sierzchula et al.，2014；Peters and Dütschke，2014），性别和家庭人口数量影响的研究结论不一致可能与各国的文化背景多样化有关（Hidrue et al.，2011），而年收入水平的影响可能与各国补贴水平不同相关（Lai et al.，2015）。

1.4.2　电动汽车推广政策的相关研究

在全球层面上，电动汽车的激励政策基本可以分为四类：①财政类的货币补贴和税收减免政策；②技术管理类的扶持研发和工业化的政策；③基础设施建设类的对公共和私人充电桩的建设激励；④行政管理类的用车成本的降低，如公共停车场停车费减免和充电费用的优惠（IREA，2012；中国汽车技术研究中心，2016；CEIP，2012；Li et al.，2016；Sierzchula and Nemet，2015；Diamond，2009；Yuan et al.，2015；REN21，2016）。研究方法主要集中于政策机理研究、政策的必要性分析、政策效果评估、政策影响模拟、政策设计及问题导向的个案实证研究等。

直接货币补贴政策，是目前在全球范围内最广泛应用的推广政策，已经在多国的实证研究中被证明十分有效，常用的政策工具包括购置补贴和税收减免都属于这一类（ICCT，2014；Riesz et al.，2016）。汽车工业基础不发达的国家，如挪威，往往在销售和扩散方面使用直接货币补贴；而在汽车制造业发达的国家，如德国，一般偏向于为刺激企业的研发而构建一个技术尼基市场，通过鼓励技术研发与交易提高汽车的技术性能（Wesseling，2016）。挪威对于电动汽车的直接购置补贴足以使电动汽车的价格与传统燃油汽车的价格相比也具有竞争力，直接使得挪威在2015年的电动汽车市场份额达到了21.1%，成为世界上电动汽车首次达到这一市场份额的国家（Figenbaum，2017）。特别是考虑到挪威在全球汽车工业中较低的地位，能获得这一成就尤其引人注目。日本政府早在 2009 年就推出了一项生态友好汽车推广政策作为其 2009 财年税收改革立法的一部分，其中包括电动汽车和油电混合动力汽车的货币补贴和税收减免（Xu et al.，2015）。对比 2009 年前后的销售情况，可以很明显地看出来，汽车价格和石油价格在消费者的选择过程中扮演着很重要的角色。这些直接货币补贴可以在某种程度上弥补电动汽车价格上的劣势，但对于电动汽车普及的影响远小于在技术上对瓶颈的突破（Åhman，2006）。例如，在挪威，一些用于推广电动汽车的货币激励措施早在 1990 年就已经发布，但是直到 2010 年左右锂离子电池技术逐渐成熟并且实现量产之后，电动汽车的推广才出现了实质性的进展（Figenbaum，2017；Green et al.，2014）。

另一个被各国广泛应用的政策是对技术研发的鼓励政策（Massiani，2015）。因为很难量化这类政策对电动汽车市场的影响，各国研究人员常常以行业的技术水平替代。一项德国的研究发现，因为电动汽车纯电续航里程有限引起的用户里程焦虑的问题，其在德国的市场前景可能不如一些采用中间过渡技术的产品，如插电式混合动力汽车和增程式电动汽车可能拥有更好的市场前景

（Gnann et al.，2015a；Zhang et al.，2013）。2013 年，一个在中国首批 13 个电动汽车试点城市开展的问卷调查发现包括用车成本和购置价格在内的经济利益因素并不是影响消费者是否接受电动汽车的最重要的指标，而电动汽车的性能属性才是消费者真正关心的决定性因素（Skippon et al.，2016）。2016 年在英国有一项类似的消费者调查实验，也得到了类似的结果（Kang and Park，2011），说明电动汽车的技术水平也是政策研究中必须要考虑的一个重要因素。

大量的文献还研究了充电基础设施建设与电动汽车推广的关系。由技术瓶颈造成的过高的电池生产成本以及电池性能差导致电动汽车用户的里程焦虑确实影响了电动汽车的初期推广（Gong et al.，2013；Yu et al.，2016）。增加充电站、充电桩等基础设施是当前技术瓶颈没有突破之前的阶段内一个合适的解决方案。2016 年，一项采用序贯博弈模型的研究分析了美国电动汽车销售与充电基础设施建设数量的均衡关系（Harrison and Thiel，2016）。研究人员比较了市场自发作用引起的社会资本投资建设的充电设施数量与政府规划部门基于社会福利最大化制定的充电设施建设目标，研究结果表明，对于电动汽车充电设施，市场以营利为目的而自发建设的充电设施数量远远满足不了市场的需求，这会导致社会资本对于充电设施的投资不足，从而影响到电动汽车的销售。因此，政府出台鼓励充电设施建设的政策是建成足够充电设施的前提条件。另外，基础设施建设往往与所在国家电动汽车的技术路径的选择密切相关，如电动汽车电池类型和充电方式的选择（Silvia and Krause，2016；Langbroek et al.，2016；Taefi et al.，2016）。电动汽车不同的动力类型和基础设施供应之间也存在重要的相互作用。例如，政府如果出台了大量的纯电动汽车充电设施鼓励建设政策来鼓励充电桩的发展，则会在一定程度上抑制氢燃料电池汽车的发展和技术成熟，主要就是因为充电站和加氢站设施技术路线的不同。

通过文献综述也可以发现，降低电动汽车使用成本类的政策同样十分有效（Plötz et al.，2014；Wu et al.，2015）。这样的优惠政策包括公共收费停车位的停车费用减免或授权进入公交专用道行驶的政策，这些政策可以部分替代财政成本巨大的购置补贴政策。一项名为"德国的机动车"的针对德国驾驶行为的公开调查数据分析显示，人们最关心的电动汽车的成本因素是持有成本，或者叫使用成本。从总持有成本的角度看，电动汽车的行驶总里程越长则总持有成本越低，因为电动汽车的每千米燃料价格（电价）要远远低于汽油和柴油价格。因此在德国，潜在的电动汽车消费者往往是居住在城市郊区或农村的人，因为这些人平均每天开车时间较长，总里程更长，因此其总持有成本也就更低（Xu and Su，2016；Axsen et al.，2010）。然而，由于中国在几个大城市实施了燃油汽车限购政策，故而对于电动汽车不限购的政策更加具有价值。对于中国电动汽车政策体系演变过程的研究已经表明，消费者导向的激励如交通管制方面不限行的政策，满足了消费者购买电动汽车后的经济和心理需求（Whitehead et al., 2014）。

另外，从各国政府的推广动机上看，节能减排和治理城市空气污染是大部分国家推广电动汽车的主要原因（Whitehead et al., 2014；Zhang Y L et al., 2015）。全生命周期的减排效果很大程度上取决于当地电力结构中清洁能源占比大小，因此研究均建议在出台优惠政策刺激电动汽车销售的同时，也应该考虑增加对电力部门减排的投入。

综上，各国对于激励政策类型的选择，有如下规律：在类似于挪威这样汽车工业基础并不发达的国家，高额的经济补贴是常用的政策方式，而德国和日本这类汽车工业发达的国家，鼓励技术研发则是首选的政策工具。以上政策在中国现行的政策体系中都是存在的，同时中国的优惠政策中还包括了别的国家没有的城市区域内车牌尾号限行政策和新增机动车牌限量发放的行政管制政策。中国是世界各主要国家中唯一使用行政管制政策而非仅仅是经济手段（城市道路收费、高额停车费等政策工具）来治理城市交通问题的国家。新加坡虽然也采用了机动车增量控制政策，其汽车保有量主要受车辆授权证书限量供应和城市道路高额收费限制，但新加坡的国土面积太小，不到北京市行政区划面积的二十分之一，与中国不具有可比性。

1.4.3　消费者充电行为引导政策研究

随着电动汽车产销量的持续增加，电动汽车大规模的随机用电需求可能会对电网造成负荷冲击。引导电动汽车消费者的充放电行为配合电网在负荷低谷时充电以减少冲击，以及利用动力电池储能协同电网系统消纳可再生能源发电，从而实现电动汽车与电网系统融合发展是近年来政策倡导的发展方向和学界广泛关注的研究热点（Zhao et al., 2021；Zheng et al., 2019；Moon et al., 2018）。倡导和研究的动机主要源于以下两个方面：第一，要解决电动汽车自身日益增长的、随机性的用能需求对电力系统供需平衡的冲击问题（Zhou et al., 2020）；第二，可再生能源发电装机容量的快速提升需要可调度、可储能的柔性负荷（Islam et al., 2019）。现阶段推动实现车网融合的重点就是通过政策设计引导消费者的充电行为。

价格机制是需求侧管理的常用政策工具并且已经被用来引导电动汽车消费者的充电行为（杨景旭和张勇军，2020；李东东等，2017；Kim，2019），也是政府电力供给侧规制的主要政策工具（孙鹏等，2017；何凌云等，2020；范英和衣博文，2021）。多个研究通过调查、实验、仿真和实证数据都证实了价格机制对于引导消费者在特定时段充电等低碳行为以促进电网削峰填谷和碳减排的积极作用（黄守军等，2019；Zhang and Li，2017；Das et al.，2020；Priessner and Hampl，2020）。美国旧金山采用电动汽车充电的峰谷电价机制成功将电动汽车充电的高峰时段从 20∶00 转移到了 00∶00 以后（Schey et al.，2012）。但该研究由于数据源是电动汽车车载的实时数据，故无法得出价格弹性，即在不同价格下的消费者的充电时段选择。针对北京的一项仿真研究也证明了峰谷电价政策可以有效地实现填谷作用（Zhang et al.，2014），研究中消费者的决策目标函数是充电成本最低，模拟了电动汽车消费者的有序充电行为对电力系统的影响。

充电价格机制的另一个研究方向是通过分时电价设计和相关政府激励政策来支撑充电设施运营（徐素秀等，2021；Ma and Fan，2020），从而推动充放电基础设施建设来促进车电协同削峰填谷的规模化落地（Levinson and West，2018；Ji and Huang，2018）。充换电设施的投资运营存在初始投资额较大、用地成本高和短期内充电需求不足所导致的投资回收期长等问题（唐葆君等，2019；张瑞友等，2021）。目前研究的方向包括融资模式、定价策略（罗建竹和苏春，2021；谭维玉等，2020）和政策扶持：如 PPP（public-private partnership，政府和社会资本合作）模式（张奇等，2019；Liu and Wei，2018；Zhang L et al.，2018），又如从充电服务费的定价策略方面考虑充电运营商的盈利区间（Gnann et al.，2018），还有从政府角度研究为充电设施运营提供经济激励（Ma et al.，2019a）。

从研究方法上看，分时电价和充电定价机制的研究以理论研究为主（张凡勇等，2018；郭晓丽等，2017）。周健等（2018）假设电动汽车进入充电站时间服从泊松分布，理论推演了电动汽车的充电排程和定价机制。Hu 等（2016）以削峰填谷为目标在合作和非合作情形下设计了多种定价机制来引导消费者改变充电行为。政策仿真模拟的方法常用于推演或评估政策效果，包括补贴电价对电动汽车销售和充电桩建设的影响（Li S et al.，2017），分时电价机制对于引导电动汽车充电削峰填谷（Zhang et al.，2014）和降低碳排放的影响效果（罗继东等，2022）等。但现有的电力经济调度模型就车网融合对电力系统碳排放的影响还不够细致（Ma et al.，2022a），对于电力系统区域的划分还停留在既有区域电网的结构层面。多区域电力调度与扩张模型对于电动汽车的区域分布异质性特征体现不足，难以细致刻画充放电行为对电网的量化影响（Yao et al.，2022a）。

1.4.4　文献评述

从以上提及的各国电动汽车政策的文献看，对于未来政策的设计是目前既有研究中较少关注的领域，没有专门针对电动汽车购置补贴的替代政策设计问题的研究，也没有如何引导电动汽车消费者配合电力系统协同发展的政策设计定量研究。因而本书的最终研究目的——为未来设计出继续推广应用和引导车网融合发展的电动汽车政策，是有现实研究意义的。

从政策研究类型上看，财政类的经济补贴是在各国电动汽车推广前期最广泛使用且最有效的政策类型，但同时多个研究均已意识到了经济补贴高成本的不可持续性，并在少数欧洲国家已经开始进行免费停车和开放公交线路通行权等替代政策的可行性调研，调研采用的是问卷调查的方式。从调查结果看，消费者确实愿意接受以上降低用车成本和给予部分区别于燃油汽车的使用特权等优惠政策方式。这给本书的研究思路提供了一定的借鉴作用，在中国的部分城市也可以进行类似的调研来确认电动汽车用户及潜在消费者对该类政策的接受意愿，为新的替代政策设计做好铺垫。当然，也有研究指出降低电动汽车使用成本的政策也具有一定的负面影响。例如，市区公共停车位免费停车的政策，可能导致公共停车位被电动汽车长期无偿占用，降低了公共资源的使用效率，同时导致燃油汽车无处停放的实际问题。又如，公交专用道的通行权如果向电动汽车开放，应该考虑仅在电动汽车推广初期、保有量在一定范围内的时候实施该项政策，一旦电动汽车保有量超过了某个阈值，可能也会出现大量电动汽车挤占公交专用道，造成城市公交系统运行缓慢的问题。这些问题的提出都是具有现实意义的，在最终的政策决策中是应该充分考虑并设计相关机制予以预防的因素。从研究方法上看，因为电动汽车发展时间确实有限，所以对电动汽车消费者的研究多采用问卷调研的方式，对政策的研究常采用软件模拟和综述等方法来弥补实证数据的不足。同时，这些研究中对于政策实施效果的评估较少，且没有考虑到中国实施的行政管制政策的特殊性，所以在本书中对于政策评估和当前市场研究部分的工作都将采用实证数据进行分析，并将中国特色的燃油汽车限行和限购政策纳入研究范围。

另一个重要的因素是电动汽车充电桩对于电动汽车发展的影响。充电桩和电动汽车同样属于新兴产业，市场发展并不成熟，目前也是需要各国政策支持发展的领域。但现有的研究角度多为影响电动汽车充电桩的因素以及对电动汽车推广的影响，也就是说，考虑的两者关系是单向的。可现实中充电桩数量在拉动电动汽车销量的同时可能也会被电动汽车的销量影响，也就是可能存在双向而非单向的影响关系。因此，在本书中将着重从双向影响的角度来探究电动汽车与充电桩的协同发展关系。

要做电动汽车未来政策的设计，基础是对当前市场和消费者的充分了解。既有文献对于市场格局的分析和消费者的需求研究，多为外部环境因素对消费者的影响，如充电站建设、充电费用、能源价格、购车补贴政策、政府激励政策、碳交易等；也有部分结合消费者的人口统计学因素、情境和心理因素进行分析的，如生活方式与用车习惯、消费者对新事物的接受理念、环保意识与心理需求、感知能力与个人性格等，但并没有对消费者偏好的电动汽车参数进行系统的研究。而且以上提及的研究数据多来源于问卷或者实验，实证数据研究较少。因此，本书将采用网络大数据的实际数据对电动汽车消费者的偏好进行分析归纳，以求论证基础尽可能来源于最真实的市场和用户数据。

对于下一阶段车网融合发展领域的研究，既有的研究文献还不能很好地解答如何在我国借助分时电价机制有重点、分阶段地推进车网融合发展。现有的研究或是从国外一些城市试点的情况分析证实以充电价格调整为工具的政策有效性，或是从理论角度推导和设计可行的定价方案，但少有结合消费者意愿和市场实际情况的定量政策设计。从车网融合涉及的多方决策角度看，至少还有以下问题值得进一步探讨：①车网融合构成的复杂系统对于我国电力系统成本的定量影响；②我国消费者的充电支付意愿和充电分时电价弹性；③分时电价政策在车网融合系统中对双方行为决策的调节机制。本书拟从以上三个问题入手，有针对性地从管理科学角度研究充放电分时电价政策对车网融合各方行为决策的调节机制，推进车网融合发展规划的试点和落地。

1.5 研究目的与科学问题

1.5.1 研究目的

本书的研究目的就是在充分总结我国电动汽车政策推广的成功经验，深入分析消费者需求与当前中国电动汽车和充电桩市场格局的基础上，结合实际国情，研究设计不同情景需求下有效的未来电动汽车政策体系。政策体系具体分为两个方面，一方面旨在激励电动汽车继续扩大推广应用，扩大电动汽车产业规模，对应本书的推广应用篇（第 2~5 章）；另一方面是推进车网融合发展，协同电网消纳可再生能源发电，拓展电动汽车的低碳产业价值，即本书的车网融合篇（第 6~10 章）。上述目的可以具体分解成以下子目标。

（1）对我国电动汽车的既有政策工具的效用进行评估，包括经济补贴、行政管理、充电设施激励等，分析各项政策对电动汽车推广应用的影响。

（2）对电动汽车消费者的行为与偏好等特征进行大数据分析，为政策设计提供消费者画像。梳理出消费者对电动汽车的关注点以及对各项技术参数的偏好，并探究消费者的购车用途。

（3）量化设计在未来科学可行的政策措施以继续推进电动汽车推广应用。

通过离散选择实验调研消费者对不同政策情景的支付意愿，为未来的政策制定提供实证研究基础。

（4）在厘清车网融合发展的意义与理论的基础上，量化评估我国采用不同车网融合发展模式的技术经济潜力。明确发展车网融合对电力系统成本、运行及消费者行为的影响。

（5）以充电分时电价为例，定量设计政策工具引导消费者改变充电行为。通过消费者充电支付意愿调研与电力系统仿真，量化不同的分时定价方案的作用和影响。

（6）分析推进车网融合发展模式落地所面临的现实问题，并根据现实情况给出各个方面的政策建议。

综上所述，充分借鉴成功的历史经验，结合消费者需求和当前市场发展规律，设计出满足消费者需求、符合行业发展规律、服从国家低碳战略发展方向的中国电动汽车发展政策体系，是本书研究的最终目的和意义所在。

1.5.2　科学问题

本书的政策体系研究主要包含中国电动汽车推广应用和车网融合两大部分研究主体，根据美国学者哈罗德·拉斯韦尔提出的政策科学理论的研究框架，本书涉及的研究问题包括政策评估、政策分析与政策设计。以能源系统低碳转型和低碳产业发展实际需求为导向提出科学问题，从政府宏观目标出发，以消费者需求偏好和支付意愿视角为落脚点，对以下关键科学问题展开研究。

（1）购车补贴、税收减免、基建补贴、不限行、不限购等众多既有政策工具对于电动汽车推广应用的影响与作用机理。我国电动汽车产业从 2009 年四部委联合发布"十城千辆"计划至今不过短短十余年时间，电动汽车的产销量和充电基础设施的保有量都已经稳居世界第一的位置，其中政策的推动作用是不可忽视的。对既有的政策进行系统性梳理评估，考察政策实施与电动汽车推广效果之间的关系，量化政策的长期与短期影响，分析其对消费者购车的影响机理，有利于进一步完善电动汽车推广应用政策体系设计。除了购置补贴、税收减免这类国际通用的市场经济政策之外，中国特色的交通和行政管理政策（尾号限行和车辆限购政策）也应该被纳入研究范围作为贴合实际国情的创新点。

（2）科学量化消费者对电动汽车的偏好，研究电动汽车的哪些指标和参数会如何影响消费者决策。电动汽车作为新兴交通工具，必然区别于传统燃油汽车的指标、参数、应用场景和使用体验。消费者在多年接触后，已经对电动汽车形成了一定的认知，通过科学的方式对中国电动汽车消费者的行为和偏好进行深入分析，量化用户对电动汽车的关注点识别及性能偏好，分析电动汽车消费者的购车用途与动机，描述消费者在购车时关注的细节因素，可以较为立体地刻画出当前中国电动汽车用户的实际需求，为接下来的政策设计做好铺垫。

（3）在电动汽车补贴退坡及取消之后，未来不同的替代政策方案对消费者的决策和效用的影响。未来中国电动汽车推广应用政策体系亟待完善。在完成对当前政策工具效用和消费者偏好的研究基础上，如何设计未来可能替代电动汽车购置补贴的激励政策方案是本书推广应用篇的核心研究问题。作者将通过调研消费者因为各项替代政策的出台而提高的电动汽车支付意愿，并深入分析政策支付意愿与受访者特征（人口经济学变量及环境意识等因素）的关系，给出我国一线、二线、三线城市未来可能的电动汽车政策组合示例。

（4）科学地优化电力系统在车网融合情景下（电动汽车有序充电和 V2G）的投资运行策略和成本。推行电动汽车与电网融合发展，需要首先明确车网融合的潜在技术经济价值，其关键在于电网运行策略的优化。本书将同时考虑电动汽车充放电特性、电力系统稳定运行的技术条件约束以及可再生能源发电的特征进行模型构建和优化。在电力总成本最低的目标前提下，设计电力供需的实时平衡匹配、跨区域电力传输功率约束、发电机组的状态转移等多个电力系统实际运行过程中重要的约束条件仿真算法，以小时为决策单元构建和优化多地区、多种发电技术的理论模型，结合实际设置电动汽车有序充电与 V2G 的时段、时长和电量等参数，模拟电力系统在满足电动汽车用电需求的同时削峰填谷的最优模式。

（5）量化消费者对不同时段充放电价格的支付意愿，揭示消费者在车网融合模式中的决策机理。分时电价是最常用且有效的引导消费者充电行为的政策工具，量化设计分时电价方案需要首先明确消费者支付意愿。本书将基于行为经济学的效用最大化理论，有针对性地选择调研目标人群，科学合理地抽象消费者在面对不同时段、价格、位置、家用充电桩/公共充电桩充电等条件时的充放电行为的逻辑，采用离散选择实验设计准确量化我国消费者充电支付意愿。最后通过不同分时电价政策方案的设计，模拟出消费者行为变化和对电力系统运行调度及经济成本的影响，为车网融合的政策决策提供量化参考。

【推广应用篇】

第 2 章　电动汽车产业导入期的政策与影响

电动汽车从 2009 年四部委联合开启的"十城千辆"计划开始走入我国消费者的视线中，到2016年底我国电动汽车保有量就已突破了100万辆，成为全球第一。其中的 2011~2016 年被业内称为电动汽车产业在中国的导入期。在电动汽车技术尚未完全成熟、刚刚具备市场应用条件的产业导入期，消费者对这个新兴的产品一无所知，市场各方投资者还在观望，充电设施屈指可数，这个阶段中政府政策就成了吸引消费者购买并且推动保有量突破 100 万辆大关的最重要力量。同时，产业导入期内的政策制定也处于从无到有、不断试错和不断调整的初始阶段，非常适合用来分析和评估各种不同的政策对消费者购车的影响。本章将从我国电动汽车导入期的政策梳理开始，通过建立多元面板协整模型和误差修正模型，讨论各项与消费者购买电动汽车相关政策的长期和短期影响，在分析模型结果的基础上总结我国电动汽车政策制定和调整过程中得到的经验，为下一步的政策制定提供有意义的参考。

2.1　政策是产业导入期的主导力量

2.1.1　电动汽车产业发展阶段

2009 年 1 月，由科学技术部、财政部、国家发展和改革委员会、工业和信息化部四部委联合启动了"十城千辆"计划，即在三年内每年选择 10 个试点城市，每个城市推出 1 000 辆电动汽车开展示范运行，首次开始在试点城市向中国普通消费者推广电动汽车。当时，电动汽车刚刚进入中国消费者视野，续航里程短，品牌选择少，价格昂贵，民众接受度低，充电基础设施更是屈指可数，这时政府的各种激励政策无疑是推动电动汽车普及的最主要因素。按照国际通行的发展规律来说，新兴产业的发展需要经过四个阶段，即酝酿期、导入期、发展期和成熟期。对于电动汽车产业在中国的阶段划分，国家 863 计划"节能与新能源汽车项目组"组长王秉刚教授认为中国的电动汽车产业历经了"十一五"计划发展之后，已经走过酝酿期进入了产业导入期（或引入期）（中国新闻网，2012）。也就是自 2011 年开始，进入导入期的电动汽车产品具备了初期的市场应用条件，虽然已经有了一定的科学突破，但仍具有较大的技术不稳定性和方向不确定性，因此政府在这个阶段的主导作用非常重要。

经历了六年的发展到 2016 年结束时，中国电动汽车百人会副理事长、中国科学院院士欧阳明高教授认为中国电动汽车产业已经完成了导入期开始进入成长期[①]，也就是电动汽车已经在技术上有了一定的成熟度，在市场上具备了一定的竞争能力，行业发展已不可逆转，因此政府介入扶持的力量就可以逐步减少。综上所述，我们可以将 2011~2016 年视为中国电动汽车产业的导入期。2016 年，我国电动汽车年销量已占当年新车销量的 1.4%，连续两年市场份额突破了 1%。这意味着从销售规模上看，电动汽车达到了初步引入市场的阶段；从产业规模看，已经培养了一批在生产投入上不可逆的企业生产线；从技术水平看，电动汽车开始触及用户的基本需求水平线；从消费者角度看，拥有了一部分可以接受电动汽车当前性价比的客群。

2016 年之后，我国电动汽车产业成长期的发展势头迅猛，一大批造车新势力的崛起带动了整个电动汽车产业技术升级换代加快，产销量长期保持高速增长状态。产业背后的政策体系也从由政府主导的经济激励和行政管理，开始逐渐转为采用市场机制辅助企业发展、引导产业进步的方向，这一阶段的政策体系转型将在本书的第 8 章进行详尽分析。

2.1.2　产业导入期的政策特点

从 2009 年到 2016 年底，我国新能源汽车销量总计超过 100 万辆，成为电动汽车保有量全球第一的国家。我国的电动汽车几乎从零开始，短短几年的时间就跃居全球首位。除了市场本身的发展外，大量政府激励政策在产业导入期必然发挥了重要作用（Yuan et al.，2015）。如图 2.1 所示，我们在上一章政策梳理的基础上，专门回顾了 2011~2016 年我国中央政府发布的与消费者购买、使用新能源汽车直接相关的激励政策。本节将详细介绍其中的四项政策：购置补贴、税收减

---

① 距离 2020 年不足 4 年 新能源汽车处于关键发展期. http://news.cyol.com/co/2017-02/06/content_15476019.htm，2017-02-06.

免、交通管理及充电基础设施建设。

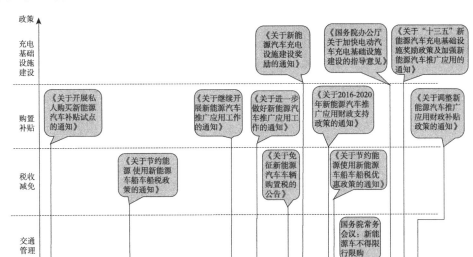

图 2.1　电动汽车产业导入期我国政策发布时序图

电动汽车的购置补贴是各种激励政策中资金额度最高的，因此也是最具争议的政策。如图 2.1 所示，中央政府在导入期一共发布了四份关于新能源汽车购买补贴的通知，这些通知的主要内容是对补贴金额和符合补贴车辆条件的调整。2011~2012 年，补贴金额是根据电动汽车的动力电池能量确定的，每千瓦·时 3 000 元。每辆插电式混合动力汽车的最高补贴为 50 000 元，每辆纯电动汽车的最高补贴为 60 000 元。2013~2016 年，年度补贴额由电动汽车的纯电续航里程（用 R 表示）确定。图 2.2 说明了具体补贴额度，其中自 2016 年开始，与纯电动汽车最低一级的补贴相对应的续航里程范围从 $80 \leqslant R < 150$ 千米修改为 $100 \leqslant R < 150$ 千米。

税收减免优惠政策如图 2.1 所示，电动汽车有两种主要的免税政策，即免征车船税和车辆购置税，国家税务总局分别于 2012 年 1 月和 2014 年 9 月发布了这两项税的免征通知。尽管各地根据车辆的发动机排量为车船税设置了不同的税率标准，但一般来说一辆乘用车每年需要支付的税款不超过 1 000 元。相比之下，免征车辆购置税是一个力度较强的政策，因为购置税的税率是车价的10%。由于免征车船税金额较小，故本章对于导入期税收方面的政策评估仅考虑免征车辆购置税的影响。

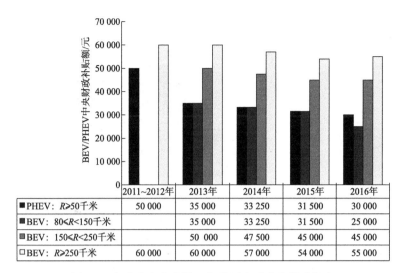

	2011~2012年	2013年	2014年	2015年	2016年
■ PHEV：R≥50千米	50 000	35 000	33 250	31 500	30 000
■ BEV：80≤R<150千米		35 000	33 250	31 500	25 000
■ BEV：150≤R<250千米		50 000	47 500	45 000	45 000
□ BEV：R≥250千米	60 000	60 000	57 000	54 000	55 000

图 2.2   电动汽车产业导入期我国电动汽车补贴额度

2.2   经济激励之外的主要影响因素

2.2.1   大城市燃油汽车限购政策

我国为了解决城市交通拥堵和城市空气污染问题，包括北京、上海、广州、深圳在内的多个大城市采取了机动车尾号限行和机动车限购政策。通过行政命令控制机动车行驶以及新增车辆牌照发放这种政策在其他国家并不多见，因此当这类限行和限购政策宣布给予电动汽车一些豁免权的时候，可以算是我国在电动汽车导入期对于产业发展独特而重要的激励政策，特别是对电动汽车不限购确实增加了电动汽车对消费者的吸引力。

上海于 1994 年开始实施机动车牌照拍卖制度，北京于 2011 年开始通过摇号系统发放新增机动车牌照及登记注册。截至 2016 年 6 月，我国已经有七个城市颁布了通过摇号、拍卖或两种方式联合的形式限制燃油汽车购买的政策，具体包括上海、北京、广州、深圳、天津、杭州和贵阳。同时，这些城市都为电动汽车的购买和登记注册提供了便利，在 2016 年之前，所有的限购城市对于新增的电动汽车车牌都不管制。2016 年 1 月，北京市修改政策为每月申请电动汽车指标超出发放指标额度计划的，需要排队等候下月发放，但其实 2016 年申请电动汽车牌照的数量并没有远超指标额度，基本等候几个月就可以免费申领到电动汽车牌照。

无论是通过市场机制的拍卖方式还是通过行政机制的摇号方式获得机动车牌照，都显著增加了实施这些政策的大城市里居民购买机动车的成本，包括经济成本和机会成本。免费申请就可以即刻获得的新能源汽车牌照让电动汽车在该时期的车辆购买门槛上获得了相较于传统燃油汽车的优势。上述出台了燃油汽车限购政策的城市包含了我国的所有一线城市和多个二线城市，这些城市居民的汽车消费能力很显然超过普通城市。图 2.3 显示了 2015 年中国电动汽车销量前十的城市及其销量。从销售数据排名中可见，电动汽车销量排名前六的城市包括上海、深圳、北京、杭州、广州五个有限购政策的城市，所以我们将机动车限购政策纳入我国电动汽车导入期的政策体系中。

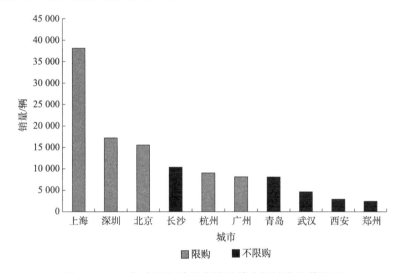

图 2.3　2015 年中国电动汽车销量前十的城市及其销量

相对于诸多与电动汽车购买相关的政策而言，我国鼓励充电基础设施建设的政策则相对滞后（Wan et al.，2015）。如图 2.1 所示，中央政府于 2014 年 11 月才正式发布了第一个鼓励充电基础设施建设的政策，而且该政策的鼓励方式为中央政府每年底根据各地电动汽车推广的数量，核实后于第二年安排发放对地方政府充电基础设施的奖励，地方政府可以将奖励资金用于充电基础设施的建设和运营，但是这些奖励资金不能用于电动汽车的购置补贴以及与其销售有关的各类政策。因为该政策是依据电动汽车销量发放的奖励，而且对充电基础设施建设的影响要到第二年才能生效，存在不确定的滞后性，所以此类政策在导入期内几乎无法直接促进电动汽车的推广。因此，本章未将鼓励充电基础设施建设类的政策纳入导入期政策的研究。

2.2.2　技术进步与燃油价格

除了以上介绍的影响消费者购买电动汽车的各种政策因素，为了全面分析政策影响，我们还考虑了两个非政策因素作为控制变量：汽油零售价格和电动汽车行业的技术进步。初始模型的变量选择如式（2.1）所示：

$$marketshare = f（subsidy, exemption, privilege, gasolineprice, patent, demand）$$

$$（2.1）$$

marketshare 为模型的因变量，代表北京、上海、广州、深圳、天津和杭州这六个城市的电动汽车市场份额，即电动汽车（9 座以下的乘用车）的月度销量占整个乘用车市场销量的比例，以下模型和表格中采用城市名称缩写：BJ、SH、GZ、SZ、TJ、HZ。选择电动汽车中的乘用车作为研究对象，可以消除政府集中采购的市政用车带来的销量波动，如电动环卫车辆、城市电动物流车辆、电动公交车以及政府采购的其他特殊车辆都不包括在该变量的数据中。选择电动汽车的市场份额而不直接选用销量作为因变量，可以减少外部宏观因素的干扰，如收入增长、经济增长和行业周期性波动。

subsidy 是指中央和地方政府对电动汽车的财政补贴之和的最高金额。

exemption 是指电动汽车免征购置税的政策，虚拟变量，值为 0 时表示该政策尚未实施，在 2014 年 9 月政策推出时值变为 1。

privilege 是指取消交通限行的政策，虚拟变量，值为 0 时表示该市政府已发布了机动车交通限行政策，发布对电动汽车取消限制的政策时值变为 1。

gasolineprice 是指月度汽油零售价格。电动汽车的充电成本远低于传统燃油汽车的汽油成本，汽油零售价格决定了电动汽车与燃油汽车相比节省费用的多少。因此，考虑到汽油价格对电动汽车销售的影响，我们将其纳入模型中。此处只使用了汽油价格是因为中国绝大多数乘用车都使用汽油作为燃料，很少有柴油发动机的乘用车。

patent 是指中国电动汽车行业每月的专利申请数量（包括国家发明专利、实用新型专利和外观设计专利），它代表了电动汽车行业的技术进步（Sierzchula and Nemet，2015；Sun et al.，2018）。使用专利申请的数量而不是授权的数量，因为提交专利申请后通常需要一年以上的时间才能收到授权，如果采用专利授权数量代表技术水平则会产生不确定的时间滞后。

demand 是指每个城市对燃油汽车的限购造成的消费者被抑制的对汽车的需求量，旨在描述由于消费者购车需求被抑制而对电动汽车销售产生的影响。如图 2.4 所示，我们计算了 2011 年 1 月至 2016 年 6 月包括北京、上海、广州、深圳、天津和杭州在内的六个有机动车限购政策的城市每月被抑制的需求量。本章未将贵阳纳入统计数据，是因为贵阳市实施车辆牌照管制的区域非常小（贵阳一环路以内的区域为矩形，周长13.2千米）。该限制的影响十分有限，并且政府没有公布参与该特定车辆登记摇号系统的总人数。

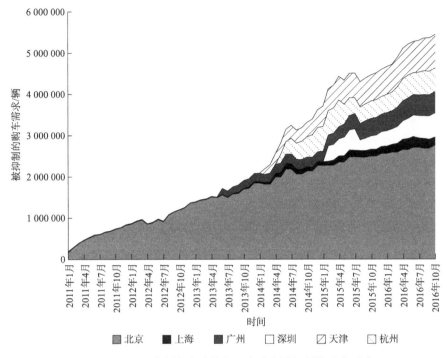

图 2.4　有机动车限购政策的六个城市被抑制的购车需求

变量的数据描述与数据源如表 2.1 所示，所有自变量都预期对因变量有正向的影响。

表 2.1　变量的数据描述与数据源

变量	数据描述	数据源
marketshare	每个城市电动汽车的月销量在乘用车市场中的份额	WAYS 咨询公司（http://www.way-s.cn）
subsidy	中央和地方政府财政补贴总和的上限	财政部、科学技术部、工业和信息化部、国家发展和改革委员会和每个城市的交通管理局
exemption	新能源汽车免税政策	财政部、国家税务总局、工业和信息化部
privilege	取消对新能源汽车的交通限行管制	各城市交通管理局网站
gasolineprice	中国汽油终端零售的月平均价格	中国石油和化学工业联合会
patent	中国电动汽车行业每月的专利申请数量	佰腾专利（http://www.baiten.cn）
demand	每个城市对机动车的限购造成的被抑制的汽车需求量	各城市交通管理局汽车指标管理部网站

注：变量统计的时间范围为 2011 年 1 月到 2016 年 6 月

2.3　政策对电动汽车消费的长期影响

2.3.1　面板协整模型

对每个变量取自然对数后，我们对所有变量进行了面板单位根检验，结果如表 2.2 所示。

表 2.2　每个序列的面板单位根检验结果

变量	检验方法	t 检验统计值	p 值	检验结果
ln marketshare	Levin-Lin-Chu	1.952 8	0.974 6	不平稳
	Breitung t-stat	−0.897 2	0.184 8	
	Im，Pesaran and Shin W-stat	−1.424 9	0.077 1	
	ADF - Fisher Chi-square	23.613 9	0.022 9	
	PP - Fisher Chi-square	66.391 2	0.000 0	
ln gasolineprice	Levin-Lin-Chu	−2.159 3	0.015 4	不平稳
	Breitung t-stat	0.519 0	0.698 1	
	Im，Pesaran and Shin W-stat	−1.195 8	0.115 9	
	ADF - Fisher Chi-square	14.580 8	0.265 2	
	PP - Fisher Chi-square	9.352 6	0.672 6	
ln patent	Levin-Lin-Chu	4.309 5	1.000 0	不平稳
	Breitung t-stat	−4.834 5	0.000 0	
	Im，Pesaran and Shin W-stat	−0.303 5	0.380 8	
	ADF - Fisher Chi-square	7.712 5	0.807 2	
	PP - Fisher Chi-square	110.524 0	0.000 0	
ln demand	Levin-Lin-Chu	1.443 1	0.925 5	不平稳
	Breitung t-stat	−1.363 7	0.086 3	
	Im，Pesaran and Shin W-stat	−0.501 9	0.307 9	
	ADF - Fisher Chi-square	10.867 2	0.540 3	
	PP - Fisher Chi-square	53.098 4	0.000 0	
ln subsidy	Levin-Lin-Chu	0.241 1	0.595 3	不平稳
	Breitung t-stat	−2.343 2	0.009 6	
	Im，Pesaran and Shin W-stat	0.317 2	0.624 5	
	ADF - Fisher Chi-square	7.507 7	0.822 3	
	PP - Fisher Chi-square	7.664 9	0.810 7	

续表

变量	检验方法	t 检验统计值	p 值	检验结果
Δln marketshare	Levin-Lin-Chu	−15.735 2	0.000 0	平稳
	Breitung t-stat	−5.446 5	0.000 0	
	Im，Pesaran and Shin W-stat	−18.073 9	0.000 0	
	ADF - Fisher Chi-square	211.248 0	0.000 0	
	PP - Fisher Chi-square	361.891 0	0.000 0	
Δln gasolineprice	Levin-Lin-Chu	−11.726 4	0.000 0	平稳
	Breitung t-stat	−5.273 9	0.000 0	
	Im，Pesaran and Shin W-stat	−10.018 5	0.000 0	
	ADF - Fisher Chi-square	102.977 0	0.000 0	
	PP - Fisher Chi-square	88.710 8	0.000 0	
Δln patent	Levin-Lin-Chu	−26.710 6	0.000 0	平稳
	Breitung t-stat	−5.747 3	0.000 0	
	Im，Pesaran and Shin W-stat	−23.437 1	0.000 0	
	ADF - Fisher Chi-square	221.991 0	0.000 0	
	PP - Fisher Chi-square	110.524 0	0.000 0	
Δln demand	Levin-Lin-Chu	−10.538 2	0.000 0	平稳
	Breitung t-stat	−1.638 7	0.050 6	
	Im，Pesaran and Shin W-stat	−10.767 7	0.000 0	
	ADF - Fisher Chi-square	111.632 0	0.000 0	
	PP - Fisher Chi-square	116.169 0	0.000 0	
Δln subsidy	Levin-Lin-Chu	−22.684 4	0.000 0	平稳
	Breitung t-stat	−18.178 1	0.000 0	
	Im，Pesaran and Shin W-stat	−17.909 5	0.000 0	
	ADF - Fisher Chi-square	199.410 0	0.000 0	
	PP - Fisher Chi-square	202.631 0	0.000 0	

注：Δ 表示一阶差分

单位根检验结果表明，模型中所有的非虚拟变量都不是平稳的，但是一阶差分后是平稳的。面板序列 ln marketshare、ln gasolineprice、ln patent、ln subsidy 和 ln demand 都不平稳，但它们是一阶单整的平稳序列。这些变量之间可能具有某种稳定的线性组合关系，这种稳定的线性组合反映了变量之间存在长期稳定性平衡关系，即协整关系。此处使用 Pedroni（2004）、Kao（1999）、Larsson 等（2001）这三种面板协整检验方法来测试上述面板数据以确认协整关系是否存在，结果如表 2.3 所示。

表 2.3　面板协整检验结果

变量序列：ln marketshare，ln subsidy，ln gasolineprice，ln patent，ln demand

Pedroni 协整检验

备择假设：共同 AR 系数（组内维度）

检验指标	统计值	p 值
Panel v-Statistic	1.806 631	0.035 4
Panel rho-Statistic	−4.410 698	0.000 0
Panel PP-Statistic	−6.085 852	0.000 0
Panel ADF-Statistic	−1.523 339	0.063 8

备择假设：个体 AR 系数（组间维度）

检验指标	统计值	p 值
Group rho-Statistic	−1.781 532	0.037 4
Group PP-Statistic	−5.567 81	0.000 0
Group ADF-Statistic	−1.365 133	0.093 5

Kao 协整检验

检验指标	t 统计值	p 值
ADF	−3.107 71	0.000 9

Johansen Fisher 协整检验

Hypothesized No. of CE（s）	Fisher 统计值（trace test）	p 值	Fisher 统计值（max-eigen test）	p 值
None	55.96	0.000 0	46.45	0.000 0
At most 1	21.00	0.050 4	17.68	0.125 7
At most 2	10.34	0.586 3	8.594	0.737 2
At most 3	8.664	0.731 3	8.664	0.731 3

　　Pedroni 检验结果显示在 10% 的水平拒绝了原始假设，表明变量 ln marketshare、ln subsidy、ln gasolineprice、ln patent、ln demand 之间确实存在面板协整关系，Kao 和 Johansen Fisher 面板协整检验的结果都在 5% 的水平上拒绝了原假设。因此，上述结果表明各变量之间确实存在面板协整关系。式（2.1）可转换为模型（1）：

$$\ln \text{marketshare}_{i,t} = C_i + \alpha_1 \ln \text{subsidy}_{i,t} + \alpha_2 \text{exemption}_{i,t} + \alpha_3 \ln \text{privilege}_{i,t}$$

$$+ \alpha_4 \ln \text{gasolineprice}_{i,t} + \alpha_5 \ln \text{patent}_{i,t} + \alpha_6 \ln \text{demand}_{i,t} + \delta_{i,t}$$

$$（2.2）$$

为了突出不同城市实施限购政策的不同效果，我们建立了模型（2）：

$$\ln marketshare_{i,t} = C + \alpha_1 \ln subsidy_{i,t} + \alpha_2 exemption_{i,t} + \alpha_3 \ln privilege_{i,t}$$
$$+ \alpha_4 \ln gasolineprice_{i,t} + \alpha_5 \ln patent_{i,t} + \beta_i \ln demand_{i,t} + \delta_{i,t}$$

（2.3）

将面板数据代入模型（1）和模型（2），得到的回归结果如表 2.4 所示。

表 2.4　面板协整模型回归结果

变量	系数	t 统计值	p 值	系数	t 统计值	p 值
	模型（1）：Common coefficients			模型（2）：Cross-section specific coefficient（ln demand）		
C	−79.012 9	−5.874 5	0.000 0	−77.475 3	−5.788 4	0.000 0
ln patent	1.624 6	5.368 6	0.000 0	1.625 0	5.390 8	0.000 0
ln gasolineprice	3.390 6	2.745 0	0.006 6	3.266 2	2.654 9	0.008 6
privilege	0.738 6	2.213 8	0.028 0	0.751 6	2.276 1	0.023 9
exemption	2.076 2	5.505 7	0.000 0	2.072 8	5.527 9	0.000 0
ln subsidy	1.473 6	3.472 7	0.000 6	1.589 7	3.759 6	0.000 2
ln demand	1.200 6	6.534 4	0.000 0			
BJ-ln demand				0.933 5	6.554 7	0.000 0
SH-ln demand				1.221 6	6.672 1	0.000 0
GZ-ln demand				1.035 3	6.364 4	0.000 0
SZ-ln demand				1.081 9	6.568 8	0.000 0
TJ-ln demand				1.027 9	6.327 8	0.000 0
HZ-ln demand				1.124 2	6.801 9	0.000 0
BJ-C	−2.122 8					
SH-C	1.949 8					
GZ-C	−0.345 0					
SZ-C	0.258 9					
TJ-C	−0.501 5					
HZ-C	0.739 0					
R^2	0.756 5			0.758 2		
调整后的 R^2	0.742 6			0.744 4		
F-statistic	54.508 5			55.023 1		
Prob（F-statistic）	0.000 0			0.000 0		

从拟合结果中可以看到模型（1）和模型（2）的 R^2 值都大于 0.75，这表明回归方程和实际变量的趋势拟合程度高。

2.3.2　政策的长期影响分析

模型（1）的结果表明，变量之间的相关系数最大的是 ln gasolineprice，系数为 3.390 6，表明电动汽车市场份额与国内汽油价格之间的长期关系为正。汽油零售价格每上涨 1%，电动汽车的市场份额就会增加 3.390 6%。结果与预期相符，因为较低的驾驶成本，汽油价格上涨将使消费者更有可能购买电动汽车。

exemption 系数为显著的 2.076 2。这表明国家税务总局实行的电动汽车免征购置税政策对于中国汽车行业的税收来说确实是一项非常有力的措施。因为在此之前，只有政策规定对小排量汽车给予征收 50% 或 75% 的购置税优惠，或者免征政府采购的防洪车辆等的购置税，而从未如此大规模地直接对于某些特定类型的汽车免征车辆购置税。

表征电动汽车技术进步的 ln patent 的协整系数为 1.624 6，大于 ln subsidy 的系数 1.473 6。电动汽车行业每增加 1% 的专利申请量，将使电动汽车的市场份额增加 1.624 6%。 p 值为 0.000 0 表示此变量非常显著，该结果表明，消费者在购买高价值耐用产品（如汽车）时其实非常注重实用价值。另外，技术进步能带来如此显著的促进作用，也说明了电动汽车与燃油汽车相比，较低的技术水平仍然是该行业的主要发展瓶颈（Hao et al.，2014）。如果能在消费者诟病的电动汽车存在技术缺陷的领域有所改进，如电池能量密度、电机效率和电源控制系统，将显著增加消费者对电动汽车的接受程度。

privilege 系数为 0.738 6，说明取消限行政策对消费者购买电动汽车是有激励作用的，但这是所有政策变量系数中最小的。可能是因为这六个城市的交通限行政策是基于车牌号轮换的最后一位，也就是每周的限行时间只有一天，因此电动汽车不限行对消费者决策的影响并没有其他政策大。

ln subsidy 的协整系数为 1.473 6，p 值小于 0.01。这表明补贴政策显著促进了电动汽车的推广。的确，中央和地方政府在电动汽车产业的导入期为电动汽车安排了可观的财政补贴，政府还从以下三个方面对补贴政策进行了调整。

第一，试点补贴个人购买电动汽车的城市逐年增加。2011 年，中央政府将北京、深圳、上海、杭州、合肥和长春 6 个城市列为试点城市，率先补贴私人购置电动汽车；2013 年，试点城市的数量扩大到 28 个城市群；2014 年，这一数字上升到了 39 个城市群（共 88 个城市）；2015 年 4 月，财政部发布〔2015〕134 号文，将补贴政策的计划期限从 2016 年延长到了 2020 年。通过政策的迭代调整，不断地扩大补贴范围和时限的政策变更增强了对电动汽车推广的激励作用。

第二，享受补贴政策的车辆类型清单的不断更新以及地方保护主义政策的废止导致了可以享受补贴的电动汽车车型一直在增加。从 2010 年开始，中央政府开始补贴电动汽车，但消费者的选择仅限于政府发布的推荐车型清单。每次更新的车型清单都会增加补贴车型的数量。另外，在 2014 年之前许多地方政府为了保护当地汽车产业而出台了很多地方保护政策。例如，制定享受补贴的本地推荐车型清单以代替中央政府的推荐清单，或对于在其他省份生产的电动汽车在本地销售时要求反复报验检测，或要求汽车制造商在本省建立工厂才可以在本地销售。这些花样百出的地方保护政策阻碍了其他地区生产的电动汽车的销售，并且限制了当地消费者可以选择的车型车系，扰乱了市场秩序（Wan et al., 2015）。2014 年 7 月 21 日，国务院办公厅〔2014〕35 号文件明确废除了所有地方保护政策。从那时起，中央推荐和补贴的电动汽车车型清单才统一，电动汽车的市场流动性大大增加。

第三，补贴额度的逐步退坡影响了市场预期。从 2010 年 5 月开始，中央政府发布了针对私人购买电动汽车的补贴政策，当时该政策就已明确指出财政补贴将采用逐步退坡的机制。2011 年的最高补贴额为 6 万元，此后补贴额度逐渐减少。这种退坡机制可以激励电动汽车制造企业加快新车型的研发，并将这些产品尽快投放市场以便能够在次年补贴降低之前获得更多的政策红利。同时补贴退坡机制对消费者也有鼓励尽早购买的作用。因此在每年年底前，当年的补贴额度即将到期时，电动汽车市场总会出现销量高峰。另外，退坡机制本身也是必要的。如果长期给予高额补贴，电动汽车制造商可能会在生产成本已经下降的情况下仍然不降价，将一部分补贴金额直接放到定价结构中从而获得超额利润。这样的话，补贴将无法达到弥补电动汽车价格高于燃油汽车的劣势的目的，也就与政府的意图背道而驰了。

模型（1）中的 ln demand 的 p 值为显著的 0.000 0，系数为 1.200 6。这表明我国的燃油汽车限购政策确实促进了电动汽车的普及。抑制的消费者购车需求每增加 1%，电动汽车市场份额将增加 1.200 6%。燃油汽车在六个经济发达的城市（北京、上海、广州、深圳、天津、杭州）被限购和限行，同时电动汽车却可以获得不限购、不限行和免购置税等诸多便利，这实际上是从供给、需求和价格多方面给予电动汽车优惠政策。首先，这些政策通过行政管理措施来控制燃油汽车的供应，从而导致汽车市场供需之间的不平衡；其次，购置补贴和免购置税弥补了电动汽车行业初期发展的高成本所带来的市场价格劣势；最后，购买电动汽车之后还能享受交通不限行的特权，进一步增加了消费者需求。特别是在雾霾严重的日子里，针对燃油汽车的限行还会实施更为严格的限行制度。例如，北京在平时工作日是每天以两个 0~9 中尾号的燃油汽车限行，而在空气污染的橙色预警天则实施单双号限行措施，但是这些都对纯电动汽车没有任何限制。

导入期的各项政策从供给、需求和价格这些最重要的市场经济要素出发对电动汽车的推广产生了协同效应。实际上，在新增车辆牌照这项资源的分配中的行政干预降低了传统燃油汽车行业的效率，提高了电动汽车行业的效率，这虽然不构成帕累托改进，但电动汽车是国际公认的未来汽车工业发展方向，如果我国能够在这个领域取得领先地位而实现在汽车工业的弯道超车，那么收益将远远大于目前燃油汽车行业的亏损。

除 ln demand 外，模型（2）中的变量系数与模型（1）中的系数几乎相同。每个城市的 ln demand 的 p 值都很显著，系数范围在 0.933 5 和 1.221 6 之间。其中系数最大的是采用车牌拍卖模式的上海，为 1.221 6；系数最小的是通过随机摇号系统发放车辆牌照的北京，系数为 0.933 5。其他四个城市采用的是摇号和拍卖系统的组合。从车辆限购的方式来看，有偿的车牌拍卖方式更能反映市场的实际需求，而免费的随机摇号系统产生的车牌指标实际上已成为一种免费的公共资源，当消费者去争夺车辆牌照作为一种免费的公共资源时，需求可能无法客观反映汽车市场的实际需求。这可能就是在图 2.4 中北京的被抑制购车需求量远远超过其他五个城市的原因。

2.4 政策对电动汽车消费的短期影响

2.4.1 面板误差修正模型

面板协整模型描述了所有变量的长期均衡关系。为了研究电动汽车的销售市场份额与其他因素之间的短期动态关系，本节采用面板误差修正模型（panel error correction model，PECM）进行短期关系分析。将协整模型的残差项保留为模型（3）中的误差校正项 ECM 并滞后一期。然后建立模型（4），以重点关注不同城市的限购政策的短期影响。模型（3）和模型（4）如式（2.4）和式（2.5）所示。

$$\Delta\ln \text{marketshare}_{i,t} = C_i + \alpha_1\,\Delta\ln \text{subsidy}_{i,t} + \alpha_2\,\Delta\ln \text{gasolineprice}_{i,t}$$
$$+ \alpha_3\,\Delta\ln \text{patent}_{i,t} + \alpha_4\,\text{ECM}_{i,t-1} + \alpha_5\,\Delta\ln \text{demand}_{i,t} \quad (2.4)$$

$$\Delta\ln \text{marketshare}_{i,t} = C + \alpha_1\,\Delta\ln \text{subsidy}_{i,t} + \alpha_2\,\Delta\ln \text{gasolineprice}_{i,t}$$
$$+ \alpha_3\,\Delta\ln \text{patent}_{i,t} + \alpha_4\,\text{ECM}_{i,t-1} + \beta_i\,\Delta\ln \text{demand}_{i,t} \quad (2.5)$$

回归结果如表 2.5 所示。

表 2.5 面板误差修正模型回归结果

变量	系数	t 统计值	p 值	系数	t 统计值	p 值
	模型（3）：Common coefficients			模型（4）：Cross-section specific coefficient（ln demand）		
C	0.112 0	1.245 5	0.214 6	0.111 3	1.188 2	0.236 3
d ln gasolineprice	5.287 1	2.181 8	0.030 4	5.648 6	2.364 6	0.019 1
d ln patent	1.642 2	6.638 8	0.000 0	1.636 7	6.745 6	0.000 0
d ln subsidy	0.140 8	0.188 1	0.851 0	0.042 5	0.058 0	0.953 8
ECM（−1）	−0.742 9	−9.969 9	0.000 0	−0.733 8	−10.060 4	0.000 0
d ln demand	2.005 5	2.940 1	0.003 7			
BJ-d ln demand				9.114 4	2.123 6	0.035 1
SH-d ln demand				1.863 4	2.202 2	0.028 9
GZ-d ln demand				−4.715 3	−0.915 0	0.361 4
SZ-d ln demand				0.545 5	0.373 7	0.709 1
TJ-d ln demand				1.313 6	0.644 4	0.520 1
HZ-d ln demand				5.020 6	2.728 4	0.007 0
BJ-C	0.019 1					
SH-C	−0.000 7					
GZ-C	−0.013 8					
SZ-C	−0.056 5					
TJ-C	−0.065 3					
HZ-C	0.091 6					
R^2	0.469 9			0.493 9		
调整后的 R^2	0.440 0			0.465 3		
F-statistic	15.691 2			17.273 7		
Prob（F-statistic）	0.000 0			0.000 0		

ECM 的误差校正系数显著且为负，与反向校正原理相符。误差修正系数为 −0.742 9，表明如果电动汽车的市场份额数据偏离了上月的长期均衡，那么本月的调整强度为 0.742 9。该模型的 R^2 和调整后的 R^2 均低于长期协整模型，表明短期模型的拟合度不如长期协整模型。由于本章的研究重点是各种政策对消费者购买电动汽车的影响而不是市场预测，故作为评估性的实证研究可接受相对较低的调整后 R^2。

2.4.2　政策的短期影响分析

对长期协整模型与误差修正模型中的变量系数进行比较，变量 ln demand 的系数从长期协整的系数 1.200 6 变化为短期影响的系数 2.005 5。这种变化表明，与长期影响关系相比，短期内被抑制的购车需求量的增加会对电动汽车的市场份额产生更大的正向影响。实施机动车限购令的行政命令是中国特色的交通管理政策，文献表明该政策在减少二氧化碳排放、控制空气污染和缓解交通拥堵方面发挥了重要作用（Li and Jones，2015）。通过本书的计量经济学分析，可以很明显地发现通过控制的新增燃油汽车牌照数量所抑制的需求促进了消费者购买电动汽车。对于无法通过摇号系统或拍卖获得燃油汽车牌照但在短期内有购车需求的潜在买家而言，这项激励政策的吸引力很大。因此，限购燃油汽车不限购电动汽车的政策确实促进了电动汽车的推广。

除了 ln demand 外，表 2.5 的结果中模型（4）的其他变量系数几乎与模型（3）中的系数相同。模型（4）中，在 5% 的水平上仅有北京、上海和杭州三个城市的 Δln demand 变量 p 值显著。Δln demand 系数最大的城市是北京 9.114 4，p 值显著的三个城市中系数最小的城市是上海 1.863 4。从这六个城市的数据中可以看出，短期内北京被抑制的购车需求数量对消费者购买电动汽车影响最大。将模型（2）和模型（4）中的 ln demand 的系数相比，可以看到短期内北京的摇号模式对 ln marketshare 影响最大，而上海的拍卖模式是影响最弱的；但是在长期的协整关系中，结果却相反，上海所采用的经济手段反而更为有效。

表征技术水平的变量 ln patent 的短期系数为 1.642 2，和长期协整系数 1.624 6 相比变化很小，且 p 值始终显著。这表明不论长期或短期的影响，技术升级目前是电动汽车行业本身发展的重要驱动力（Ma et al.，2022b）。实际上，中央政府在导入期的分级补贴政策也为技术研发方向提供了指导（Fan et al.，2017）。2013 年以前，补贴金额由电动汽车的电池容量确定，每千瓦·时补贴 3 000 元。最初这样的政策设计使得电动汽车制造商盲目堆积车辆中的电池单元数量，却忽略了电池的能量密度和其他重要性能指标，导致低效电池本身自重过大增加了能耗从而影响了车辆的续航里程。2013 年后，政府改为根据汽车的纯电续航里程作为补贴依据，而且 2016 年的补贴标准还将可以享受补贴的最低续航里程标准从 80 千米增加到了 100 千米，这一系列政策修订实际上鼓励了制造商通过开发高能量密度的电池、提高电机效率、改进动力控制系统及其他技术途径来提高纯电续航里程。这些政策的制定也反映了技术研发对电动汽车推广的重要性。

变量 ln gasolineprice 的系数从长期协整模型中的 3.390 6 增加到短期模型中的 5.287 1，这表明汽油价格的短期波动对消费者购买电动汽车的决策影响更大。因为消费者判断未来的汽油价格经常倾向于根据油价的近期走势做出判断,这被称为消费者对能源成本的误解(Allcott,2011)。因此,当油价短期上涨时,消费者更倾向于认定未来的油价还会继续上涨,这导致消费者更愿意购买每千米行驶成本只有燃油汽车六分之一左右的电动汽车。

变量 $\Delta\ln$ subsidy 的 p 值并不显著,可能是因为补贴额度的变化次数较少。由于每次中央政府和这六个限购城市公布的补贴政策标准的有效期都至少为一年,所以在本章研究的产业导入期内,补贴额度只变更了五次。因此,$\Delta\ln$ subsidy 与 $\Delta\ln$ marketshare 之间的短期关系并不显著。

2.5　政策影响的因果关系分析

为了检验 ln marketshare 和 ln demand 之间是否存在因果关系,我们对这两个变量进行了格兰杰因果关系检验。格兰杰因果关系检验由 2003 年诺贝尔经济学奖获得者 Clive W. J. Granger 创建,主要用于分析经济变量之间的因果关系。格兰杰因果关系检验是根据变量过去的某个时间点的所有信息,由最佳最小二乘预测的方差定义因果关系。格兰杰因果关系检验的基本原理是使用残差的平方和表示预测误差,采用两个变量建立回归方程并通过假设检验(F 检验)检测回归系数是否为 0 以验证是否存在因果关系。格兰杰因果检验的统计学本质是对平稳时间序列数据的一种预测,适用于计量经济学的变量预测,但不能作为检验真正因果性的判据,不过在统计层面依旧具有解释意义。

格兰杰因果关系检验要求时间序列上的平稳性(Chen and Hsiao,2010;Engle and Granger,1987),因此,对 ln marketshare 和 ln demand 取一阶差分后的平稳序列进行检验。结果如表 2.6 所示。

表 2.6　格兰杰因果关系检验结果

原假设	F 统计值	p 值
ΔBJ-ln demand 不是 ΔBJ-ln marketshare 的格兰杰原因	5.983 29	0.018 7
ΔBJ-ln marketshare 不是 ΔBJ-ln demand 的格兰杰原因	0.034 76	0.853 0
ΔSH-ln demand 不是 ΔSH-ln marketshare 的格兰杰原因	14.668 10	0.000 4
ΔSH-ln marketshare 不是 ΔSH-ln demand 的格兰杰原因	0.117 83	0.733 1
ΔGZ-ln demand 不是 ΔGZ-ln marketshare 的格兰杰原因	4.876 12	0.036 6
ΔGZ-ln marketshare 不是 ΔGZ-ln demand 的格兰杰原因	0.446 71	0.510 0
ΔSZ-ln demand 不是 ΔSZ-ln marketshare 的格兰杰原因	0.264 68	0.615 6

续表

原假设	F 统计值	p 值
ΔSZ-ln marketshare 不是 ΔSZ-ln demand 的格兰杰原因	0.003 60	0.953 1
ΔTJ-ln demand 不是 ΔTJ-ln marketshare 的格兰杰原因	4.617 70	0.041 5
ΔTJ-ln marketshare 不是 ΔTJ-ln demand 的格兰杰原因	4.029 72	0.055 6
ΔHZ-ln demand 不是 ΔHZ-ln marketshare 的格兰杰原因	1.704 40	0.205 2
ΔHZ-ln marketshare 不是 ΔHZ-ln demand 的格兰杰原因	3.271 94	0.084 2

注：Δ表示一阶差分

　　根据格兰杰因果关系的检验结果，在接受度为 5%的水平上，北京、上海、广州和天津四个城市的 ln marketshare 是 ln demand 的格兰杰原因，即被抑制的购车需求量确实是导致北京、上海、广州和天津四个城市的电动汽车市场份额增加的格兰杰原因。换句话说，从统计的角度来看，政府发布燃油汽车限购政策而导致的购车需求被抑制的消费者数量确实有助于解释这四个城市电动汽车市场份额的变化。

2.6　本　章　小　结

　　通过分析 2011 年 1 月至 2016 年 6 月我国实施了机动车限购政策的六个城市的月度面板数据，我们发现我国在电动汽车产业导入期的各项激励政策都有效地促进了消费者购买电动汽车。为解决城市交通拥堵和空气污染问题而出台的燃油汽车限行、限购政策也促进了电动汽车的推广。特别是燃油汽车限购政策在长期和短期都产生了积极影响，而且短期影响尤为强烈。

　　政府的各项激励措施从经济和行政管理两个方面促进了国内电动汽车的销售和普及。经济层面的政策与其他国家的政策类似，主要是采取车辆购置价格补贴和免税的形式填补了在导入期仍处于萌芽状态的电动汽车与技术相对成熟的燃油汽车之间的价格差距，使得电动汽车在市场上具有了一定的竞争力。在行政管理政策方面，则分为供需管理和交通管理两个层次。首先，政策通过限制消费者购买燃油汽车打破了汽车市场供求之间的平衡，需求缺口由未被限制的电动汽车填补；其次，根据车牌号的最后一位数字对燃油汽车实施了每周限行一天的交通限制，而电动汽车的行驶并不受限制。

　　我国政府在电动汽车产业导入期发放的购置补贴是有效的。导入期需要一定水平的补贴以弥补电动汽车技术和成本缺陷，但额度逐步退坡的设置被证明非常有效。与成本高昂的补贴政策相比，行政管理政策的财政成本较低。因此，行政管理政策应继续在补贴逐步退坡的过程中发挥作用。

技术水平的进步对消费者购买电动汽车产生了显著的积极影响，但是目前国内直接支持电动汽车行业科技研发的政策仍然相对不足（Li et al.，2016；马少超和范英，2018）。因此，本章建议将减少购置补贴所省下的资源应用于鼓励技术研发，通过政府的激励措施分担一部分制造商的前期研发成本来进一步促进国内电动汽车产业尽早突破核心技术难关。

第3章 大数据下的电动汽车消费者偏好

推广电动汽车有助于实现《巴黎协定》的碳减排目标,同时可以有效降低城市空气和噪声污染,因此它是世界各国都在大力推广的汽车工业新的发展方向。如何让消费者关注、接受、购买并使用电动汽车是各国政府与电动汽车企业都十分重视的课题,而其中的核心问题之一就是消费者对电动汽车的偏好,包括识别影响消费者选购的因素及量化对各因素的偏好程度。然而现有的文献中对于消费者的电动汽车偏好研究途径有限,也并没有达成一致定论。在信息技术的加持下,经济管理领域的研究越来越多地使用大数据作为分析研究的新途径(洪永淼和汪寿阳,2021)。因此,本章从消费者网络行为分析的全新视角,借助大数据和文本挖掘技术,试图立体地刻画出中国消费者对电动汽车的关注点、性能偏好、购车时的决策因素及购车用途等,以更客观地理解当今中国消费者的购车行为和偏好,为下文进一步探讨消费者与电动汽车的关系以及未来政策的设计做好铺垫。

3.1 消费者偏好影响电动汽车推广

政府和企业想要向消费市场推广电动汽车,首先要考虑的一个问题就是消费者想要什么样的电动汽车,换句话说,消费者对电动汽车的性能、品牌、尺寸、价格等要素有什么样的需求,买电动汽车是为了用来做什么。弄清楚了这个问题,政府可以依此制定相应的公共政策来促进电动汽车的推广,企业可以从这个角度来确定自己开发设计、生产制造及未来投资的方向,以迎合消费者的需求,促进电动汽车的销售。

近几年已经有大量学者的研究从不同角度研究了影响消费者购买电动汽车的

考虑因素与偏好情况。研究陈述性偏好和显示性偏好是两大主要方向。由于电动汽车推广使用的时间较短，大部分的研究是通过消费者问卷调查或者实验来引出消费者的回答或者行为，得出的结论是基于主观陈述意向，也就是消费者陈述性偏好（Bishop et al.，1990）。这种调查方法为"意向调查"，要求实验者先假设情境，设计调查问卷或实验，获取被调查者的主观陈述意向，并通过解析收集到的主观陈述意向数据，分析消费者对公共物品或其他物品的需求（Cummings and Taylor，1999）。

　　不同于陈述性偏好的研究逻辑，显示性偏好理论的核心是从行为推断偏好，即"消费者选择推导偏好关系"。显示性偏好最早由 Paul Samuelson 于 1948 年提出（Samuelson，1948），他认为消费者在一定价格约束条件下发生的购买行为显示了其内在的真实消费倾向，调查者可以通过消费者的实际购买行为，推断消费者的真实偏好。Colombo 等（2009）认为这种通过观察消费者的购买行为推测出的消费者偏好，相较于通过假设情景中的消费者选择意向获取的消费者偏好，更能代表消费者实际购买行为中表现出来的偏好情况。

　　但是，想要研究中国消费者对电动汽车的显示性偏好存在两点问题。一是电动汽车在我国的发展时间较短，实证销售数据较少，导致数据量不足；二是中国在四大一线城市及多个二线大城市实施了机动车限购政策，限购政策的存在导致了市场上电动汽车的销量并不能完全客观地反映消费者的需求。因为中国的电动汽车销售绝大多数发生在大中型城市，而这些城市的政府往往为了治理城市道路拥堵和空气污染问题都出台了不同形式的机动车限购政策。这些限购政策虽然对电动汽车的销售提供一定程度的优先权，但实际上仍然会抑制电动汽车的销售。例如，北京采取摇号措施限制机动车增加，虽然对电动汽车采取了申请即可获得购车资格，但是仍然限制号牌发放数量。2017 年一共只发出了 15 万张新增汽车牌照，包括 9 万张燃油汽车牌照和 6 万张电动汽车牌照（交通运输部，2017）。但实际上在 2017 年底，北京市共有 2 922 537 个人申请燃油汽车车牌，123 980 个人申请电动汽车车牌（北京市小客车指标调控管理办公室，2017）。也就是说，因为车辆限购政策，大量消费者无法随时自由购买汽车，市场交易数据无法真实地反映消费者需求。

　　因此，在本章的研究中，我们并没有选择实验、问卷、销售数据分析等传统的陈述性偏好或显示性偏好的数据源，而是创新性地采用消费者在汽车网站的搜索、浏览、评论等线上行为记录数据作为研究主体。依据消费者在完全没有受到研究人员干扰的情况下，自主地在网络上对车型进行挑选对比、留下购买线索及购车后的体验分享等行为进行电动汽车偏好的分析，以求得出消费者对电动汽车性能指标和细节的偏好，以及购车用途。采用消费者网络行为大数据作为研究样本，所采集的数据是消费者自由意志与需求偏好的体现，可以完全避免研究者因为设定情境对消费者行为的干扰，同时也可以解决当前因为国内车辆限购政策造成的消费者购车数据不能完全反映需求与偏好的问题。毕竟虽然不能立刻购买新车，但消费者仍然会去汽车网站浏览和查询自己感兴趣的车型，以及在相应的汽车论坛页面留言参与问答和话题讨论。

当前影响消费者购买电动汽车因素的研究中，大多数文献研究的是外部环境因素的影响，如充电站建设（Yu et al.，2016；Skippon et al.，2016；Hardman et al.，2018）、公共充电站费用（Zhang L et al.，2018）、能源价格（Gnann et al.，2015b；He et al.，2017）、电动汽车补贴政策（Lin and Wu，2018）、政府激励政策（Zhang L et al.，2018）、与碳交易的关系（Li et al.，2018）、家庭既有汽车情况（Jensen and Mabit，2017）等。也有很多文献结合消费者自身的人口统计学因素、情境和心理因素进行分析（Li W et al.，2017），如生活方式与用车习惯（Axsen et al.，2015）、消费者对新事物的接受理念（Morton et al.，2016）、环保意识与心理需求（Zhang et al.，2013）、感知能力与个人性格（He et al.，2017）等对电动汽车推广的影响。

这些研究从不同的角度分析了哪些因素会影响消费者购买电动汽车，但只有少量的研究是针对电动汽车自身具体规格参数及消费者买车用途的，如除了价格之外，会影响消费者的选择并且和电动汽车的自身规格参数相关的研究提及过以下属性，如表 3.1 所示。

表 3.1　有关电动汽车规格参数的现有文献研究

规格参数	参数描述	研究结论	文献
尺寸	长、宽、高、轴距、座椅	车辆尺寸在异质性消费者的选择中起着重要作用	Higgins 等（2017）
电池	电池的容量、材料和功率	电池的材料和功率密度仍然需要提高。与燃油汽车竞争时，电池成本过高是电动汽车明显的劣势	Du 等（2017）；Safari（2018）
充电属性	是否支持慢充/快充、充电时间	充电时间长和充电站不足是影响消费者购买电动汽车的重要因素	Fetene 等（2017）
续航里程	纯电续航里程	续航里程短与电池和电机的能效都相关，会造成消费者的里程焦虑和推广障碍	Tanaka 等（2014）；Langbroek 等（2016）
动力类型	不同动力类型，如纯电动汽车、插电式混合动力汽车、增程式混合动力汽车	不同的消费者群体愿意选择不同类型的电动汽车。插电式混合动力汽车是避免里程焦虑的首选过渡车型	Lane 等（2018）；Massiani（2015）
车型级别	车辆的不同级别，如紧凑型车、迷你车、全尺寸车等	电动汽车的潜在消费者中对车型选择有显著不同的偏好	Mohamed 等（2018）
燃油经济性	行驶距离与汽车消耗的电量或燃料之间的关系	电动汽车较低的使用成本对消费者有吸引力。生命周期中的里程越长，则电动汽车的成本有效性越高	Plötz 等（2014）
品牌	车辆品牌	品牌是影响消费者选择电动汽车的重要因素	Helveston 等（2015）

研究消费者对电动汽车自身技术规格的偏好对于政府的政策设计和企业的产品设计是非常有借鉴意义的（Li et al.，2019）。以上的研究几乎都是采用问卷调查的方式进行的，都是从较为单一的技术规格视角进行的探索。他们没有全面地考虑消费者因为电动汽车自身的哪些规格属性而选择购买，消费者对每一项关键技术参数的偏好范围是多少，这些规格属性的重要性也没有与消费者买车的用途联系起来，而这些正是本章的研究重点。

3.2　消费者行为与大数据采集

为了获取足够多的消费者行为数据，我们与中国最大的汽车网站——汽车之家①自 2016 年底开始开展了长达一年多的合作，采集消费者在其网站上浏览、对比、选购和评论的行为数据，作为本书中研究消费者对电动汽车偏好的依据。消费者在汽车之家网站上的操作流程如图 3.1 所示。

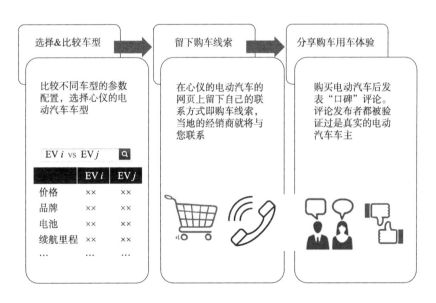

图 3.1　消费者在汽车之家网站的购车过程

第一步的筛选过程是从大量的在售车型中选出自己心仪的几款待选车型，在这几款车型中进行性能参数的对比。当消费者找到了自己想要买的车型时，可以

---

① 汽车之家，https://www.autohome.com.cn，中国访问量最大的专业汽车网站，日活跃用户数量达到 3 500 万个。2013 年 12 月 11 日于美国纽约交易所上市。

开始第二步留下购车线索，即在汽车之家网站上留下自己的电话号码或其他联系方式。网站会自动将该消费者的联系方式发送给所在城市拥有这款车的 4S 店，销售人员会主动与消费者联系询问购车意愿及预约试车等。消费者完成购车之后可以选择在汽车之家进行第三步服务——购车体验分享，发表关于该款车的评论，也就是在汽车之家网站上被称为"口碑"的评论版块。该部分为非结构化的文本数据，包含了消费者从选车、购车到用车的所有体验描述，可以得到除了客观性能参数之外的更多主观评价信息。

根据上述过程，我们采集了消费者在线操作数据，如表 3.2 所示。

表 3.2   数据说明

数据	时间范围	数据描述
消费者比较不同电动汽车车型的数据	2017 年 1 月至 2017 年 12 月	消费者比较两款不同电动汽车的次数，总计 859 622 个比较数据。消费者比较第 k 个两款不同模型（如车型 i 和 j）的次数记录为 C_k
电动汽车规格参数	2007 年 6 月至 2017 年 12 月	共有 433 款不同的电动汽车车型（包括 316 款纯电动汽车、110 款插电式混合动力汽车、7 款增程式混合动力汽车）。型号规格包括厂商的建议零售价、品牌、续航里程、电机、电池、机身尺寸、重量等
消费者留下各种电动汽车车型的购买线索	2017 年 1 月至 2018 年 2 月	每种电动汽车车型号有多少消费者留下购车线索。有意购买电动汽车 i 并提交购车线索的消费者数量记录为 Q_i
消费者对电动汽车的评论	2012 年 12 月至 2017 年 12 月	消费者自愿在汽车之家网站上发布对购买的电动汽车的文字评论。这些评论通常包括电动汽车的空间、动力、能耗、用途及购买汽车的原因

消费者对比两款车型说明他对这两款车型都比较关注，在做性能对比时关注的必然是这两款车性能参数有差异的指标。因此，将对比次数和对比的车型参数进行匹配将会得到很有意义的结果。

消费者将电话号码留给汽车之家网站表明其对某款车型具有强烈购买意愿，即使他可能因为车辆限购的原因不能购买该车型。因为主动留下购买线索意味着可能在之后会不断接到本地区汽车销售人员的电话，所以消费者不会轻易留下联系方式。因此，购买线索数据比由于车辆限购政策而被抑制的电动汽车销量数据可能更加真实地反映出消费者对某款车型的购买意愿。

相比于上述两种数据，购车后自发地发表评论所留下的文本包含了在性能参数之外的更多信息。我们从中挑选出两个具有研究价值的信息点：影响最终决策的细节及购车用途。在大量的评论文本中我们发现，很多消费者会提及在购车决策的最后阶段，从待选的两三款车型中最终选择这款车的原因。例如，在 A 车和 B 车的抉择中，因为 A 车的转向系统操控感比 B 车更好而最终选择了 A 车，那么转向系统的操控感就是消费者非常看重的细节，而这一点是无法在汽车 A 和 B 的硬件设施和价格数据中对比获取的，所以这是非常宝贵的信息，它反映了消费者在购车前的最后决策阶段考虑的关键因素，而这些因素往往并不能在车辆性能指标中通过数字表达出来，如驾驶感受、操控性等决策细节。这类与最终决策的细节相关的评论，我们一共采集到 1 046 条数据。另外一点非常值得注意的是，消费者会在口碑评论中给出平时用车的主要用途，如细致地描述这辆车平时基本不跑长途，主要用来市内通勤，或是这辆车的行驶里程大多由周末郊游产生。这类与购车用途相关的评论，我们总共采集到 25 070 条数据。

3.3　大数据与文本挖掘技术理论

3.3.1　技术路径选择

电动汽车的消费者从关注某些车型到查询车型信息再到车型互相比较直到最后决定购买需要经过漫长的决策过程，因此数据量巨大难以甄别和分析。为了从海量网络数据中准确获取用户偏好，需要信息技术的支持。使用大数据和文本挖掘技术可以避免传统手工提取方法所造成的缺陷（Kim and Kang，2018；佘承其等，2019）。例如，在传统的手动提取方法中，样本的选择容易受到主观因素的影响，并且由于人工工作量的限制，可处理的样本量较小。

本章的主要目的是通过分析消费者在线搜索、查询、比较和评论电动汽车的数据信息来确定消费者对电动汽车的偏好和使用情况，其中的数字信息可以通过统计分析的方法进行处理，但语言文字信息特别是整句和长段的评论文字难以通过简单的统计对比分析出有意义的结论。因此，我们需要从评论中提取出有价值的信息即信息提取，如评论对象和对象之间的关系等。信息提取是指使用自然语言处理（natural language processing，NLP）和分析技术从大量文本数据中提取实体、关系、时间和其他相关内容（Sharma et al.，2010）。提取评论对象与评论词语之间的关系是挖掘数据深层价值的基础，因为单个评论可能涉及多个具有不同含义的评论对象，并且只有在评论对象被确定后才能进行更准确的分析。关系提取一直是自然语言处理领域的研究热点，现已广泛应用于医疗、汽车行业等各个专业领域（Hu and Liu，2004）。这些行业通常具有大量的专业术语，并且这些术语之间存在不同类型的关系。

信息提取的研究已经从基于词典（dictionary-based approach）、基于规则（rule-based approach）（Saif et al.，2012）及基于统计机器学习（statistical machine learning-based approach）（Lu et al.，2011）的方法发展到了近年来兴起的基于深度学习的方法。基于统计机器学习的方法主要包括最大熵（maximum entropy，ME）（Sriboonchitta et al.，2015）和条件随机场（conditional random fields，CRF）（Lafferty et al.，2001）。这些语义分析方法是基于语义词典的，它们的重点是情感词典的构建和情感词语的提取。这些分析在语义层面上也称为情感分析，主要通过词网中的上下位置和同义关系来提取评论对象的语义特征。但在本章的研究中，我们倾向于关注与评论对象相关的语义特征。也就是说，我们想要考虑评论对象与其域信息之间的紧密关系，并充分利用每个短语的视角来提取短语级别的评论对象。

近年来，深度学习的算法包括卷积神经网络（convolutional neural networks，CNN）（Zeng et al.，2015）、递归神经网络（recurrent neural networks，RNN）（Fries et al.，2016）和长短期记忆（long short-term memory，LSTM）（Miwa and Bansal，2016），这些都已在自然语言分析中得到了广泛应用。深度学习的特点是强大的序列建模能力、准确捕获上下文信息的能力及神经网络适应非线性的能力，这比 CRF 方法更具优势。其中，基于依存分析（dependency parsing，DP）思想的 LSTM 方法（Buchholz and Marsi，2006）的优势在于能够在长时间范围内获取样本之间的关系。此外，基于 LSTM 开发的双向 LSTM 算法（Bi-LSTM）（Tourille et al.，2017）可以更有效地获取所输入句子前后的特征。例如，在分词任务中，与传统的分词算法相比，Bi-LSTM 算法可以双向访问句子特征的优势十分明显，分词效果接近人类认知。但是，由于其中原始时步模型设计的结构有缺陷，随着输入序列的不断增长，Bi-LSTM 的计算性能会变差。不过，在算法中添加"注意力模型"（attention model）可以使任务系统更加专注于在输入数据中查找与当前输出相关的有用信息，从而提高输出质量（Zhou et al.，2016）。attention model 的算法原理是保留 LSTM 输入序列对的中间输出，并训练模型选择性地学习这些输入并将输出序列与模型输出相关联。

LSTM、Bi-LSTM、Bi-LSTM+attention model 三种模型都已被之前的学者在同一权威语料库——斯坦福自然语言推理（Stanford Natural Language Inference，SNLI）（Bowman et al.，2015）上经过了多次测试并更新完善。从 LSTM 到 Bi-LSTM 及 Bi-LSTM+attention model 的性能改进意义重大，关键性能指标准确度的值从 LSTM 的 80.6 上升到 Bi-LSTM 的 84.2，在 Bi-LSTM+attention model 中上升到 86.8（Chen et al.，2016；Liu et al.，2016；Parikh et al.，2016）。

综上，本书将使用依存分析理论来分析消费者电动汽车的评论文本中单词之间的语法关系。在特征提取和选择方面，本书采用的方法是将 Bi-LSTM 算法与 attention model 相结合，对消费者的评论文本进行语义分析。该方法可以有效地提取代表文本的特征并提高识别精度。同时，基于依存句法分析提取具有语法关系的词组作为特征，可以避免因为使用相同的向量来表示词语相同但语法结构不同的句子所造成的分析错误。

3.3.2　数据处理方法

对于消费者电动汽车性能指标偏好的研究，主要是数值型的数据分析，我们将分两步进行。首先通过消费者对比车型的次数数据识别出消费者最关注的性能指标，然后通过消费者留下购买线索的数据分析消费者对这些性能指标的偏好值是多少。具体的方法如下。

通过梳理之前学者的研究，我们选取了能源类型、产地、价格、车型级别、尺寸与重量、电气化性能6大类共18个性能指标作为消费者挑选电动汽车的主要关注点。具体包括如下指标：能源类型、产地、价格（厂商指导价）、车型级别（车型级别、座位个数）、尺寸与重量（长、宽、高、轴距、重量）、电气化性能（电池类型、电池容量、纯电续航里程、慢充时间、是否支持快充、快充时间、电机类型、电机总功率）。以上18种指标的每一种都已被之前的学者证明是消费者对电动汽车的关注点。对于普通消费者来说，这些指标几乎包括所有会影响他们购买决策的因素。因此，接下来我们可以分析消费者对每个指标的关注。

我们定义消费者对指标 f 的关注度为

$$A_f = \sum_{k \in K} A_{fk} \qquad (3.1)$$

当指标 f 为文本时：

$$A_{fk} = \begin{cases} A_{fk} = 0, & V_{fki} = V_{fkj} \\ A_{fk} = C_{fk}, & V_{fki} \neq V_{fkj} \end{cases} \qquad (3.2)$$

当指标 f 为数值时：

$$A_{fk} = \begin{cases} A_{fk} = 0, & \left| V_{fki} - V_{fkj} \right| < \mathrm{Std}_f \\ A_{fk} = C_{fk}, & \left| V_{fki} - V_{fkj} \right| \geqslant \mathrm{Std}_f \end{cases} \qquad (3.3)$$

其中，V_{fki} 和 V_{fkj} 为第 k 类比较中车型 i 和车型 j 的指标 f 相应的值；C_{fk} 为消费者比较车型 i 与 j 的次数；Std_f 为所有车型 I 中指标 f 数值的标准差。

通过关注度的计算，A_f 值的排序就是消费者对各项指标关注度的排序。对于具体的指标 f 的偏好值是多少，我们利用消费者购买线索与电动汽车性能指标值这两项数据的匹配来实现。对于数值类的指标，如电池容量、纯电续航里程等，我们通过加权平均的方法计算其具体的偏好值。

我们定义消费者对指标 f 的偏好值为

$$P_f = \sum_{i \in I} \frac{V_{fi} Q_i}{Q} \qquad (3.4)$$

其中，V_{fi} 为车型 i 的指标 f 相应的值；Q_i 为对车型 i 有购买意愿并留下联系方式的人数；Q 为对任意车型有购买意愿并留下联系方式的总人数。这实际上就是采用消费者留下购买线索的数据替代显示性偏好研究中采用的销售量数据来直接体现消费者的选择偏好，弥补了电动汽车销售量数据在中国不能完全体现消费者意愿的缺陷。对于文本类的性能指标，如是否支持快充、电池材料种类等，本章将在第 3.5 节进行分类统计。

3.3.3   文本处理方法

在消费者口碑评论文本中，与最终购买决策和电动汽车用途有关的细节不是数字数据，而是非结构化的文本数据。这些文本是非常有意义的数据，但是数据量太大，无法人工阅读分析。因此，我们使用文本挖掘技术来分析这些评论文本数据。通过文本挖掘技术，可以探究除了性能参数之外消费者在最终决定购买该车型之前所关注的细节以及消费者购买电动汽车的主要用途。

基于依存分析理论，本章构建了使用 Bi-LSTM + attention model 的语言分析模型。该模型主要由五个模块组成：语料输入模块、语料预处理模块、分词模块、依存句法分析模块和短语提取模块。语言分析模型的技术流程图如图 3.2 所示。

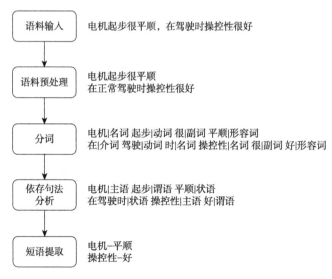

图 3.2   语言分析模型的技术流程图

语料输入模块的功能是输入从汽车之家网站收集的电动汽车消费者的评论数据。这些评论通常是文本数据，只含有少量数值数据，但因为每个消费者评论的格式多种多样，所以这些数据不可避免地包含一些无效信息，如表情符号、网址链接等。因此，语料预处理模块需要执行基本的清理、降噪和句子分割任务，以便进行后续的数据处理和分析。分词模块的功能是对原始评论的句子进行分词并执行词性标注。依存句法分析模块主要以句法树的形式将句段重新表达出来。在关系提取这一步，主要是通过依存关系分析对输入的句子进行分割，以构建出基于依存关系的解析树，然后将这个解析树结构输入 Bi-LSTM + attention model 网络中以提取关系信息。提取的主要目的是将自然语言文本的非结构化或半结构化描述转换为结构化数据。短语提取是一项重要的子任务，主要负责从文本中识别出实体并提取实体之间的语义关系。Bi-LSTM + attention model 深层神经网络实现的特定的自下而上的过程如图 3.3 所示。最后，将关系向量应用于输出中的关系提取任务层获取关键信息。

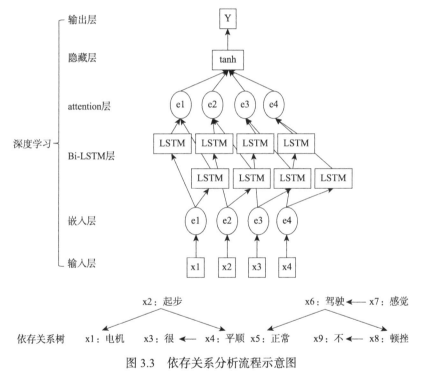

图 3.3　依存关系分析流程示意图

根据图 3.2 所示的语言分析模型，可以从非结构化的文本数据中提取出句子中包含名词和形容词的核心含义。在呈现最终结果之前，需要进行必要的手工检查，以确保结果简明易读。例如，需要合并处理许多同义词以避免在最终结果中出现大量具有相似语义的单词。

3.4　消费者关注的电动汽车参数

将采集的网站消费者车型对比数据代入式（3.1）、式（3.2）、式（3.3），得到消费者对 18 个性能指标的关注度排序，如图 3.4 所示。

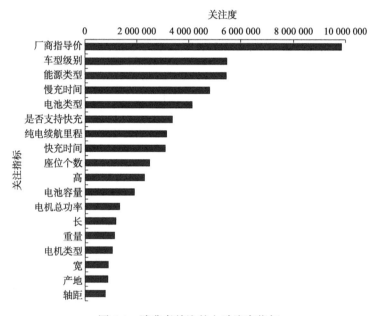

图 3.4　消费者关注的电动汽车指标

从图 3.4 中可以看出，厂商指导价和车型级别是消费者最关注的两个因素，这两个因素并非电动汽车的特有因素。消费者对价格的关注度远超其他因素，这与我们的预期相符。第 3~8 项指标全部是与电动汽车技术相关的指标。可以看出相比于快充时间，消费者更关注慢充时间。这可能是因为慢充可以在家直接充电，快充只能在支持快充的公共充电站点进行，而这些公共站点的数量不充足。截至本章采样数据所在的 2018 年 6 月，中国一共有 199 万辆电动汽车，但公共充电桩数量只有 27 万个，这个过大的车桩比例实际上会对电动汽车的推广有负面影响①。电池类型是排名第五的消费者关注因素，甚至超过了电动汽车的纯电续航里程。可能是因为电池类型对电池性能有根本性的影响，包括电池的比

---

① 截至 2022 年底，公安部公布数据显示电动汽车保有量为 1 310 万辆，中国电动汽车充电基础设施促进联盟公布数据显示充电桩数量为 521 万个。

容量及充放电功率等。消费者对纯电续航里程的关注度排名第七，超过了电池容量的排名。这是一个很理性的选择，因为纯电续航里程的长短是电池容量及电动汽车能耗性能的综合体现。

对于消费者而言，对充电时间的长短以及是否支持快充的关注度超过了纯电续航里程和电池容量。也就是说，消费者对电动汽车的里程焦虑首先来源于充电环节，包括充电时间长和充电设施不足所引起的不便，而不是续航里程距离短和电池容量小。这与燃油汽车车主很少会担心自己汽车的油箱不够大一样，毕竟加油站很容易找到，加油时间也很短。这一发现表明，对于电动汽车制造商而言，为了减少消费者对电动汽车的里程焦虑，通过提高电池充电功率来缩短充电时间可能比盲目增加电池容量以增加续航里程更有意义。

排名后 9 位的因素包含了电动汽车电机性能相关的全部的 2 个指标（电机总功率与电机类型）和全部 5 个车辆尺寸指标（高、长、重量、宽和轴距）。这说明消费者对这两类指标的关注度，特别是对电机性能指标的关注，要低于纯电续航里程与电池相关性能指标。最后，消费者对产地因素的关注度也很低，即消费者在挑选电动汽车时并不是特别在意它是国产、合资还是进口品牌。可能的原因是中国制造的电动汽车品牌占当前中国市场的绝大部分销售份额，具体的比例我们会在接下来的第 3.5 节中分析。

3.5　消费者对电动汽车参数的偏好

为了得到消费者对每一项指标的偏好值，我们将消费者留下购买线索的数据与相应的电动汽车车型性能参数的数值型数据代入式（3.4），得到消费者对三类电动汽车的每个性能指标 f 的偏好值 P_f，如表 3.3 所示。在附录 A 中还详细介绍了消费者对纯电动汽车、插电式混合动力汽车和增程式混合动力汽车三类不同的电动汽车的偏好性能参数的统计信息，包括每个参数的加权平均值、最大值、最小值、中位数及标准差。

表 3.3　消费者对电动汽车的偏好

影响因素	纯电动汽车	插电式混合动力汽车	增程式混合动力汽车
厂商建议零售价/元	241 381	361 912	289 840
纯电续航里程/千米	241.57	64.92	106.21
电池容量/（千瓦·时）	35.20	12.14	17.62
电机功率/千瓦	97.53	119.56	119.61
整备质量/千克	1 177.26	1 465.39	1 524.62

续表

影响因素	纯电动汽车	插电式混合动力汽车	增程式混合动力汽车
长度/毫米	4 069.38	4 722.43	4 574.25
宽度/毫米	1 736.22	1 849.10	1 808.69
高度/毫米	1 575.39	1 570.51	1 505.42
轴距/毫米	2 455.93	2 738.16	2 682.11
发动机排量/升		1.79	1.21
发动机功率/千瓦		138.26	59.74
工业和信息化部发布的综合油耗/（升/100 千米）		1.80	1.81
购车线索数据中各种车型占比	72.98%	25.40%	1.62%

从三种电动汽车的数据结果对比中可以看出，消费者对纯电动汽车的偏好价格最低，只有 24.14 万元。当然，这与其制造成本是直接相关的，因为纯电动汽车只有一套电气驱动系统，与装备了电气和燃油两套动力系统的插电式混合动力汽车和增程式混合动力汽车相比成本要低很多。同理，没有内燃机的纯电动汽车整备质量也是三类汽车中最轻的，但其纯电续航里程和电池容量毫无疑问是三种汽车中最高的。值得注意的是，中国消费者偏好的纯电动汽车尺寸较小，长、宽及轴距都明显小于插电式混合动力汽车和增程式混合动力汽车的尺寸。消费者偏好的插电式混合动力汽车指标在三种汽车中拥有最高的价格、最大的尺寸（长、宽及轴距）、最大的发动机排量和功率，而纯电续航里程和电池容量是最小的。消费者偏好的增程式混合动力汽车在价格、纯电续航里程、电池容量和尺寸（长、宽及轴距）这几项指标中都处在纯电动和插电式混合动力汽车之间，但其电机功率、整备质量和油耗这三项指标值是三类汽车中最高的。值得注意的是，由于电气驱动系统的加入，插电式混合动力汽车和增程式混合动力汽车的综合燃油经济性要远低于同级别的传统燃油汽车，因此很适合作为将燃油汽车全面替换为纯电动汽车之前的过渡车型（Massiani，2015）。

对于文本类的性能指标，消费者对以上三类电动汽车的指标偏好统计结果如下。

3.5.1 对纯电动汽车的偏好

如图 3.5 所示，消费者对纯电动汽车的车型偏好为轿车。消费者留下购车线索的车型中轿车占比 83.86%，包括微型轿车、小型轿车、紧凑型轿车、中型轿车和全尺寸轿车，其中微型轿车和紧凑型轿车两种车型占比之和就达到了62.25%。车体较重、燃油经济性较差的运动型实用汽车（sports utility vehicle，SUV）和多功能旅行车（multi-purpose vehicle，MPV）则分别只占 13.50% 和2.65%。在 SUV 所占的 13.50% 中，尺寸相对较小的小型 SUV 和紧凑型 SUV 就占了 11.05%。这说明消费者面对只能依靠电池供能的纯电动汽车，更倾向于选择小型、轻便、能耗低的轿车，主要原因应该来自于对电动汽车的里程焦虑。在品牌分类中，中国消费者更倾向于选择国内品牌的纯电动汽车，国产品牌占比达到94.72%。对于电池材料，消费者选择的电动汽车超过一半采用的是三元聚合物锂电池，包括采用 Li（NiCoMn）O$_2$ 和 Li（NiCoAl）O$_2$ 两种材料的电池。对于驱动电机的类型，集中度更为明显，拥有相对较高的功率密度和转矩密度的永磁同步电机是主流电机形式，消费者留下购车线索的车型中 84.00% 都采用该种电机，而相对体积和重量较大的异步电机只占 16.00%。消费者留下购车线索的纯电动汽车中，高达 83.74% 的比例都支持快速充电功能，且其中超过 55% 的纯电动汽车快充时间都低于 1 小时。但由于电池容量较大，94.56% 的纯电动汽车慢充时间都超过 6 小时。

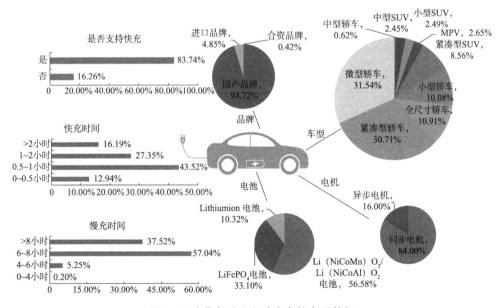

图 3.5　消费者对纯电动汽车的车型偏好

3.5.2　对插电式混合动力汽车的偏好

消费者偏好的插电式混合动力汽车车型尺寸相比于纯电动汽车要大很多。如

图 3.6 所示，车型中没有微型轿车和小型轿车。包括小型 SUV、紧凑型 SUV、中型 SUV 和全尺寸 SUV 在内的 SUV 车型在消费者的购车线索中占比达到了 48.48%，远远超过了在纯电动汽车中 13.50% 的占比。而且插电式混合动力汽车中出现了一些并没有出现在纯电动汽车购车线索中的大尺寸车型，如全尺寸 SUV 和运动型跑车。这都说明带有燃油发动机的插电式混合动力汽车因为多了一种动力方式，在很大程度上消除了消费者对电动汽车的里程焦虑，他们愿意买尺寸更大、动力性能更好的车型。插电式混合动力汽车的品牌分类中，进口和合资品牌的比例之和达到了 20.28%，高于纯电动汽车的 5.27%。电机种类也变为单一种类的同步电机。电池材料的比例和纯电动汽车相差不大，LiFePO$_4$ 电池的比例稍有增加。对于充电方式，消费者想要购买的插电式混合动力汽车绝大部分不支持快速充电功能。即使在支持快充的那 7.51% 车型中，快充的时间也基本都大于 2 小时。插电式混合动力汽车和纯电动汽车的快充技术参数有所不同的两个主要原因是必要性和价格因素。首先，插电式混合动力汽车有一个内燃发动机作为后备动力，因此当电池耗尽时它们无须像纯电动汽车那样紧急充电。其次是价格高，如表 3.3 所示，电动汽车制造商对插电式混合动力汽车的建议零售价远高于同级别的纯电动汽车和燃油汽车。因此，制造商不愿意在插电式混合动力汽车中再添加快速充电模块，这将进一步提高价格从而影响销量。但由于相对较小的电池容量，消费者选定的插电式混合动力汽车的慢充时间低于 6 小时的比例达到了 89.29%。

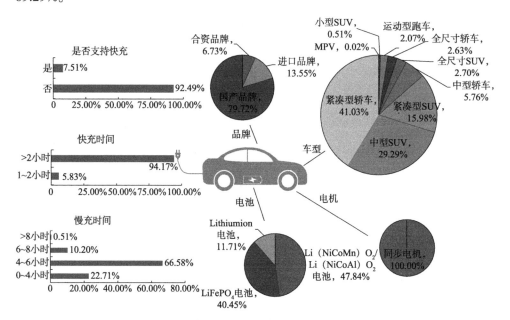

图 3.6　消费者对插电式混合动力汽车的车型偏好

3.5.3 对增程式混合动力汽车的偏好

增程式混合动力汽车的车型较少，只有中小型轿车，没有 SUV 车型。紧凑型轿车和小型轿车的比例加起来一共为65.87%，如图 3.7 所示。合资品牌和进口品牌合计占所有购车线索的 65.87%，中国品牌只占三分之一左右。消费者想要购买的增程式混合动力汽车全部支持快充，但是 78.76%的车型快充时间都超过 2 小时。

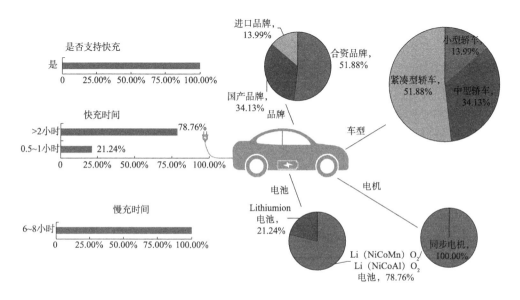

图 3.7　消费者对增程式混合动力汽车的车型偏好

3.6　参数之外的隐性关注点

除了在 3.4 节和 3.5 节中分析的消费者在挑选过程中关注的性能指标和价格偏好之外，从消费者购车之后在网站上分享的口碑评论文本能够获得更多的性能参数和价格参数之外的难以用数据描述的"隐性"信息。本节通过梳理在电动汽车口碑评论文本中采集到的 1 046 条文本数据，得到了消费者在最终决策阶段考虑的因素，如图 3.8 的词云所示。字体的大小与该因素被提及的次数呈正比例关系。

图 3.8　消费者在最终决策时关注的其他细节

从图 3.8 中可以看出，外观和内饰是消费者在最终决策时影响最为显著的因素。外观，作为一个非常直观的因素出现在消费者最终决策因素的名单首位既合情合理又出乎意料。当前政府为了推广电动汽车划拨了大量财政补贴，同时拿出专项资金激励企业突破技术瓶颈，其实可能忽视了消费者一个很浅显的需求——他们想要买一辆好看的汽车。这一点在电动汽车的设计过程中恰恰有传统燃油汽车不可比的优势。电动汽车因为不再使用油箱-内燃机-变速器-传动轴这样的传统动力结构，而是采用相对简单的电池-电机-车轮这样的新型动力结构，动力系统的巨大变化使得电动汽车的功能布局和造型设计有了更多的创新可能，如底盘上功能区域的划分和车体的重心分布等都可以有全新的设计思路。

消费者对品牌国别（进口、合资和国产）的关注超出了对品牌口碑和品牌档次的关注。从图 3.8 中可以看出，外观、内饰、乘坐空间、操控性等产品类因素比购车经历和售后服务等服务类因素多，说明在最终决策阶段产品本身的因素依然占主要地位。另外，在最终购车决策时，虽然价格相关因素已经基本确定，但仍然出现了优惠促销、服务费用等价格类因素，说明价格因素直到最终决策前仍是消费者考虑的重要因素。值得注意的是补贴与购置税政策等词语出现在了词云中，说明政府的相关资金补贴确实会影响消费者的购车决策。

3.7　消费者的购车用途

通过对消费者发布的口碑进行文本挖掘，共计获得了 27 930 条与购车目的相关的评论数据。经过整理分类，我们得到如图 3.9 所示的十类购车用途。三种条柱分别代表来自纯电动汽车、插电式混合动力汽车和增程式混合动力汽车消费者的统计结果。由图 3.9 可见，通勤是电动汽车车主的主要购车目的，超过全部用途的 30%。三种电动汽车车主的购车目的中，对于通勤、购物、接送小孩和自驾游这四类用途的比例都超过了 10%。对于剩余的六类用途，包括商务接送、长途旅行、约会交际、运货、赛车和越野的用途比例都低于 10%。

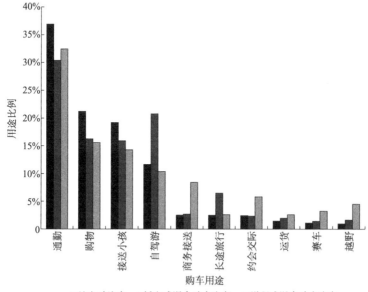

图 3.9　消费者购买电动汽车的主要用途

纯电动汽车用户在通勤、购物、接送小孩三类用途中所占比例之和达到了 77.4%，且在这三类用途中都超过插电式混合动力汽车和增程式混合动力汽车用户，长途旅行、运货、赛车和越野这四项购车用途之和才刚刚占到 6%。这说明纯电动汽车车主的购车目的比插电式混合动力汽车和增程式混合动力汽车车主更集中于中短途的常规出行，这必然与里程焦虑有脱不开的关系。

插电式混合动力汽车用户购车目的为自驾游和长途旅行的比例显著高于其他两种电动汽车车型。其中自驾游的用车目的甚至超过了 20%，这与续航里程和车型多为 SUV 相关。

增程式混合动力汽车在商务接送和约会交际用途上所占比例显著高于其他两种车型，这与其轿车车型较多，以及车价较高、多为合资品牌等原因相关。

3.8　本章小结

根据消费者的需求和偏好制造消费者想要的电动汽车以达到推广普及的目的

不失为在传统的经济补贴和政策推广之外的一个新思路。本章通过收集和记录全球电动汽车数量最多的国家——中国的电动汽车消费者的线上行为来分析消费者的选择与偏好。采用了消费者对电动汽车的车型比较和留下购车线索的线上数据，以及在选车、购车、用车后主动在网站上对电动汽车发表的口碑评论作为研究样本进行分析。最后使用文本挖掘技术来探讨电动汽车车主在最终购买阶段的关注点以及电动汽车的主要用途。

电动汽车的价格始终是消费者在整个购车过程中关注的重要因素：从最初选择电动汽车的车型到购买前的最终决定都会关注价格因素。尤其是在最初的车型选择和比较中，消费者对价格的关注远远超过所有其他指标参数。

消费者对电动汽车的里程焦虑首先来源于充电环节，包括充电时间长和充电设施不足所引起的不便，而不是续航里程距离短和电池容量小。

在电池技术和充电方法取得进一步突破之前，生产和推广尺寸较小、具有快速充电功能和较短充电时间的纯电动汽车更受消费者欢迎。因为当前中国消费者对纯电动汽车的需求主要集中在通勤和日常短途旅行上。对于插电式混合动力汽车和增程式混合动力汽车，消费者愿意接受价格更高和尺寸更大的车型，如SUV。购买这两类电动汽车的用车目的也比纯电动汽车更多样化。从减少城市空气污染和碳排放的角度来看，这两种车的尾气污染和油耗都低于同级别的传统燃油汽车。因此，插电式混合动力汽车和增程式混合动力汽车是政府引导的从燃油汽车全面转向纯电动汽车的长期规划中很好的过渡车型。

最后，除了价格和性能参数之外，消费者还非常关注的因素是电动汽车包括外观和内饰在内的视觉美观因素。对于电动汽车制造商而言，在短期内设计出好看的电动汽车比在电池和电机技术方面取得突破更容易实现。

采用消费者在线行为数据来研究消费者对电动汽车的偏好也存在一些缺陷，因为使用线上数据可能会遗漏掉一些其他因素。例如，出于保护消费者隐私的考虑，我们无法获得人口统计学方面的信息，如电动汽车车主的性别、年龄、家庭人口、年收入和受教育程度等。因此，在本章的研究中未能考虑到消费者的异质性。此外，在线数据也无法体现消费者的线下行为。例如，某些消费者可能从未在线查询或对比过任何电动汽车的信息，而是直接去线下经销商 4S 店咨询和购买电动汽车，类似这些样本就无法纳入本章的研究样本中。

第4章 充电设施政策与电动汽车推广

推广电动汽车替代燃油汽车是被全球公认的减少地面交通部门空气污染和碳排放的一种方式（Huo et al.，2010）。但是，电动汽车的续航里程短、消费者普遍有里程焦虑是其全面普及的最关键的障碍之一。根据上一章对消费者的线上行为大数据研究发现，消费者对电动汽车的里程焦虑首先由充电设施不足和充电时间长所引起，而不是续航里程距离短和电池容量小，就像燃油汽车车主并不会担心自己汽车的油箱不够大一样。然而充电桩的建设在我国显然还没有达到完全满足电动汽车需求的规模，在私人家用充电桩的安装面临种种困难的情况下，公共充电桩的建设成了我国目前主要的推进方向。在其他国家并没有相同背景推广经验的情况下，研究充电桩的发展模式及其对推广电动汽车的作用显得很有必要。因此，本章将从充电桩的发展模式入手，结合消费者对充电桩的关注度，研究电动汽车销量、新增充电桩数量、消费者关注度三者之间的协同关系，以期为我国下一步布局充电桩及电动汽车推广政策提供参考依据。

4.1 影响中国充电桩发展的因素

4.1.1 公共充电桩的必要作用

消费者对电动汽车存在里程焦虑，这影响了电动汽车的全面推广。从上一章的研究中可以看出，里程焦虑首先来自充电设施不足与充电时间较长，然而在电池储能和大功率充电技术方面取得进一步的技术突破之前，建立充足的充电基础设施可能是促进消费者购买和使用电动汽车最有效的方法（Gong et al.，2013）。

家庭住宅区域、城市公共场所（包括工作地点）及城际公路沿线地区是安装电动汽车充电桩的三个主要位置。在家附近安装私人充电桩是最适合电动汽车的充电方式，其主要有如下优势：①安装和采购成本低。目前大多数电动汽车在销售时都会主动免费配备家用充电桩及安装服务，所以车主只需在家附近找到合适的安装地点即可免费安装。当然，如果安装地点距电源较远，可能需要额外支付电缆费用。②充电费用低。家用充电电价是按照居民用电价格来计算的，普遍低于公共充电站的商业电价和工业电价，同时还不需要支付充电桩服务商的服务费和额外的停车费，所以使用成本最低。③使用最方便。对于日常通勤使用来说，家庭是每天停车时间最长的地点，一般当天下班后一直到第二天上班前车都会停在家，非常适合充电。④对电网有削峰填谷的益处，并有车网融合的技术前景。电动汽车在夜间充电时正好是电网负荷的波谷时段，在夜间波谷时段大量的电动汽车充电需求可以起到为电网削峰填谷的作用。另外，随着 V2G 技术的研发，电动汽车车主还可以通过电网负荷波谷时段低价充电，然后在负荷波峰时段向电网反向高价供电来实现盈利。

尽管在家中安装私人充电桩具有上述优势并且在三种充电位置中具有最低的社会和个人成本（Peterson and Michalek，2013），但公共充电站作为一种必要的、在家用充电桩之外的充电模式也已经在全球范围内得到推广。特别是在中国，每个电动汽车车主都在家附近安装私人充电桩是很难实现的。目前，中国的电动汽车车主大多集中在人口稠密的大城市，这些地区的可居住空间本身就已非常宝贵，尤其是在较老的社区，根本没有配备私人停车位，也就更没有空间可以供每个家庭安装家用的电动汽车充电桩。另外，各大一线城市房价高企，很多就业人群和流动人口只能选择租房居住，购买电动汽车之后无处安装固定的私人充电桩。因此，建设公共充电站成了中国当前推动电动汽车发展的主要解决方案。此外，可以提供更快充电速度的大功率直流充电桩设备昂贵、对电源要求高，并不适合家庭安装，所以直流快速充电桩也是公共充电站存在的另一个必要性，已经成为停车成本高昂的类似于西班牙马德里和美国曼哈顿这类城市核心区域的理想之选（Faria et al.，2014）。

尽管发展充电桩对推广电动汽车很重要，但迄今为止很少有实证研究的文章分析探讨电动汽车充电桩的发展模式和影响因素。对此问题缺乏实证研究主要有两个主要原因：首先是由于电动汽车技术的成熟和产业的兴起时间较短，根据 IEA 2019 年 6 月的数据，直到 2018 年底中国的电动汽车保有量也只占全国汽车保有量的 1.1%；其次是充电桩的发展明显落后于电动汽车，因此缺乏实证统计数据。但是随着电动汽车和充电桩保有量的逐年增加，到 2018 年底全球充电桩数量已经达到了 520 万个，可能已经到了有较为充足的实证数据可以研究充电桩发展的好时机了，特别是在充电桩发展迅速的中国。截至 2017 年底，中国建成投用的直流快速充电桩约占全球总量的 74%，交流慢速充电桩约占全球的 41%，而此时中国的电动汽车保有量仅占全球的约 40%（Bunsen et al.，2018）。因此，中国的充电桩市场和电动汽车市场都十分活跃，很适合作为样本研究电动汽车和充电桩的协同发展关系。

发展充电桩的最终目的是促进电动汽车的推广，但如果仅考虑充电桩对电动汽车的单向促进作用，可能并不能全面地理解这个问题。因为电动汽车数量的增加也会反向激励充电桩运营商增加充电桩的数量，这与鸡和蛋的关系相似。毕竟充电桩行业本身投资的技术和财务壁垒并不高。因此，想要研究电动汽车与电动汽车充电桩的关系，需要采用能够考虑到它们之间相互影响的方法。

此外，在研究诸如电动汽车和充电桩这类改变消费者出行方式和家庭能源消费结构的新兴技术的推广时，必须考虑的一个因素是消费者的关注度和接受度（Kester et al.，2019）。对于一种与之前完全不同的动力系统的交通工具，电动汽车的燃料加注方式（充电）、行驶里程、加速和刹车性能、保养方式和成本、品牌认知等因素都与传统的燃油汽车存在很大差别，消费者对电动汽车的接受必然需要经历一个过程。与电动汽车配套的充电桩对于消费者来说更是一个全新的事物，充电桩与传统的加油站相比拥有不同种类的充电方式，而且分为直流快充和交流慢充；充电时间与之前加注汽油的时间不同；服务方式变为了自助充电和支付费用；位置分布上更是比原来加油站的分布分散了很多，私人停车位、地下停车场甚至是路边停车位都可以安装充电桩；而且最大的差别是运营商的准入门槛大大降低，甚至车主自己都可以安装自己的家用充电桩，所以充电桩对于消费者来说更需要一个关注、了解和学习接受的过程。当然，城市区域内出现越来越多的电动汽车和电动汽车充电桩也可能会引发更多消费者的关注（Krause et al.，2013）。因此，消费者关注度也可能是一个重要的能够和充电桩及电动汽车互相影响的因素，所以本章为了研究电动汽车充电桩的发展模式及其对电动汽车推广的影响，引入了消费者视角的因素，即把消费者对电动汽车充电桩的关注度加入模型中。

本章基于 2016 年 2 月至 2018 年 4 月中国电动汽车充电桩数量前 20 的省（市）月度面板数据，对电动汽车销量、新增充电桩数量和消费者关注度之间的相互影响关系进行了分析。同时，将一些与充电桩运营商的投资决策直接相关的外生变量也作为控制变量纳入了考虑中，具体包括与投资成本直接相关的各省（市）商业用地价格、与电动汽车销售相关的汽油零售价格以及中国各省（市）政府发布的相关政策。充电桩数量前 20 的省（市）的充电桩数量之和占全国总量的 96.52%（数据截至 2018 年 4 月），在全国已具有代表性，各省（市）充电桩数量具体比例如图 4.1 所示。

本章的研究价值主要包括以下三个方面。第一，为其他国家通过建立公共充电桩来推广电动汽车提供了经验参考，尤其是在人口稠密、城市空间局促而高度依赖公共充电桩的国家，如日本、韩国和新加坡。现有的文献有关充电桩的大多

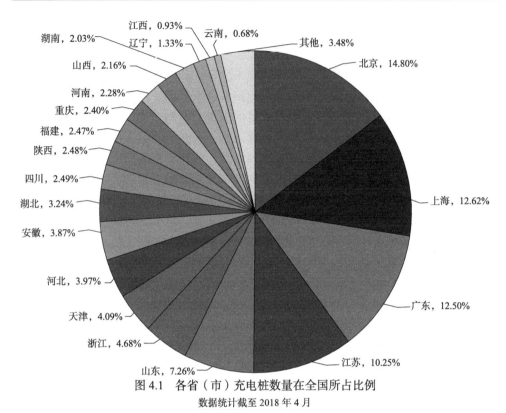

图 4.1　各省（市）充电桩数量在全国所占比例
数据统计截至 2018 年 4 月

数研究都集中在发展规模预测、定价机制、投资成本和收益分析及位置分布等方面，而本章的研究则侧重于充电桩的发展模式及其对电动汽车和消费者的影响。第二，考虑了各因素之间互相影响的关系而非单向影响关系。我们使用 PVAR 模型来避免由于电动汽车销量、新增充电桩数量及消费者关注度之间可能存在的反向因果关系而引起的内生性问题。这样我们可以清楚地分析电动汽车、充电桩及消费者之间的相互作用。第三，本章的研究中加入了消费者关注度这个新颖的分析变量，这样可以从另一个角度理解政府发布的各项政策对推广电动汽车和充电桩的影响。

4.1.2　充电桩发展的影响因素

　　有关充电桩发展的文献，本书 1.4 节文献综述中没有单独梳理过，因此本节总结了近年来有关电动汽车充电桩发展影响因素的文章，结合研究主题分为宏观角度、微观角度及政策角度三个部分进行介绍。

　　电动汽车充电桩的发展仍然处于起步阶段，有很多文献是从宏观和规划角度展开研究的。首先，发展电动汽车充电桩对于碳减排、电动汽车和电网结合的

V2G 技术前景，以及新能源电力充电等领域的积极作用都被充分肯定（Alghoul et al.，2018；Levinson and West，2018；Ji and Huang，2018）。各种充电模式的能耗与碳排放也被做过细致的横向比较（Liu，2012；Madina et al.，2016；Philipsen et al.，2018）。根据未来电动汽车保有量的预测，充电桩的需求量（Gnann et al.，2018；Zhang et al.，2019）、相应的电力需求及对电网的影响也是另一个热点领域（Moon et al.，2018；Benysek and Jarnut，2012）。这些研究普遍认为充电桩的电力需求在现阶段对电力系统的影响很小，且在家采用私用桩充电是从经济性和能效方面考虑的最优选择。

微观角度的研究大多从消费者和投资者视角进行分析。例如，通过电动汽车的行车路线和充电站的充电记录数据考虑如何优化充电站位置布局（Canepa et al.，2019；Morrissey et al.，2016；Tao et al.，2018）。当然，电动汽车充电站的位置选择在现实中还需要考虑车辆的续航里程和需求模式，以决定所建的充电站中快充桩和慢充桩的数量比例（Sun et al.，2020；Xie et al.，2018）。因为涉及场地租赁或购买，建设充电站需要较大额度的初始投资，这使得从融资角度考虑不同的建设及运营模式也成为热点，如 PPP 模式（Liu and Wei，2018；Zhang L et al.，2018）。充电运营商的初始投资几乎全部要通过收取充电服务费来回收，鉴于消费者对价格的敏感性，充电服务费的定价策略也是另一个必须考虑的问题（Gnann et al.，2018）。虽然消费者希望政府为了推广电动汽车能够发放补贴让车主免费充电（Langbroek et al.，2016），但免费充电可能也会带来充电桩及停车位被长期占用等负面问题（Hardman et al.，2018）。

政策研究领域大部分的研究证明了政府介入和政策鼓励的必要性，并根据现实情况提出了政策建议（Lopez-Behar et al.，2019；Qiu et al.，2019；He et al.，2018）。Li 等模拟了不同替代政策的影响，包括电动汽车所得税抵扣和充电桩补贴对美国电动汽车销售和充电桩建设的影响（Li S et al.，2017）。Ma 等（2019a）通过问卷调查中国消费者发现，如果市区每 5 千米有一个充电站，那么消费者在购买电动汽车时愿意多付 21 260 元人民币。但是目前的研究中，采用实证数据分析政府政策对推广充电桩影响的研究很少。

4.1.3　省级充电桩政策的梳理

政府政策在电动汽车充电桩的发展中起到的作用是无法忽视的。我国中央政府出台的各类政策主要起到原则性指导作用，在具体实施前还需要各省（区、市）政府出台相应的实施细则。因此本节梳理了中国各省级行政区出台的与充电设施建设直接相关的各项政策后，总结其内容并将其分为以下三种类型。

（1）规划类政策。在该类政策中主要包含该地区未来电动汽车充电桩的建设目标（数量目标、建设周期、桩车数量比）、将给予的政策支持、新建及既有建筑的充电设施配建比例要求、地市及各厅局任务分配等主要内容。

（2）行政管理类政策。行政管理类政策主要分为技术管理和价格管理两类。技术管理政策重在统一技术标准，同时规范市政、交通、电力部门相关的管理要求。价格管理政策的核心内容是设定充电服务费上限，如与成品汽油价格联动或固定上限价格。

（3）激励类政策。目前激励类政策集中于两方面：一是给予充电设施运营商一定的建设投资补贴，如根据建设的充电功率或者投资额度按规定的比例系数给予补贴；二是给予电价优惠，即免除大工业电价中的基本电费。

我们用图 4.2 展示全国充电桩数量前 20 省（市）的电动汽车充电桩相关政策及发布时序。圆形、三角形和五角星分别代表规划类政策、行政管理类政策和激励类政策。可见各省（市）自 2016 年以来都陆续发布了各种充电桩政策，基本所有的省（市）政策数量都超过三项。

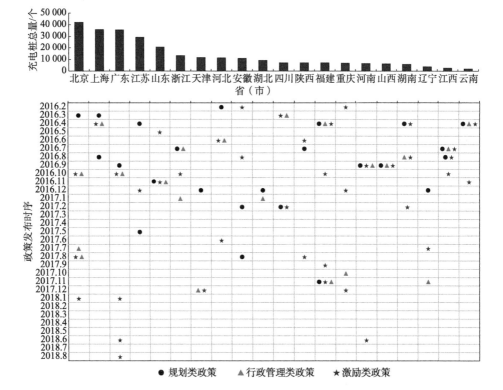

图 4.2　充电桩数量前 20 省（市）的政策发布时序图

此图中使用多个符号来表示某些省（市）在某个月内出台的政策具备了规划、行政管理或激励多方面作用。例如，同时出现在一个方格中的★和▲表示该政策同时包含行政管理和激励措施

4.2　PVAR 模型理论基础

4.2.1　模型原理与模型构建

我们采用 PVAR 模型来研究电动汽车销量、新增充电桩数量和消费者关注度之间的内生性和动态关系。PVAR 模型由 Holtz-Eakin 等于 1988 年首先提出（Holtz-Eakin et al.，1988），该模型是基于 Sims（1980）的 VAR（vector autoregression，向量自回归）模型提出的，旨在通过建立内生性系统来分析具有强相关性和相互作用的变量（Lin and Zhu，2017；Ouyang and Li，2018）。因此，它适合分析本章中的电动汽车销量、新增充电桩数量和消费者关注度三个变量。PVAR 模型通常采用脉冲响应分析的方式来解释一个内生变量对另一个内生变量的动态影响。另外，PVAR 模型可以解释动态截面异质性，这在研究各省（市）之间经济发展存在很大差距的中国电动汽车和充电桩市场时很合适。基于 Love 和 Zicchino（2006）的模型研究，我们研究中的 PVAR 模型采用如下形式：

$$Y_{i,t} = \sum_{j=1}^{J} \beta_j Y_{i,t-j} + \mu_i + \lambda E_{i,t} + \varepsilon_{i,t} \qquad (4.1)$$

其中，$Y_{i,t}$ 为一个由三个因变量组成的向量 $\{\ln PA_{i,t}$，$\ln EV_{i,t}$ 和 $\ln EVCP_{i,t}\}$，分别代表取自然对数后的变量：消费者关注度（public attention，PA）、电动汽车销量（electric vehicle，EV）和新增充电桩数量（electric vehicle charging pile，EVCP）；i 表示省级行政区，如北京或广东；j 表示滞后期数；t 表示年月；μ_i 表示中国不同省（市）之间的异质性或固定效应；$E_{i,t}$ 为外生性协变量的向量；β_j 和 λ 为要估计的参数向量；$\varepsilon_{i,t}$ 为残差向量。根据 Arellano 和 Bover（1995）提出的采用前向均值差分以消除模型中的固定效应，我们可以将滞后的 $Y_{i,t}$ 项用作工具变量，然后使用广义矩估计的方法来估计 β_j 和 λ。

根据 Hamilton（1994）的研究工作，脉冲响应函数中变量的顺序会影响脉冲响应的最终结果，所以我们采用 Love 和 Zicchino（2006）的方案依照以下规则排列变量的顺序：外生性强的变量在系统中排列靠前，内生变量在系统中排列靠后。那么在本章的研究中假定消费者对充电桩的关注程度比电动汽车销量具有更强的外生性，而电动汽车销量比新增充电桩数量外生性更强。以上假设主要因为电动汽车是充电桩运营商的主要收入来源，所以后者的数量必然受前者的影响而大于其他外部因素的影响。此外，消费者的注意力被太多事物影响，每天都在变化，因此与电动汽车销量和新增充电桩数量相比，消费者关注度肯定更容易因受到外界冲击而发生变化。

4.2.2　变量选择与数据描述

各省（市）每月新增充电桩的数量和电动汽车的销量分别用于表征充电桩和电动汽车的发展情况。本章采用百度指数来表示消费者关注度，因为网络查询是当今消费者消费行为的先导行为（Hamilton，1994）。百度是中国最大的搜索引擎网站，百度指数以与 Google Trend 相同的方式，根据用户对关键字的搜索和持续的变化来揭示互联网用户关注的问题。

中国的电动汽车和充电桩的空间分布高度一致，如图 4.3 所示。拥有大量电动汽车充电桩的省（市），如北京、上海、广东和山东，也有大量的电动汽车。这些省（市）主要分布在中国的南部和东部地区。东北和西北地区省（市）的电动汽车和充电桩数量较少的一个可能原因是这些地区的低温气候会严重降低电动汽车的电池性能（Motoaki et al.，2018）。图 4.3 中的江苏在电动汽车和充电桩数量分布方面是一个例外，因为它仅拥有全国 3% 的电动汽车，而充电桩的数量占全国总量的比例却超过了 10%。造成这种差异的主要原因是，江苏是唯一在其省政府政策文件中明确地提到"注重车桩匹配、桩站先行"的省份，也就是要优先建设充电桩，以充电桩的发展带动电动汽车销售。这表明，尽管电动汽车销量可以吸引投资者建立电动汽车充电站，但政府的政策也起着重要作用。毕竟仅仅依靠投资者为牟利而建立的充电站的数量和密度无法实现最大化社会福利的目标，政府的积极介入是必要的。如 4.1.3 节所述，我国中央政府和省级政府采取了许多激励政策来鼓励社会资本投资公共充电设施，这些政府政策可能是我国充电桩数量迅速增加的重要动力。

因此，除了电动汽车销量、新增充电桩数量和消费者关注度三个内生变量外，我们的面板 VAR 模型中还考虑了包括政府政策在内的几个外生性协变量，如表 4.1 所示。根据 4.1.3 节中梳理的各项省（市）政府政策，本章选取了发展规划、设定充电服务费上限、统一充电接口技术标准、提供充电桩建设补贴和电价优惠五项政策来代表政府的政策支持。此外，本章控制了两个可能影响运营商决策的经济变量——各省（市）的月度商业土地价格和汽油零售价格。商业土地价格需要控制的原因是用地成本无疑是充电桩运营商一笔不可忽视的运营费用（Lopez-Behar et al.，2019）。汽油零售价格与收取服务费的最高限额挂钩，所以汽油价格的波动将直接影响充电运营商的收入。例如，在北京，政府将运营商向消费者收取的每千瓦·时服务费上限定为当天北京每升 92 号汽油零售价的15%。

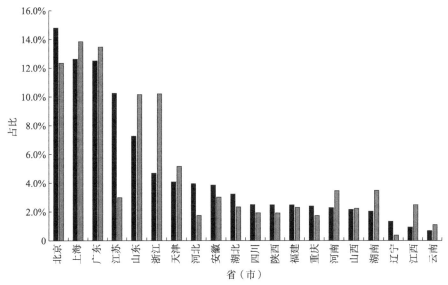

图 4.3　充电桩保有量前 20 的省（市）电动汽车保有量占全国的比例图

统计数据截至 2018 年 4 月

表 4.1　变量和数据源

变量		数据描述	数据源
内生变量	EVCP	每个省（市）每月新建的 EVCP 数量，包括交流充电桩（EVCPAC）和直流充电桩（EVCPDC）	中国电动汽车充电基础设施促进联盟
	EV	每个省（市）每月的电动汽车销量，包括纯电动汽车（BEV）和插电式混合动力汽车（PHEV）	中国汽车技术研究中心
	PA	消费者关注度，用每个省（市）在每月对"充电桩"和"充电站"的百度搜索指数来表征	百度指数 http://index.baidu.com/v2/index.html#/
外生变量	Gas	每个省（市）每月的汽油零售价格	中国石油和化学工业联合会
	Land	每个省（市）每月的商业土地价格，用以表征商业土地价格的涨跌	中国房地产指数系统
	Goal Service Standard Subsidy Electricitybill	虚拟变量，表示省（市）政府何时发布 EVCP 政策。变量值 1 表示已发布策略，变量值 0 表示尚未发布 Goal 表示发展规划 Service 是指规定 EVCP 运营商向消费者收取的充电服务费上限 Standard 表示由地方政府发布的 EVCP 充电接口技术标准，要求运营商在规定日期之前用新的统一标准充电设备替换所有以前的旧标准设备 Subsidy 是政府分配给 EVCP 运营商的一次性充电桩建设补贴 Electricitybill 表示降低 EVCP 运营商支付的电价	省政府各部门的网站，包括但不限于：发展和改革委员会、工业和信息化厅、财政厅、交通运输厅及省（市）政府办公厅

表4.2给出了数据的描述性统计，表4.3是各变量之间的相关系数矩阵。我们可以看到，所有变量仅在1%的显著性水平上相关。

表 4.2 　数据的描述性统计

变量	数据量	平均值	标准差	最小值	最大值
ln EVCP	540	5.20	1.24	0.69	8.59
ln EVCPAC	540	4.86	1.29	0.00	8.15
ln EVCPDC	540	4.76	1.21	0.69	8.93
ln EV	540	6.33	1.67	1.79	10.06
ln BEV	540	9.48	1.13	6.65	11.95
ln PHEV	540	7.52	1.52	4.85	11.74
ln PA	540	5.14	0.30	4.47	6.21
ln Land	540	7.58	0.94	5.67	10.32
ln Gas	540	9.02	0.09	8.87	9.16

表 4.3 　各变量之间的相关系数矩阵

变量	ln EVCP	ln EVCPAC	ln EVCPDC	ln EV	ln BEV	ln PHEV	ln PA
ln EVCP	1.00						
ln EVCPAC	0.65***	1.00					
ln EVCPDC	0.66***	0.86***	1.00				
ln EV	0.45***	0.57***	0.50***	1.00			
ln BEV	0.20***	0.23***	0.22***	0.42***	1.00		
ln PHEV	0.15***	0.27***	0.37***	0.27***	0.47***	1.00	
ln PA	0.54***	0.69***	0.57***	0.51***	0.13***	0.24***	1.00

***表示在 1%的水平上显著

4.3 　电动汽车销量、新增充电桩数量与消费者关注度的关系

4.3.1 　稳定性检验与滞后期选择

在进行 PVAR 模型计算之前，先采用 Levin-Lin-Chu 面板单位根检验确认变量的平稳性，检验的结果显示在表4.4中。从表4.4中结果可见，所有变量都是平

稳的，并且在 1%水平上拒绝了单位根存在的原假设。

表 4.4　Levin-Lin-Chu（LLC）面板单位根检验

变量	系数	t 值	t-star 值	$P>t$
ln EVCP	−0.879 6	−14.788 0	−6.108 0	0.000 0
ln EVCPAC	−0.706 2	−12.365 0	−4.375 5	0.000 0
ln EVCPDC	−0.784 3	−13.954 0	−6.158 4	0.000 0
ln EV	−0.411 5	−10.438 0	−5.012 3	0.000 0
ln BEV	−0.420 5	−10.183 0	−4.092 5	0.000 0
ln PHEV	−0.388 0	−9.930 0	−4.438 7	0.000 0
ln PA	−0.396 7	−9.896 0	−3.533 7	0.000 2

根据 Andrews 和 Lu（2001）年提出的模型选择准则，我们对变量的数据进行了赤池信息准则（Akaike information criterion，AIC）、贝叶斯信息准则（Bayesian information criterion，BIC）和 Hannan-Quinn 信息准则（Hannan-Quinn information criterion，HQIC）检验。检验结果如表 4.5 所示，并选择了检测值最低的最佳滞后期数 3。

表 4.5　PVAR 的滞后期数选择标准（ln PA、ln EV、ln EVCP）

滞后期	AIC	BIC	HQIC
1	7.955 1	8.555 1	8.191 0
2	7.912 7	8.620 2	8.191 5
3	7.614 6*	8.439 7*	7.940 4*
4	7.674 1	8.623 2	8.049 7
5	7.629 8	0.714 3	8.060 0

*表示按照标准选择的最优滞后期数

4.3.2　脉冲响应关系分析

图 4.4 显示了通过蒙特卡洛方法模拟了 1 000 次的脉冲响应的结果，每个图片上方标示的变量为脉冲变量，纵轴为被脉冲冲击的变量，横轴代表 12 个月，脉冲响应实线旁边的两条虚线是 5%的误差范围。

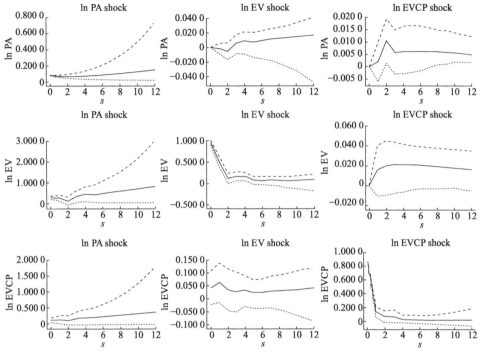

图 4.4　滞后 3 期的 ln PA、ln EV、ln EVCP 面板 VAR 模型脉冲响应图

脉冲响应实线旁边的虚线是通过蒙特卡洛方法模拟了 1 000 次后 5% 的误差范围

图 4.4 的第一列结果显示各变量对 ln PA 的一个标准差冲击的响应为正，并且将在未来很长一段时间内缓慢增加。这表明消费者关注度的提高会导致在随后的两个月内电动汽车销量和新增充电桩数量微弱增加，从第三个月开始持续显著增长。图 4.4 中的第二列表明，电动汽车销量的增长将在两个月后引起消费者的注意，并在很长一段时间内对新增充电桩数量产生显著而积极的影响。最后一列结果显示，新增充电桩数量的增加将从第二个月初开始引起消费者关注，一个月内迅速达到峰值，然后缓慢下降。但是，增加充电桩的数量会迅速对电动汽车销量产生积极的拉动作用并且保持持久的正向影响。

值得注意的是，从纵坐标值的大小可以看出，新增充电桩数量受到电动汽车销量的脉冲冲击后的响应要强于电动汽车销量受到充电桩数量增加冲击后的响应，这说明充电桩的发展受到电动汽车销售情况的影响要比反过来的影响大。此外，无论是消费者关注度受到电动汽车销量和新增充电桩数量冲击后的响应，还是电动汽车销量和新增充电桩数量受到消费者关注度冲击后的响应，总会有 1~2 个月的滞后，这说明消费者关注度与市场环境之间的联系总是存在一定的延迟性。但是在电动汽车销量和新增充电桩数量之间的相互脉冲响应之间并不存在这种滞后。

4.3.3 格兰杰因果检验

表 4.6 显示了 4.3.2 节中 PVAR 模型的格兰杰因果关系检验的结果。

表 4.6 PVAR 模型的格兰杰因果关系检验

解释变量	排除变量	chi2 值	Prob > chi2
ln PA	ln EV	0.294 2	0.588 0
ln PA	ln EVCP	6.415 0	0.011 0
ln EV	ln PA	3.028 1	0.082 0
ln EV	ln EVCP	9.472 6	0.002 0
ln EVCP	ln PA	4.099 1	0.043 0
ln EVCP	ln EV	1.426 0	0.092 1

如表 4.6 所示,在 10%的水平下,电动汽车销量与新增充电桩数量之间存在双向格兰杰因果关系,这强烈支持了我们在 4.1 节中关于电动汽车销量和新增充电桩数量之间可能存在双向影响关系的假设。消费者关注度与新增充电桩数量之间也存在双向格兰杰因果关系,这也支持我们对某些政策可以引起消费者关注从而间接激励和推动了电动汽车和充电桩的推广的推测。因此,消费者关注度是促进政策激励电动汽车和充电桩发展的重要纽带。在电动汽车销量和消费者关注度之间存在单向的格兰杰因果关系,这意味着电动汽车销量的变化是消费者对充电桩的关注度的格兰杰原因,电动汽车销量增加则消费者会更关注充电桩,反之则不然。一个可能的原因是,当一些消费者在想要购车之前发现在家庭住址附近安装私人充电桩无法实现时可能会因此而放弃购买电动汽车。

4.4 政策及其他外生因素的作用

在分析了以上三个内生变量之间的相互影响之后,我们在表 4.7 中给出了七个外生变量的估计结果。

表 4.7 外生变量的面板 VAR 结果

变量	(1)	(2)	(3)
	ln PA	ln EV	ln EVCP
ln Land	−0.004 1 (0.010 2)	0.099 4 (0.125 1)	0.077 2[*] (0.041 8)

续表

变量	（1）	（2）	（3）
	ln PA	ln EV	ln EVCP
ln Gas	0.438 4[*]	0.539 6[*]	0.309 8
	（0.266 2）	（0.301 2）	（2.365）
Goal	0.045 4[**]	0.301 0	0.213 9
	（0.019 6）	（0.284）	（0.265）
Service	0.028 1[**]	−0.185 2	−0.161 6
	（0.013 1）	（0.192）	（0.193）
Electricitybill	0.005 6	0.159 1	0.222 5[*]
	（0.016 2）	（0.243）	（0.135）
Subsidy	0.029 6	0.508 7	0.027 1
	（0.032 3）	（0.527 5）	（0.443）
Standard	0.039 5[**]	（0.110 3）	−0.361 1[*]
	（0.015 8）	（0.248 5）	（0.204）
观测量	460	460	460

**、*分别表示在 5%、10% 的水平上显著

注：括号中为标准误

ln Land 对 ln EVCP 的系数为 0.077 2，在 10% 的水平上显著，表明商业土地价格的上涨对充电桩的数量增加具有积极影响。尽管这与本章之前关于土地价格上涨会增加充电桩运营商的成本从而负向影响充电桩的发展这一假设相反，但这样的结果也是可以理解和合理的。因为商业土地价格的上涨反映了当地经济发展情况好和商业的繁荣程度高，这可能导致电动汽车销量增加，从而促进充电桩的建设。汽油价格与消费者对充电桩的关注度之间存在正相关关系，汽油价格与电动汽车销售之间也存在正相关关系。后一种关系与之前文献的研究结论一致（Diamond，2009；Ma et al.，2017），这也许就是会存在前一种关系的原因。

Goal 和 Service 对 ln PA 具有显著的正向影响，但对 ln EV 和 ln EVCP 的影响并不显著，而 ln PA 却能显著影响 ln EV 和 ln EVCP。这些关系表明了一个非常有趣的政策效应，即某些政策并未像原先设计的那样直接激励充电桩的建设和电动汽车的销售，如设定规划目标或限制充电服务费的上限，但它们可以引起消费者的关注，从而可能间接刺激电动汽车和充电桩的推广。

Subsidy 与所有三个因变量之间的关系系数都不显著，这表明政府发放充电桩的建设补贴对充电桩和电动汽车的推广没有显著影响。我们对这个结果感到困惑，然后我们的数据提供方中国电动汽车充电基础设施促进联盟的专家根据联盟内充电桩运营商提供的两条反馈信息帮助我们解开了疑惑。第一，建设成本不是运营商考虑的唯一成本因素，尤其是在日常运营成本比较高的城市核心地区，如商业用地成本、设备维护人员的工资以及备用状态下直流充电桩消耗的电费都会在很大程度上影响投资成本回收。也许这就是 Electricitybill 与 ln EVCP 之间显著

正相关的原因。第二，一些充电桩运营商企图通过在土地价格便宜的郊区建造大量充电桩来从政府那里获得更多补贴，而这些充电站因为地处偏远而利用率低下，并不能起到促进电动汽车发展的作用。然后，这些充电桩运营商将在获得政府的补贴后迅速拆除这些郊区的充电桩转而安装在其他偏远且地价便宜的区域再次骗取政府补贴。这些运营商的恶意骗补行为很大程度上降低了政府充电桩建设补贴的政策效果。

Electricitybill 是唯一对 ln EVCP 的系数显著为正的政策变量，说明降低运营商电价可以有效促进充电桩的建设。因此，如果减少建设补贴的发放并转向运营费用的补贴，也就是说，政府只根据运营商提供的电动汽车充电服务的数量提供补贴而非依据投资建成数量补贴，将可以更好地引导运营商科学布局充电站的位置和投资建设的数量。

Standard 的系数显著为负，表示统一充电接口的技术标准会对新增充电桩数量的增加产生负面影响。一个可能的原因是，根据该政策的要求，所有充电运营商应在一定时期内（通常为一年）淘汰现有的不符合新技术标准的旧标充电设施并升级为配备统一新标准接口的充电桩，这将在短期内消耗运营商一定的资金和精力。

4.5　不同类型充电桩对电动汽车推广的促进作用

直流充电桩比交流充电桩具有更高的充电功率和更短的充电时间，所以直流充电桩可以在很大程度上解决电动汽车普及的主要障碍——充电时间过长的问题，缓解消费者的里程焦虑问题（Hidrue et al., 2011；Ma et al., 2019b）。因此，为了进一步研究电动汽车销量和政府政策对不同种类充电桩建设的影响，我们分别用每月新增交流充电桩和直流充电桩的数量替换原模型中的因变量充电桩新增总量。替换后的模型脉冲响应结果如图 4.5 和图 4.6 所示。模型的最佳滞后期分别为 4 和 3，选择滞后期所用的信息准则检验结果见附录 B。

比较图 4.5 和图 4.6 中的脉冲响应结果，可以发现两处明显的差异。第一个差异是在第二行中第三张图，图 4.5 和图 4.6 中 ln EV 在分别受到 ln EVCPAC 和 ln EVCPDC 冲击后的响应在形状上非常相似，但是对 ln EVCPDC 的脉冲响应几乎是对 ln EVCPAC 响应的两倍。具体而言，新建的直流充电桩对电动汽车销量的促进效果是交流充电桩的两倍。第二个差异是在第三行的第二个图，ln EVCPAC 对 ln EV 一个标准差冲击的响应在第一个月末达到峰值，然后在第四

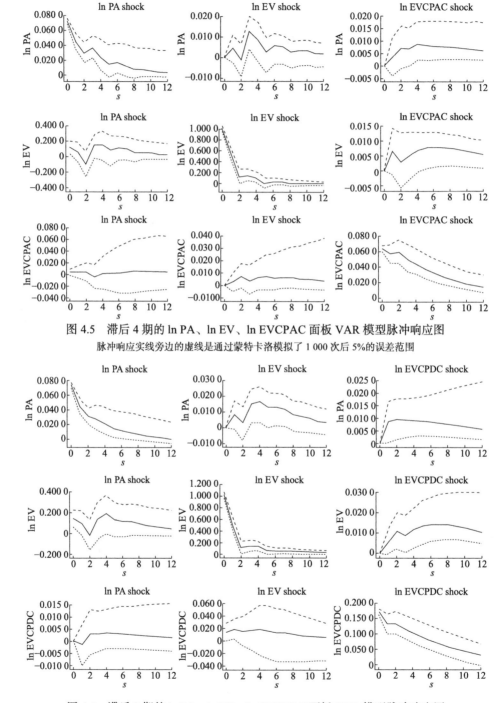

图 4.5　滞后 4 期的 ln PA、ln EV、ln EVCPAC 面板 VAR 模型脉冲响应图

脉冲响应实线旁边的虚线是通过蒙特卡洛模拟了 1 000 次后 5%的误差范围

图 4.6　滞后 3 期的 ln PA、ln EV、ln EVCPDC 面板 VAR 模型脉冲响应图

脉冲响应实线旁边的虚线是通过蒙特卡洛模拟了 1 000 次后 5%的误差范围

个月末迅速下降到接近于 0。但是，ln EVCPDC 的响应在下降前的头四个月一直保持在较高水平。

表 4.8 给出了交流和直流充电桩模型中外生变量的估计结果。

表 4.8　交流和直流 EVCP 外生变量的面板 VAR 结果

变量	ln PA	ln EV	ln EVCPAC	ln PA	ln EV	ln EVCPDC
ln Land	0.031 0 （0.057 6）	0.182 3 （0.350 2）	0.097 8*** （0.027 2）	0.030 1 （0.046 1）	0.019 3 （0.411 4）	−0.019 3* （0.012 1）
ln Gas	0.299 7 （0.501 8）	0.725 7** （0.330 8）	0.411 4 （0.583 9）	0.118 6 （0.642 1）	0.506 1* （0.290 7）	−0.369 8 （0.394 5）
Goal	−0.026 8 （0.073 0）	0.164 1 （0.491 7）	−0.046 4 （0.087 4）	0.060 2*** （0.020 1）	0.327 6 （0.603 4）	0.060 8 （0.159 6）
Service	0.054 9*** （0.014 5）	0.040 5 （0.995 6）	−0.111 5 （0.180 2）	0.022 3* （0.015 2）	0.165 6 （0.479 1）	0.022 7 （0.120 7）
Electricitybill	−0.039 6 （0.071 4）	−0.452 2 （0.460 3）	0.040 3* （0.022 6）	−0.021 5 （0.058 4）	−0.170 4 （0.510 8）	0.041 3*** （0.011 9）
Subsidy	−0.050 8 （0.112 1）	0.447 1 （0.674 0）	−0.039 6 （0.122 8）	−0.028 7 （0.254 0）	0.920 8 （2.083 5）	0.049 5 （0.053 4）
Standard	0.017 6* （0.009 6）	−0.687 4 （1.975 6）	−0.265 0* （0.177 9）	0.051 4* （0.027 3）	0.449 1 （0.458 5）	0.168 0 （0.886 7）
观测量	440	440	440	460	460	460

***、**、*分别表示在 1%、5%、10%的水平上显著
注：括号中为标准误

比较表 4.8 中这两个模型的结果，可以发现一个重要的差异。在 ln EVCPAC 模型中的 ln Land 对 ln EVCPAC 的系数显著为正，与表 4.7 中主模型的结果一致；但在 ln EVCPDC 模型中，ln Land 对 ln EVCPDC 的系数在 10%的水平上显著为负。可能的原因是交流充电桩占用空间很小，因此在市区的购物中心或大型停车场的停车位上安装交流充电桩不需要对停车位进行太大的改动，除非涉及对现有建筑物中的电力设施进行扩容或者改造（Muratori et al.，2019）。小型壁挂式的交流充电桩甚至可以直接安装在建筑物的墙壁上而无须占用地面面积。如果只是进行了这种简单的壁挂式安装，有时甚至不需要租用或购买场地，所以土地价格上涨对交流充电桩建设成本的影响有限。但是，直流充电桩包含整流器和变压器。因此与交流充电桩相比，直流充电桩需要更大的安装空间。无论是在每个单体充电桩中安装小型整流器和变压器，还是采用多个充电桩共用一台大功率的整流器和变压器的设计方案，都会比交流充电桩占用更多空间，增加租用或购买土地的成本。此外，由于较高的投资成本，直流充电桩对土地成本的容忍度也较低。根据《浙江省电动汽车充电基础设施"十三五"发展规划》，交流充电桩和直流充电桩的建设成本分别为 8 000 元和 100 000 元。因此，当地商业土地价格一

旦上涨，可能会促进交流充电桩的建设，但同时可能会负面影响直流充电桩的投资环境。

另一个原因与我国当时的充电桩政策设置有关。例如，4.1.3 节中提到的充电桩规划，大多数省（市）要求到 2020 年公共停车场中超过 10%的停车位必须配备充电设施。为了满足政策要求的充电桩数量，居民社区物业和商业区的运营方通常会以较低的价格将土地租给充电桩运营商。如果只是为了服务商业区的客户和社区居民，交流充电桩就足以服务消费者，并不需要初始投资高昂的直流充电桩。因此，在商场和住宅区建设的很多交流充电桩土地成本并不高。相反，如果是新建的集中式电动汽车充电场站，由于土地和建设投资成本相对较高，交流充电桩就只占很小的比例，营利能力强的直流充电桩占大多数。

4.6　不同类型电动汽车对充电桩发展的促进作用

仅配备一套电池动力系统的纯电动汽车通常具有大容量电池和较长的纯电续航里程，而插电式混合动力汽车虽然电动容量较小但还配备有燃油发动机动力系统。因此，不同动力种类的电动汽车可能导致车主不同的充电行为模式（Philipsen et al.，2018），也就可能对充电桩的发展产生不同的影响。例如，尽管纯电动汽车看起来似乎比插电式混合动力汽车更加依赖充电桩，但其续航里程长，因此前往充电站充电的频率可能并不高。插电式混合动力汽车的电池容量相对较小，因此如果车主喜欢经常使用电池模式驾驶以降低用车成本，则他们可能需要比纯电动汽车更加频繁地去充电。因此，在本节我们分别用纯电动汽车和插电式混合动力汽车的销量替换原模型中的因变量各省（市）每月的电动汽车总销量进行分析。替换后的脉冲响应结果如图4.7和图4.8所示。模型的最佳滞后期均为 3，选择滞后期所用的信息准则检验结果见附录 B。

纯电动汽车销量受到充电桩数量增加的冲击后响应是正向的，与图 4.4 中的主模型结果相似，但插电式混合动力汽车的响应不显著。这个结果意味着，充电桩的数量增加对插电式混合动力汽车的销量影响非常有限，这可能也表明了配备了电池动力系统可以采用电池模式低成本行驶并不是目前中国消费者购买插电式混合动力汽车的主要原因。消费者愿意购买插电式混合动力汽车这种价格高于同档次燃油汽车的车型，另一种可能的动机是国内多个城市实行的机动车限购政策并不限购插电式混合动力汽车，如上海、广州和深圳（Ma et al.，2017）。

表 4.9 列出了各外生变量的估计结果。

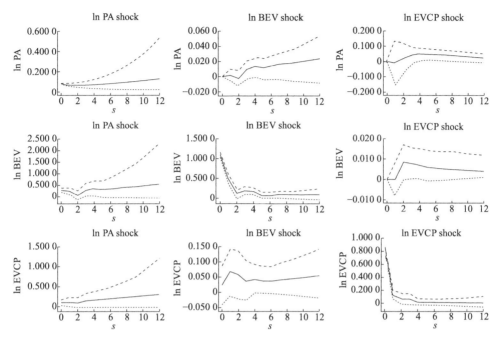

图 4.7 滞后 3 期的 ln PA、ln BEV、ln EVCP 面板 VAR 模型脉冲响应图

脉冲响应实线旁边的虚线是通过蒙特卡洛模拟了 1 000 次后 5%的误差范围

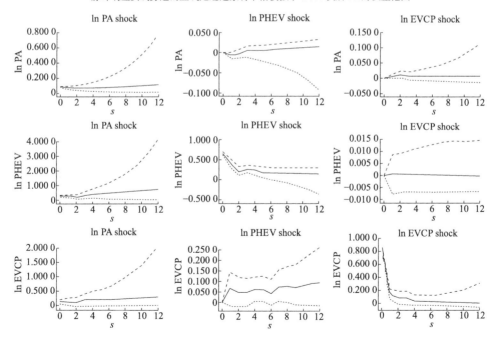

图 4.8 滞后 3 期的 ln PA、ln PHEV、ln EVCP 面板 VAR 模型脉冲响应图

脉冲响应实线旁边的虚线是通过蒙特卡洛模拟了 1 000 次后 5%的误差范围

表 4.9　BEV 和 PHEV 的外生变量面板 VAR 结果

变量	ln PA	ln BEV	ln EVCP	ln PA	ln PHEV	ln EVCP
ln Land	−0.003 6 （0.010 9）	−0.213 1 （0.180 2）	0.084 2 （0.145 2）	−0.039 3 （0.014 7）	−0.041 7 （0.177 0）	0.085 1 （0.176 9）
ln Gas	0.168 2 （0.658 4）	0.113 2* （0.071 5）	0.307 9 （0.414 4）	0.152 9 （0.160 7）	0.293 6 （0.420 6）	0.179 6 （0.202 6）
Goal	0.063 3*** （0.126 2）	0.938 6* （0.667 9）	0.030 2 （1.347 0）	0.032 8* （0.019 6）	0.026 6 （0.443 4）	0.133 8 （0.423 0）
Service	0.173 6 （0.045 6）	0.272 5* （0.181 7）	0.090 9 （0.562 0）	0.057 1* （0.036 7）	−0.268 5 （1.179 6）	−0.068 7 （1.104 4）
Electricitybill	−0.022 6 （0.097 6）	0.198 7 （1.516 8）	0.229 3* （0.144 9）	0.201 0* （0.119 4）	−0.169 5 （1.157 6）	0.436 5* （0.301 0）
Subsidy	0.036 4* （0.021 1）	2.089 0 （7.912 7）	−0.961 3 （5.422 1）	−0.072 7 （0.608 8）	−1.465 0 （7.659 3）	−1.166 4 （7.204）
Standard	−0.071 7 （0.927 3）	0.284 5*** （0.093 9）	−1.794 0* （0.940 1）	0.114 6 （0.600 7）	−0.216 4 （1.425 5）	−1.974 0* （1.227 8）
观测量	460	460	460	460	460	460

***、*分别表示在 1%、10%的水平上显著

注：括号中为标准误

　　表4.9中的结果与主模型结果表4.7之间存在一个重要的差异。发展规划、设定充电服务费上限和统一充电接口技术标准这三项与充电桩直接相关的政策对纯电动汽车的销量产生了显著积极的影响，而这种影响在电动汽车总量的主模型和插电式混合动力汽车的模型估计结果中都没有出现。根据本节中的所有结果可以发现，新增充电桩数量和充电桩相关政策发布对纯电动汽车销量有显著推动作用，想要购买纯电动汽车的消费者对相关政策很敏感，但这些政策及充电桩数量的增加对插电式混合动力汽车的销量无显著影响。

4.7　本章小结

　　本章基于来自中国充电桩数量前20省（市）的月度面板数据，采用PVAR模型和广义矩估计研究了电动汽车销量、新增充电桩数量和消费者关注度之间的内生性动态关系。除了这三个内生变量之外，各省（市）商业土地价格、汽油零售价格及与充电桩相关的五项政府政策（包括发展规划、设定充电服务费上限、统一充电接口技术标准、提供充电桩建设补贴及电价优惠）被控制为外生变量。

　　从分析结果中发现，电动汽车和充电桩之间通过多种方式互相影响。政府鼓励充电桩建设的努力确实促进了电动汽车的发展，电动汽车销量的增加也促进更

多的运营商对充电桩建设的投资，这形成了一个良性循环。不同类型的充电桩对电动汽车的影响不同，新建直流充电桩数量对电动汽车销量的促进作用是交流充电桩的两倍，同样数量电动汽车的销量增加对新建直流充电桩数量的拉动作用要比交流充电桩持续时间更长。新增充电桩数量的增加对纯电动汽车的销量有显著正向影响，但对插电式混合动力汽车的销量没有显著影响。

消费者关注度在传递政府政策对电动汽车销售和充电桩建设的激励作用方面发挥重要的纽带作用。与电动汽车相关政策的不断发布引导了消费者去了解和关注电动汽车及充电桩，从而增加了他们购买电动汽车的可能性，也将政策影响传递到了市场。

降低充电桩运营商的电价是目前已实施的各项政策中最直接有效促进充电桩建设的激励措施。政府应将资金从补贴充电桩建设成本转变为补贴类似充电电价这样的运营成本。不仅是因为降低充电电价可以促进充电桩建设，而且减少建设补贴还可以防止部分运营商的骗补行为，避免浪费政府资金。

商业土地价格的上涨反映了当地经济的繁荣，从分析结果来看，对交流充电桩的建设产生了积极影响，但对需要更高建设成本和运营成本的直流充电桩推广产生了负面影响。因此，政府可以考虑给予直流充电桩更多的专项激励政策，因为根据本章的研究结果，直流充电桩可以更有效地促进电动汽车的销售普及。

本章的研究结论可以为我国各省（区、市）及其他国家希望通过推广公共充电桩来拉动电动汽车产业发展提供有价值的参考和政策借鉴，尤其是在人口密集、用地紧张而只能高度依赖公共充电桩的城市地区。此外，本章对电动汽车销量、新增充电桩数量和消费者关注度之间相互关系的分析为促进交通部门的碳减排和电气化提供了新的视角。更多地通过吸引大众消费者的了解和关注而不是单纯依靠政府政策可能是拉动需求侧来促进低碳发展的有效途径。

第5章 后补贴时代的替代政策设计

由政府财政支出高额补贴的电动汽车政策模式不可长期持续，一则会随着电动汽车销量的不断增加给政府带来巨大的财政预算压力，二则补贴的长期存在也不利于引导我国电动汽车企业的快速健康发展。然而因为消费者接受度不够高和电动汽车技术成熟度的不足，电动汽车行业仍然处于发展的初期阶段，开辟新的电动汽车政策引导方向成了我国政府亟待解决的问题。本章将从对世界各国电动汽车及城市交通领域的政策梳理开始，结合我国行业现状和城市道路实际情况，采用多种可替代的电动汽车激励政策作为选项，设计离散选择实验，在全国范围内通过有针对性的问卷投放收集消费者反馈，最终通过消费者对各项替代政策的支付意愿给出未来我国电动汽车补贴政策退出之后的政策方案示例。

5.1 后补贴时代的替代政策

5.1.1 购车补贴的退坡

自 2010 年以来，中国政府对私人购买电动汽车给出了高额补贴，并在 2015 年底就已收获了全球保有量第一的成果（IEA，2016）。然而，电动汽车的发展速度超过主管部门的预期，造成补贴金额超出预算（董扬，2017）。因此，中央政府制定了补贴逐步退坡计划。2015 年 4 月，财政部、科学技术部、工业和信息化部、国家发展和改革委员会等四部委联合发布《关于 2016-2020 年新能源汽车推广应用财政支持政策的通知》，明确了补贴退坡加速的安排。具体包括："2017-2020 年除燃料电池汽车外其他车型补助标准适当退坡，其中：2017-2018 年补助标准在 2016 年基础上下降 20%，2019-2020 年补助标准在 2016 年基础上下降 40%。"2016 年 12 月 29 日，四部门发布的《关于调整新能源汽车推广应用财政补贴政策的通知》又将地方配套补贴的标准上限定为中央补贴的 50%，进一步降低了购置补贴总额。2017 年、2018 年、2019 年，我国政府又分别增加了每百千米电耗、电池能量密度、车辆带电量三项具体的技术指标，提高了能够享受补贴的电动汽车技术标准，进一步压缩了补贴对象的规模。

补贴加速退坡直到最终取消的原因可以总结为以下两点。

第一，电动汽车的发展速度超过当初预期，造成补贴金额超出预算。截至 2017 年底，中国一共售出了 153 万辆电动汽车（公安部，2018），仅 2016 年 1 月至 2017 年 11 月这不到两年的时间里，中央财政就已经发放了补贴 257.66 亿元（工业和信息化部，2017a，2017b，2017c），超过之前中央政府的预算拨款（董扬，2017）。而且这还仅仅是中央财政给出的补贴金额，地方省级政府甚至地市级政府还有补贴并没有计入上述金额中，所以随着销量的进一步增长，政府财政方面压力很大。

第二，高额补贴的长期存在不利于引导电动汽车企业的健康发展。骗补事件说明我国电动汽车企业存在不同程度的骗补行为，某些传统汽车企业对电动汽车补贴存在短期内获取政策红利的急功近利心态。实际上电动汽车与传统的燃油汽车在技术路线、车辆布局、核心技术方面存在根本性的区别，我国从研发、制造、销售及使用方面制定如此多的扶持政策的最终目的是在未来的电动汽车领域能够实现弯道超车，超越日本、美国和西欧在汽车领域长期积累的优势，打破核心技术壁垒，改变国内目前进口品牌汽车数量高于合资品牌、合资品牌汽车数量高于国产品牌的被动局面。成功实现上述目标的过程只能是潜心投入技术研发，前期投入资金及政策扶持，培养出具有市场竞争力的技术优势之后补贴退场，企业自主盈利（付于武和陈秀敏，2019），所以如今补贴加速退坡的情况其实反而对于企业是一种倒逼，促进它们加速形成技术积累，毕竟政策红利已经可预见地要结束了。

确实，随着中国电动汽车的销量爆发式增长，按每辆车纯电续航里程补贴的购置补贴政策对于政府财政来说显得十分吃力了，挪威政府的前车之鉴应该引起我们重视。挪威政府的电动汽车补贴额度之高足以使电动汽车的价格与传统的燃油汽车价格相比仍具有竞争力，在 2015 年全世界的汽车销售量结果排名中，挪威的电动汽车销量以 17.1% 的市场份额获得全球排名第一。补贴政策虽然推动了电动汽车销量的增长，但同时也给挪威政府财政带来了巨大压力（Figenbaum，2017）。2015 年特斯拉 Model S 的销量大幅增长，但挪威的财政收入却损失了 30 亿~40 亿克朗（3.8 亿~5.1 亿美元），此项支出已超过预算 20%。2015 年 4 月底，挪威财政部宣布将重新评估电动汽车补贴政策，之后宣布补贴暂定延续到 2018 年（Mersky et al.，2016）。实际上，虽然挪威的电动汽车市场份额高，但根据挪威电动汽车协会的数据，截至 2016 年 12 月底，挪威的电动汽车总保有量仅为 10 万辆。根据中国汽车工业协会的数据，截至 2016 年底，中国电动汽车保有量已达 109 万辆，与 2015 年相比增长 86.90%。这样的增长趋势所带来的财政压力可想而知。

但是，中国电动汽车市场仍处于政策驱动向政策与市场双驱动逐渐转变的过程中，政策支持在行业发展中仍占有重要地位。电动汽车的补助对象是消费者，电动汽车生产企业在销售电动汽车产品时按照扣减补助后的价格与消费者进行结算，中央财政按程序将企业垫付的补助资金再拨付给生产企业。补助加速退坡直至取消之后，在电动汽车生产成本短期内无法同比例大幅降低的情况下，消费者购买电动汽车的价格会显著上升，这将给我国电动汽车的推广工作造成较大冲击。根据全国乘用车市场信息联席会的数据，2017 年 1 月受《新能源汽车推广应用推荐车型目录》调整的影响，电动汽车补贴短时间内未能按时到位，销量立即出现暴跌，如根据全国乘用车市场信息联席会数据绘制的图 5.1 所示，2017 年 1 月同比销量首次出现下降的情况。一旦政策缺位，市场可能会出现较大波动，所以在购置补贴政策加速退坡的同时，急需新的电动汽车优惠政策进行填补，继续扶持电动汽车行业发展。本章的研究重点就是通过对消费者的调查，测定他们对各项替代政策的支付意愿，为下一步政策制定提供参考。

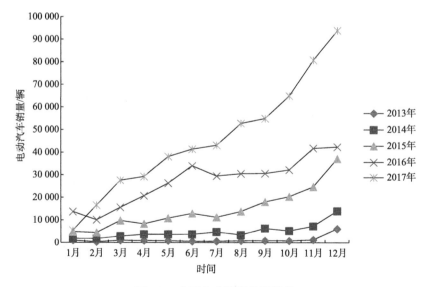

图 5.1　中国电动汽车月度销量

5.1.2　替代政策的选择

推广电动汽车使用最广泛、最有效的政策工具毫无疑问是对销售价格给予补贴，尤其是对于电池容量相对较大、价格也比同档次燃油汽车高的纯电动汽车，如购置价格补贴及其相关的购置税免税政策（Hardman et al.，2017）。因为在购买环节降低价格会比在使用环节给予优惠更加影响消费者购买汽车时的决策，这与著名的"能耗悖论"中消费者更愿意购买价格低但电耗高的白炽灯泡而放弃价格高但能耗低的节能灯泡是同一个道理（Bjerkan et al.，2016）。但是，如果将这些补贴作为推广电动汽车的长期解决方案，制造商可能会将购置补贴纳入其产品定价结构中，并向电动汽车消费者收取更多费用（Diamond，2009），从而使补贴的效率低下，同时也浪费了政府的财政资源。而且，这些补贴在一定程度上还会造成社会福利损失。Dimitropoulos 等（2016）在一项有利于荷兰电动汽车行业的税收政策研究中发现免税政策造成的福利损失是巨大的，甚至超过了已放弃的税收。

除了补贴政策外，还有其他直接激励消费者的激励措施，包括改善电动汽车的续航里程和电动汽车的充电属性，降低电动汽车的使用成本，以及向电动汽车车主授予一些燃油汽车不具有的使用特权（IEA，2016）。这些激励措施都包括在本章替代方案的考虑范围内。

首先，从性能上分析，电动汽车与燃油汽车相比最明显的缺点之一是它们一次充满电（加满油）后的续航里程较短，而且相对加油，充电所需的时间更长（Hall et al.，2017）。如果能够通过基础设施建设增加公共充电站的数量就可以弥补电动汽车这方面的劣势。在英国 2016 年的一项对比实验中，Skippon 等（2016）发现，续航里程是影响消费者是否选择电动汽车的最重要因素，而充电站的密度是其最相关的因素。在美国进行的另一项实验研究发现，除了行驶里程短之外，较长的充电时间对消费者购买电动汽车也有重要影响，缓慢的充电过程使得消费者需要付出额外的时间成本，这样的时间成本对于消费者来说是由电动汽车带来的一种效用损失（Hidrue et al.，2011），所以如果政府通过提高行业技术标准或鼓励公司加大研发投入以改善电动汽车的续航里程和充电性能，必然有利于电动汽车的普及。

在短期内如果并不能突破电池性能（如能量密度和充电功率）瓶颈，通过政策引导增加公共充电站的建设也是一个合适的解决方案（Kang and Park，2011；Gong et al.，2013）。Yu 等（2016）研究了美国电动汽车充电站的市场均衡，发现投资者为增加营利能力而建立的电动汽车充电站的数量和密度无法实现最大化社会福利的目标，所以政府有必要出台相关的激励政策以带动社会资本在电动汽车充电站建设领域增加投资，从而增加充电站的密度，为电动汽车的推广提供基础设施。另外，根据本书第 4 章消费者的在线行为大数据研究，消费者对电动汽车的里程焦虑主要来源于充电设施不足和充电时间长，而非续航里程短和电池容量小。类似于燃油汽车车主不会担心自己的油箱不够大一样，毕竟加油站很好找、加油也很快，所以本章在考虑替代政策时，不仅考虑了增加电动汽车充电桩建设，还考虑了通过出台企业科研激励措施或者提高行业标准来缩短电动汽车的充电时间。

除了鼓励企业研发提高电动汽车自身性能及建设更多的充电站以鼓励消费者购买电动汽车，在使用阶段降低电动汽车的使用成本也是一个有效的策略。欧洲几个国家实施的一项有效的替代补贴的激励措施是在停车费、充电费和道路通行费等方面给予优惠以降低电动汽车的使用成本（Langbroek et al.，2016；Taefi et al.，2016；Mersky et al.，2016）。降低使用成本除了可以吸引消费者购买电动汽车，同时也能够引导消费者在购买之后更多地使用电动汽车出行，而且鼓励电动汽车的使用是非常有必要的。一方面，因为与传统的燃油汽车相比，电动汽车减少空气污染同时降低温室气体排放的作用主要集中体现在驾驶阶段的尾气零排放。只有购买之后多使用才能对燃油汽车形成替代作用。另一方面，电动汽车的价格劣势只能通过长期使用过程中相较于汽油价格较低的电费价格来抵消（Plötz et al.，2014；Wu et al.，2015），所以通过在电动汽车生命周期内降低使用成本来激励消费者购买和使用电动汽车以加速电动汽车的普及是必要且有效的，并有助于实现减少城市空气污染和温室气体排放的目标。具体的实施措施就是日常用车过程中需要付费的环节，可以参考欧洲国家在停车费、道路通行费和充电价格方面给予优惠。

当然，如 Grubb 等学者发现的那样，这种激励措施也有可能具有反弹作用，如充电价格过于低甚至免费导致电动汽车车主增加了汽车的使用，这可能反而不利于减少碳排放（Grubb，2014）；又如，将社会公用停车场对电动汽车免费开放可能会导致大量的电动汽车长期占用公共停车位，所以我们需要掌握好每项政策的力度，即每项费用下降多少幅度是合适的，每项费用下降多少能够带来多少潜在的电动汽车消费者。

赋予电动汽车在使用过程中有别于传统燃油汽车的特权政策是另一种吸引消费者购买的思路。挪威等国家颁布了一些电动汽车特权政策，如可以使用公交专用道或 HOV（high-occupancy vehicle lane，高承载车道）车辆专用道（Wang et al.，2017）。在中国，几个有类似限行限购交通管制政策的大城市也给予了电动汽车车主一些特权政策，如在燃油汽车限购的北京、上海、广州、深圳、天津等城市，每次新增车牌的发放额度中都有专门的电动汽车车牌额度，而且是采用直接发放的形式提供给消费者，而不需要像燃油汽车那样通过摇号系统或者拍卖的方法来获得车辆牌照（Ma et al.，2017；Li and Jones，2015）。例如，自 2011 年1 月起，北京控制了每月的新车牌照注册数量，使用摇号系统随机分配机动车辆牌照，并且一直在逐年减少车牌配额数量。2017 年仅提供 150 000 张新车牌照，其中 60 000 张牌照是电动汽车牌照，而 2018 年新车牌照总量已经降到了 100 000万张。另外，大城市为了解决拥堵问题而采用的机动车限行政策也往往不包括电动汽车。交通限行政策一般根据汽车牌照号码的最后一位数字限制市区内车辆的使用。例如，在北京，交通部门规定每个工作日禁止在车道上行驶以两个特定数字结尾的车牌的车辆，每天限行的数字从零到九轮转。这些限行规定都不包括纯电动汽车，使得电动汽车相较于燃油汽车又多了一种附加的特权价值，可以有效吸引更多的潜在消费者购买和使用电动汽车。

5.2　离散选择实验理论基础

5.2.1　离散选择实验原理

我们选择离散选择实验来度量消费者对各项电动汽车激励政策的支付意愿。之所以选择离散选择实验，是因为考虑到中国相对较短的电动汽车推广历史，目前有限的实证数据提供的信息不能支持通过显示性偏好研究进行未来的政策设计。此外，本书研究的某些电动汽车激励政策尚未在中国实施，因此没有办法根据已披露的偏好数据研究此问题，所以我们采用离散选择实验的方式量化消费者的陈述性偏好以获得他们对替代政策的支付意愿显然是更好的选择。此外，离散选择实验非常适合研究替代品的不同属性与其附加价格之间的关系（Breidert et al.，2006）。作为量化消费者对产品及其属性的支付意愿的最主要方法，离散选择实验已经广泛应用于行为经济学领域，如消费者对节能产品（Banfi et al.，2008）、可再生能源（de Valck et al.，2014）、生态保护（Longo et al.，2008）、环境外部性（Loureiro et al.，2013）及交通出行方式选择的异质性偏好等研究领域（Zhao et al.，2017）。

理性的个体在进行行为选择时，其准则是基于随机效用模型的"效用最大化"理论（McFadden，1973；Manski，1977）。在选择集 J 中，当替代方案 i 对个人的效用 U_i 大于所有其他选择时，个人将选择替代方案 i：

$$U_i > U_j \left(i, j \in J, i \neq j \right) \tag{5.1}$$

式（5.2）说明了选项 i 的效用 U_i 可以分为系统效用部分 V_i 和误差效用部分 e_i，其中，V_i 由一系列属性 $x_{ki}(k=1,2,3,\cdots,K)$ 的值及其边际效用系数 β_k 的乘积和一个替代比常数（ASC）组成，用该常数体现所有未观察到或无法解释的效用来源（Train，2009）。

$$U_i = V_i + e_i \tag{5.2}$$

其中，$V_i = \sum \beta_k x_k + \mathrm{ASC}_i$。

支付意愿代表商品（或服务）的购买方愿意接受的交易价格（Horowitz and

McConnell，2002；Hanemann，1991）。为了测定中国市场中消费者对各项激励政策的支付意愿，本书采用离散选择实验的方法进行消费者问卷调查。在本书的实际应用中，我们对各类电动汽车的政策进行支付意愿调查，拟采用多项选择模型中的无序选择模型，将各种电动汽车的政策进行组合，并配以相应的支付金额组成不同选项，让被调查者选择他们偏好的政策及愿意在购买电动汽车时为这些政策多付的额外价格。然后以效用函数对每个选项进行建模，最终计算每项政策的支付意愿。

5.2.2　多项 Logit 模型与混合 Logit 模型

如果假设误差项 e_i 在式（5.1）中的分布是独立且均匀的，并且遵循极值 I 型分布，则被调查者从选择集 $J(i, j \in J)$ 中选择选项 i 的概率为

$$P_i = \exp\left(\beta_k x_k\right) \bigg/ \sum_{j=1}^{J} \exp\left(\beta_k x_k\right) \tag{5.3}$$

式（5.3）描述了多项 Logit 模型，这是离散选择实验中最基础也是最常用的模型（Train，2009）。使用最大似然估计法来估计每个属性的系数 β_k。系数 β_k 可用于计算每个策略的支付意愿。消费者对特定属性 k 的边际支付意愿可以用式（5.4）表示：

$$\text{WTP}_k = -\beta_k / \beta_{\text{price}} \tag{5.4}$$

其中，β_{price} 为消费者愿意为政策支付的价格属性的系数。

为了进一步研究受访者群体的异质性偏好，有必要将人口和社会经济变量纳入上述效用模型中。然而，偏好的异质性导致选项间存在相关误差，这不符合多项 Logit 模型的无关选项的独立性（independence of irrelevant alternative，IIA）这一基本假设。并且，如果未明确考虑未观察到的偏好异质性，则选项间的误差相关性可能会与未观察到的偏好异质性混淆。考虑到多项 Logit 模型的局限性，即未观察到的异质性会受到模型 IIA 假设的限制，多项 Logit 模型无法解释偏好的多样性和异质性（Borchers et al.，2007），因此，本书使用混合 Logit 模型来解决受访者异质性的问题。通过混合 Logit 模型中随机系数的设置将未观察到的异质性考虑在内，具体做法就是将与替代属性相关联的每个因素的系数 β_k 都设置为具有均值 μ 和标准差 σ 的分布（Colombo et al.，2009）。在混合 Logit 模型中，所有随时间变化的未观察到的因素之间的相关性、无限制的替代模式及随机受访者偏好变化都是允许的（Train，2009）。

受访者选择选项 i 的概率可以用式（5.5）表示：

$$P_i = \int \frac{\exp(\beta_k x_k)}{\sum_{j=1}^{J} \exp(\beta_k x_k)} f(\beta) \mathrm{d}\beta \qquad (5.5)$$

其中，$f(\beta)$ 为 β 的密度函数。在本书中，β_k 被假设为服从正态分布。

为了研究特定某一个异质性特征对受访者选择的影响，在模型中可以将社会经济变量与替代特定常数（ASC）或属性参数进行交互从而添加到效用函数式（5.2）中（Gordon et al., 2001；Train, 2009）。

5.3　基于支付意愿的实验设计

5.3.1　调查方案

为了确保对受访者进行随机抽样，并确保尽可能多的受访者对电动汽车感兴趣并有一定的了解（即电动汽车车主、燃油汽车车主或潜在消费者），我们与搜狐网合作进行了消费者有奖调查。2017 年 10 月 13 日至 26 日，我们将电子问卷通过搜狐汽车官方主页（auto.sohu.com）、官方微信公众号和搜狐汽车电动汽车车主微信群这三个途径同时发放。为了鼓励受访者认真回答问题，问卷提交后我们通过微信红包的方式向每位受访者发送了 5 元的现金奖励。

在发布正式的问卷调查之前，从 2017 年 6 月初到 9 月底，我们使用上述途径先进行了三轮在线预调查，每轮预调查有 30~50 名受访者，均为搜狐汽车的注册车主用户。之后根据预调查的问卷结果和受访者反馈，我们对问卷的难度、政策附加价格、政策属性的力度、调查问卷的结构和外观设计进行了修改和完善。

5.3.2　问卷设计

根据 5.1 节中梳理的各类激励政策，我们设计了三类可替代补贴的激励措施，分别为：①提升电动汽车的续航里程和充电属性；②降低电动汽车的使用成本；③赋予电动汽车特权。这三类政策共分为九个子类别。提升电动汽车的续航里程和充电属性的子类别包括减少充电时间、增加续航里程及增加市区充电站的密度。降低电动汽车的使用成本的子类别包括电动汽车停车费优惠、充电费用优惠及高速公路通行费优惠。赋予电动汽车特权包括向电动汽车开放公交专用道、对电动汽车不限购和对电动汽车不限行。选择这些政策主要基于以下原因：①与续航里程和充电相关的车辆属性是电动汽车和燃油汽车之间的核心区别，并且我们通过三轮预调查确定了这类因素的重要性；②与电动汽车停车费、充电费和高速公路通行费有关的优惠政策已经在部分欧洲国家实施，另外，享有进入公交专用道的特权，这对中国未来的政策设计具有重要参考意义；③对机动车辆限购和限行是中国所独有的交通部门政策，这些政策会直接影响消费者购买车辆时的选择（Ma et al.，2017）。

表 5.1 显示了我们为调查问卷设置的不同级别的激励措施及消费者因为出台这些政策愿意在购买电动汽车时付出的额外成本。消费者对激励政策愿意额外付出的金额是根据预调查的结果设置的。三轮预调查的结果显示：消费者愿意为激励政策额外支付的金额不超过市场上主流电动汽车补贴后价格的50%，这表明大多数受访者愿意支付的最高价格低于此金额，所以我们基于2016 年中国前五名纯电动汽车和插电式混合动力汽车的平均价格和销量数据，采用加权平均法[①]计算了当时市场上主流电动汽车的补贴后价格，约为 13 万元，如表 5.2 所示。调查问卷中各档次的额外支付价格设置为 1.3 万元、2.6 万元、4.5 万元和 6.5 万元，分别占主流电动汽车加权平均价格的 10%、20%、34.62% 和 50%。

表 5.1　属性和属性水平设置

属性	属性水平
充电时间	在目前基础上缩短 1/6
	在目前基础上缩短 1/3
	保持现状不变
充电站分布密度	每 5 千米有一个充电站
	每 3 千米有一个充电站
	保持现状不变
续航里程	纯电续航里程增加 50 千米
	纯电续航里程增加 100 千米
	保持现状不变
停车费用	公共停车场停车费可享受 50% 的折扣
	公共停车场免费停车
	保持现状不变

① 全国乘用车市场信息联席会使用加权平均法来计算和发布整个中国乘用车市场的月度加权交易价格指数。本书基于此方法计算中国主流电动汽车的加权平均价格，以销量前五名电动汽车的简化方式进行计算。

续表

属性	属性水平
充电费用	公共充电站充电费用可享受 50%的折扣
	在公共充电站免费充电
	保持现状不变
高速公路通行费	高速公路通行费 50%折扣
	高速公路免费通行
	保持现状不变
交通限行	所有类型的电动汽车不限行
	保持现状不变
车辆限购	所有类型的电动汽车不限购
	保持现状不变
公交专用道	向所有类型的电动汽车开放
	保持现状不变
额外价格/万元	1.3；2.6；4.5；6.5

表 5.2　2016 年中国电动汽车销量前五

		纯电动汽车	
排名	车型	2016 年销量/辆	补贴后价格/元
1	BYD E6	20 605	210 000
2	北汽 EV	18 814	90 000
3	北汽 EU	18 805	140 000
4	吉利 帝豪 EV	17 181	110 000
5	众泰云 100	16 417	48 000
	∑	91 822	

		插电式混合动力汽车	
排名	车型	2016 年销量/辆	补贴后价格/元
1	BYD 唐	31 405	175 000
2	BYD 秦	21 868	150 000
3	上汽 荣威 E550	15 145	160 000
4	奇瑞 艾瑞泽 7E	3 643	120 000
5	广汽 传祺 GA5EV	3 378	135 000
	∑	75 439	

总销量	加权平均价格/元
167 261	129 871.769

正式调查问卷包括三个部分：调查问卷说明、与调查主题有关的问题及受访者社会家庭背景问题。将实质性的调查问题放在被调查者的背景信息之前，是为了让被调查者在精力耗尽之前先完成这些问题，最后再去填写简单的性别、年龄、收入和家庭人口等简单问题（Hensher et al., 2005）。

问卷的第一部分"调查问卷说明"介绍了问卷设计者、问卷内容、填写问卷的要求、填写后获得的现金奖励，并概述了隐私保护声明。在调查问卷的第一部分采用了"cheap talk script"（廉价谈话脚本）方法，以减少受访者因为觉得自己是在填写调查问卷所以基于与自己无关的纯假设思路进行答题造成的偏差，同时降低此类假设性情景调查中受访者个人偏好于给出较高价格的趋势（Brown et al., 2008；Frederick, 2012）。具体的实施方法是在问卷顶部的声明中明确写道："我们将根据您参加的本次调查的结果建议政府制定相应的电动汽车政策，并开展试点项目"，以明确地提醒受访者该问卷的调研结果可能会影响日后真实政策的制定，让受访者尽量认真填写问卷。

调查问卷的第二部分包括22道有关替代政策及消费者需要为其付出的额外价格的问题，包括20个根据表5.1中每个要素的水平设计的选择集和2道带有陷阱选项的问卷质量控制题。在这20个选择集中，有8个涉及提高电动汽车行驶里程和充电属性，有8个涉及降低电动汽车使用成本，有4个涉及电动汽车特权。2道问卷质量控制题只用来筛选无效问卷，不参与最终的结果分析。

在设计选择集时，使用 SPSS 软件的正交实验设计模块（Hensher et al., 2005），采用正交主效应设计来减少各种属性不同水平之间组合的数量（Margolin, 1968）。例如，与降低使用成本相关的组合数量从全因子设计中的108 种组合中减少（3 个停车费水平×3 个收费水平×3 个高速公路通行费水平×4 个附加价格水平=108 个组合）到使用正交实验设计模块的 8 种组合。

为了降低受访者回答问题的难度，我们将每一题仅设置了三个备选项。前两个选项是替代激励政策和附加价格的两种组合，第三个选项是"无政策"，即维持现状，这第三个选项是每一题中的退出选项，即我不愿意选择上述任何一种政策组合在购买电动汽车时付出相应的附加价格。另外，为了更生动形象地说明激励政策的内容，我们使用了不同的图标和颜色来区分每一个政策选项。如图 5.2 所示，我们给出了三道题的选择集作为示例，每张图片中的三个选项是一个选择集，消费者要从这三个选项中做出选择。

调查问卷的第三部分"受访者背景问题"由九个社会经济学问题组成，具体包括受访者的年龄、性别、受教育程度、家庭成员数量、家庭年收入、居住城市、现有汽车类型、对电动汽车的了解程度及对电动汽车环保效应的认可度。

请选择政策组合	缩短充电时间	增加市区充电站密度	增加续航里程	购车时额外支付（万元）
政策1	缩短1/3	每3千米内有充电站	/	4.5
政策2	缩短1/3	每5千米内有充电站	增加100千米	6.5
无政策	/	/	/	0

（a）提高电动汽车的续航里程和充电属性

请选择政策组合	公共停车场停车费用	公共充电站充电费用	高速公路通行费	购车时额外支付（万元）
政策1	免费	五折	免费	6.5
政策2	免费	/	/	2.6
无政策	/	/	/	0

（b）降低电动汽车的使用成本

请选择政策组合	电动汽车不限行	电动汽车不限购	公交车道开放通行	购车时额外支付（万元）
政策1	/	不限购	–	4.5
政策2	/	不限购	开放通行	6.5
无政策	/	/	/	0

（c）赋予电动汽车特权

图 5.2　选择集示例

5.3.3　质量控制

为了控制调查问卷结果的质量，我们设计了三个评判标准来筛除无效问卷。第一个标准是陷阱选项。正如 5.3.2 节中对问卷结构的介绍，我们在前 22 个问题中设置了 2 个带有陷阱选项的问题以识别未认真回答该问题的受访者。例如，图 5.3 中的题目，选项 2 比选项 1 少了一项高速公路通行费 50%折扣的政策，但购车时需要额外付出的金额比选项 1 还要多，所以选项 2 被视为不合理选项。如果受访者在面对图 5.3 所示的问题时选择了明显不合理的选项 2，则此不合理的答案将被视作该份问卷是无效问卷的证据。这 2 道包含陷阱选项的问题，陷阱选项分别设置为选项 2 和选项 3，这 2 道题的答案未包含在下文模型计算的数据中。第二个标准是回答问题的持续时间是否超过了 4 分钟，受访者从打开调查问卷的电子页面开始一直到回答问卷结束提交的时间必须超过 4 分钟时才允许提交。4 分钟规则的设置是依据三轮预调查的结果调整的。第三个标准是对单个访问设备可以提交答卷的次数的限制。为了防止网络恶意软件窃取文件奖金，我们设置了每部手机或计算机只能提交一次调查问卷，不能重复提交。问卷网站的质量控制关联程序被设置为仅允许将奖金发送给通过上述三项筛选标准的受访者，并且问卷调查会在发出我们预设的 2 000 份 5 元现金红包奖励后自动终止。

图 5.3　含陷阱项的选择集示例

5.3.4　调查样本

在调查结束时，共计收到了 2 000 份通过质量控制过程的问卷。质量控制程序根据第一个筛选标准自动删除了 865 个包含陷阱选项的问卷。基于第二个和第三个标准被筛除的调查问卷的数量未知，因为这些问卷在提交时就直接被质量控制程序直接拦截在结果库之外了。我们从 2 000 份问卷中删除了 281 份问卷，因为这些问卷的所有 22 题答案全部选择了选项 1（选项 1 没有被质量控制的陷阱项覆盖），剩下 1 719 份有效问卷答案是本书的研究样本。这些问卷包括用于电动汽车的续航里程和充电属性提升分析的 13 752 项问卷答案（1 719×8 个选择集），用于分析使用成本降低的 13 752 项问卷答案（1 719×8 个选择集）和关于电动汽车特权分析的 6 876 项问卷答案（1 719×4 个选择集）。

　　受访者的背景信息统计如图 5.4 所示，每个省（区、市）的受访者百分比如图 5.5 所示。从有关电动汽车知识了解程度的问题答案中，绝大多数受访者表示对电动汽车的知识有一定程度的了解，仅有 2.56%的受访者回答"从不关注"，表明调查样本与设定的目标人群一致。一线、二线和其他城市的受访者比例分别为 40.37%、31.47%和 28.16%。从每个省（区、市）受访者的比例分布来看，北京、广东等东部地区的受访者更多。这与中国首先在发达地区推广电动汽车的政策导向是一致的。从年龄分布上看，25~35 岁的受访者比例超过 50%，这与《2016 中国新能源乘用车消费者调研报告》的结果相符（汽车消费报告，2016），即中国的电动汽车消费者主要是年轻人。此外，有 90%的受访者认为电动汽车有助于改善环境。

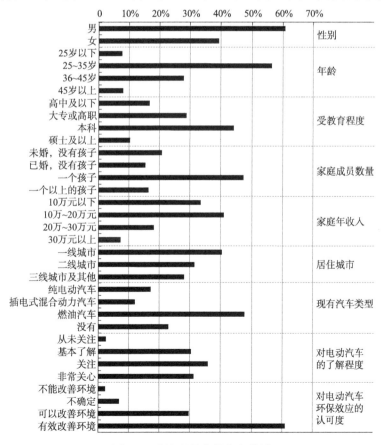

图 5.4　受访者的背景信息统计

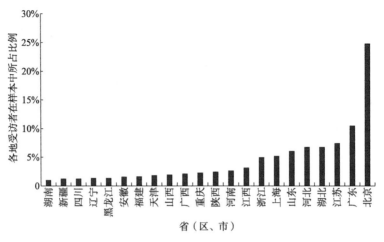

图 5.5   问卷调查受访者的地域分布

5.4 消费者对替代政策的支付意愿

根据调查问卷的结果，我们采用式（5.2）对三种政策类别的答案数据分别进行回归。为了确定多项 Logit 模型和混合 Logit 模型对于本章研究的适用性，我们分别用两种模型进行回归拟合，其中混合 Logit 模型中的所有系数 β_k 都设为正态分布 $\left(\beta_{kn} \sim \mathrm{N}\left(\mu_n, \sigma_n^2\right)\right)$。对于多项 Logit 模型，$\beta = \mu$，$\sigma = 0$。为了获得简化的模型形式，本书还估算了另一个部分系数具有随机分布的混合 Logit 模型，该模型中被设为随机的系数是通过对相关标准偏差的多次显著性检验确定的。表 5.3 列出了各模型的估计结果。

表 5.3   各模型的估计结果

政策属性		模型 1（多项 logit 模型）		模型 2（所有系数随机的混合 logit 模型）		模型 3（部分系数随机的混合 logit 模型）	
		系数	标准差	系数	标准差	系数	标准差
ASC1		0.943 4***	0.068 3	0.920 9***	0.072 4	0.957 1***	0.075 8
ASC2		0.795 9***	0.042 9	0.786 0***	0.045 0	0.819 5***	0.049 6
充电时间：缩短 1/6	μ	0.456 1***	0.048 9	0.464 6***	0.050 2	0.493 9***	0.053 5
	σ			0.376 5	0.256 4	0.562 2**	0.251 5
充电时间：缩短 1/3	μ	0.473 0***	0.109 4	0.487 5***	0.112 4	0.555 5***	0.128 3
	σ			0.126 4	0.157 0	0.517 0***	0.163 3

续表

政策属性		模型 1 (多项 logit 模型)		模型 2 (所有系数随机的混合 logit 模型)		模型 3 (部分系数随机的混合 logit 模型)	
		系数	标准差	系数	标准差	系数	标准差
充电站密度：每 5 千米	μ	0.631 3***	0.030 5	0.630 7***	0.031 0	0.656 1***	0.034 8
	σ			0.019 7	0.155 4		
充电站密度：每 3 千米	μ	0.734 8***	0.048 6	0.731 4***	0.050 1	0.753 1***	0.070 2
	σ			0.084 1	0.144 0		
续航里程：增加 50 千米	μ	0.730 5***	0.068 4	0.745 9***	0.070 9	0.773 2***	0.056 0
	σ			0.074 6	0.272 1		
续航里程：增加 100 千米	μ	0.819 2***	0.121 8	0.804 3***	0.125 2	0.911 6***	0.141 8
	σ			0.057 7	0.118 1		
额外价格	μ	−0.283 1***	0.037 7	−0.276 51***	0.038 9	−0.308 6***	0.043 8

模型的统计性表现

	模型 1		模型 2		模型 3	
贝叶斯信息准则值	26 992		27 000		26 988.1	
对数似然值	−13 487.024 5		−13 484.997 2		−13 483.058 4	
对数似然值（零模型）	−13 915.041 5		−13 915.041 5		−13 915.041 5	
麦克法登伪 R^2	0.030 8		0.030 9		0.031 0	
样本量	13 752		13 752		13 752	

降低电动汽车的使用成本

政策属性		系数	标准差	系数	标准差	系数	标准差
ASC1		0.964 6***	0.066 1	0.971 3***	0.069 9	0.999 9***	0.071 5
ASC2		0.827 2***	0.041 5	0.831 5***	0.043 1	0.862 9***	0.047 7
停车费：50%折扣	μ	0.271 9***	0.049	0.271 1***	0.049 3	0.304 7***	0.052 9
	σ			0.059 9	0.310 9	0.594 6*	0.345
停车费：免费	μ	0.549 6***	0.106 7	0.548 8***	0.108 4	0.662 8***	0.131 6
	σ			0.025 9	0.170 7	0.560 9***	0.170 8
充电收费：50%折扣	μ	0.539 3***	0.030 3	0.538 7***	0.030 8	0.570 3***	0.035 3
	σ			0.256 8	0.179 5		
充电收费：免费	μ	0.977 2***	0.048 5	0.982 2***	0.049 8	1.029 5***	0.061
	σ			0.015 5	0.143 2		
高速公路通行费：50%折扣	μ	0.433 1***	0.064 5	0.437 1***	0.065 9	0.434 9***	0.065 4
	σ			0.001 6	0.245 1		

续表

政策属性		模型 1（多项 logit 模型）		模型 2（所有系数随机的混合 logit 模型）		模型 3（部分系数随机的混合 logit 模型）	
		系数	标准差	系数	标准差	系数	标准差
高速公路收费：免费	μ	0.857 8***	0.119 7	0.861 8***	0.122 7	0.976 4***	0.145 2
	σ			0.106 9	0.112 3		
额外价格	μ	−0.323 4***	0.036 5	−0.325 8***	0.037 7	−0.358 5***	0.043 9
模型的统计性表现							
贝叶斯信息准则值		27 575.2		27 584.2		27 575.1	
对数似然值		−13 778.6		−13 777.1		−13 774.5	
对数似然值（零模型）		−14 202		−14 202		−14 202	
麦克法登伪 R^2		0.029 8		0.029 9		0.030 1	
样本量		13 752		13 752		13 752	
赋予电动汽车特权							
ASC1		0.600 8***	0.072 2	0.549 8***	0.076 7	0.547 7***	0.075 3
ASC2		0.673 7***	0.088 8	0.885 1***	0.123 8	0.886 5***	0.124
所有电动汽车不限行	μ	0.772 9***	0.081 3	0.964 7***	0.111 4	0.968 6***	0.110 9
	Σ			0.529 4***	0.118 6	0.528 4***	0.118 5
所有电动汽车不限购	μ	0.964 8***	0.118 8	1.198 1***	0.150 7	1.201 6***	0.15
	σ			0.075 9	0.102 1		
公交专用道向电动汽车开放	μ	0.434 4***	0.049 4	0.435 1***	0.055 7	0.434 9***	0.054 5
	σ			0.012 6	0.108 7		
额外价格	μ	−0.539 7***	0.057	−0.634 8***	0.068 9	−0.636 5***	0.068 5
模型的统计性表现							
贝叶斯信息准则值		14 682.1		14 678.6		14 675.2	
对数似然值		−7 335.04		−7 330.32		−7 330.2	
对数似然值（零模型）		−7 418.72		−7 418.72		−7 418.72	
麦克法登伪 R^2		0.011 3		0.011 9		0.011 9	
样本量		6 876		6 876		6 876	

***、**、*分别表示在 1%、5%、10%的水平上显著

　　比较这三个模型的统计性表现可见，具有部分随机系数的混合 Logit 模型比多项 Logit 模型及所有系数都设为随机分布的混合 Logit 模型具有更大的对数似然

值和更大的麦克法登伪 R^2 值，而且其贝叶斯信息准则值也较小。由此可见表 5.3 中的模型 3 比其他两个模型更适合本章的数据结构。因此，下文的消费者支付意愿的计算都是基于模型 3 得到的，该模型避免了多项 Logit 模型中存在的不相关替代假设的独立性假设，并且能够在相对简单的模型形式中描述受访者偏好的某些异质性。

表 5.3 中各种激励政策和附加价格的系数都在 1% 的水平上显著。因此，可以根据式（5.4）实施下一步即计算消费者的边际支付意愿。支付意愿的结果如图 5.6 所示，其中误差线显示了支付意愿估计值的 95% 置信区间。

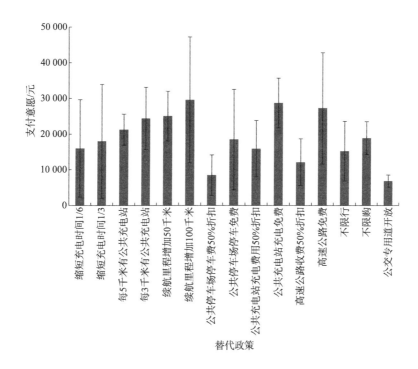

图 5.6　消费者对各项替代政策的支付意愿

使用 1 719 个受访者的全样本问卷结果，计算得到各种政策的边际支付意愿分布从 6 833 元到 29 540 元不等，这表明通过结合多种替代激励措施来弥补购置补贴退坡及取消所造成的缺口是可行的。与提升续航里程和充电性能相关联的支付意愿相对较高（超过了 16 000 元）。可见在这些替代选项中，受访者最希望增加电动汽车的纯电续航里程。续航里程增加 50 千米的边际支付意愿为 25 055 元，而增加 100 千米的边际支付意愿为 29 540 元。这表明当前的中国消费者最看重电动汽车的技术属性水平，并愿意为这些领域的改进付出更高的购买价格。

与降低使用成本相关的政策，消费者的支付意愿的分布范围更大。消费者对停车费优惠的支付意愿相对较低，从现状（无折扣）到可享受停车费50%折扣的边际支付意愿为 8 499 元，在公共停车场免费停车的边际支付意愿为 18 488 元。消费者对在公共充电站的充电价格优惠这一政策的支付意愿比较高。如果是完全免费充电，则被调查者的支付意愿为 28 717 元，这是与降低使用成本有关的所有替代激励政策中最高的支付意愿。消费者对高速公路免费通行的支付意愿最高为 27 236 元，超出了我们当初的研究预期。这表明消费者对电动汽车的实际需求可能已扩展到长途旅行。在我国及全球范围内的电动汽车推广初期，鉴于消费者普遍存在的续航里程焦虑，政府及推广部门建议主要将电动汽车用于市内交通（Tanaka et al.，2014）。

消费者对享有电动汽车特权的支付意愿相对较低。在这一类政策中，消费者支付意愿最高的是不限购电动汽车，这表明对车辆购买的限制是消费者在中国购买电动汽车的一个重要原因。消费者对开放公交专用道的支付意愿是所有政策中最低的，这与当前各个城市的交通拥堵密切相关。尽管许多城市在城市道路上都设有公交专用道，但是交通拥堵情况仍然相当严重。因此，消费者没有很高的支付意愿来享受向电动汽车开放公交专用道的特权。

值得我们注意的是，提高续航里程和充电性能类政策对消费者支付意愿提升的边际效用是递减的。受访者的效用并未随着电动汽车性能属性的提升（包括缩短的充电时间、增加的充电站密度和增加的纯电续航里程）而按比例增加。我们可以理解为，一旦电动汽车性能和充电基础设施达到一定水平，相应属性对受访者的边际效用将迅速下降。这与 Hidrue 等（2011）先前的研究结果一致。对于诸如行驶里程和充电时间之类的关键技术属性，消费者的支付意愿往往表现出明显的非线性趋势。然而，在与降低电动汽车使用成本相关的激励政策中，消费者对免费充电政策的支付意愿几乎是高速公路通行费 50%折扣的支付意愿的两倍。这表明，与行驶里程和充电时间这些难以量化的属性相比，消费者在货币属性上更可能具有较为恒定的边际效用，这与 Masiero 和 Hensher（2010）的发现相似。这可能是因为，如果受访者面对具有直观且易于量化的选择，则他们更有可能做出理性的选择。

我们将本书的回归结果与其他类似研究的回归结果在表 5.4 中进行了比较。消费者对缩短充电时间的支付意愿高于 Hidrue 等的研究结果，在 Hidrue 等（2011）的研究中，受访者对充电时间每缩短 1 小时愿意在购车时多支付 425~3 250 美元。根据电动汽车常规慢充 6~9 小时的充电时间，本书的结果为每小时减少 1 653~4 409 美元。本书中消费者对增加续航里程的支付意愿高于 Hidrue 等（2011）、Qian 和 Soopramanien（2011）的研究结果，后者是基于 2009 年在美国和中国进行的调查得出的。Langbroek 等（2016）研究还表明，中国消费者对停车费折扣的支付意愿与瑞典消费者相似，但是瑞典消费者对公共停车场免费停车的支付意愿较高，中国对公交专用道通行权的支付意愿比瑞典低，主要原因应该就是我国各大城市交通拥堵情况严重。

表 5.4　实证结果比较

激励政策	本书计算的支付意愿 （WTP）均值	文献中计算的支付意愿 （WTP）均值	研究地点	研究年份	参考文献
缩短充电时间	缩短 1/6：16 004 元 （4 409 美元）	每缩短 1 小时： 425~3 250 美元	美国	2009 年	Hidrue 等（2011）
	缩短 1/3：18 001 元 （4 959 美元）				
增加充电站分布密度	每 5 千米：21 260 元 （5 858 美元）				
	每 3 千米：24 403 元 （6 724 美元）				
增加续航里程	增加 50 千米：25 055 元 （每英里 221 美元）	每增加 1 英里： 66~75 美元	综述分析	2013 年	Dimitropoulos 等 （2013）
	增加 100 千米：29 539 元 （每英里 260 美元）	每增加 1 英里：152 美元	中国	2009 年	Qian 和 Soopramanien （2011）
		每增加 1 英里： 35~75 美元	美国	2009 年	Hidrue 等（2011）
		增加 50 千米：585SEK （72 美元）	瑞典	2014 年	Langbroek 等（2016）
停车费折扣	50%折扣：8 499 元 （2 342 美元）	50%折扣：19 917SEK （2 444 美元）	瑞典	2014 年	Langbroek 等（2016）
	免费停车：18 488 元 （5 094 美元）	免费停车：52 556SEK （6 450 美元）			
充电费用折扣	50%折扣：15 908 元 （4 383 美元）	每减少 0.01 美元/英里行 驶成本：3 000 美元	中国	2012 年	Helveston 等（2015）
	免费充电：28 716 元 （7 912 美元）	每减少 0.01 美元/英里行 驶成本：1 600 美元	美国	2012~ 2013 年	Helveston 等（2015）
		免费充电：45 149SEK （5 541 美元）	瑞典	2014 年	Langbroek 等（2016）
高速公路通行费折扣	50%折扣：12 131 元 （3 342 美元）				
	免费通行：27 235 元 （7 504 美元）				
电动汽车不限行	15 217 元 （4 193 美元）				
电动汽车不限购	18 879 元 （5 201 美元）				
公交专用道向电动汽车开放	6 832 元 （1 883 美元）	25 990SEK （3 190 美元）	瑞典	2014 年	Langbroek 等（2016）

注：表中支付意愿（WTP）的金额单位换算采用了世界银行发布的 PPP（购买力平价）：1 美元（USD）=3.630 元人民币（CNY）=8.148 瑞典克朗（SEK），括号中是按照 2017 年的 PPP 换算成美元后的金额；1 英里≈1.609 千米

5.5　消费者异质性的影响

为了探索异质性偏好对激励政策的影响，我们将受访者的背景信息因素以交叉项的形式添加到回归模型中。通过调查问卷第三部分获得的 9 个受访者异质性因素，包括年龄、性别、受教育程度、家庭成员数量、家庭年收入、居住城市、现有汽车类型、对电动汽车的了解程度及对电动汽车环保效应的认可度均被考虑。包含消费者异质性交叉项的回归结果如表 5.5 所示。

表 5.5　包含消费者异质性交叉项的回归结果
（a）提升电动汽车的续航里程和充电属性

政策属性		系数	标准差
ASC1		$0.875\,1^{***}$	0.170 4
ASC2		$0.757\,0^{***}$	0.157 8
随机系数			
充电时间：缩短 1/6	μ	$0.497\,4^{***}$	0.110 3
	σ	$0.754\,5^{**}$	0.369 4
充电时间：缩短 1/3	μ	$0.609\,1^{***}$	0.183 3
	σ	$0.547\,8^{***}$	0.165 3
非随机系数			
充电站密度：每 5 千米	μ	$0.666\,08^{***}$	0.031 9
充电站密度：每 3 千米	μ	$0.764\,1^{***}$	0.128 3
续航里程：增加 50 千米	μ	$0.771\,8^{**}$	0.374 4
续航里程：增加 100 千米	μ	$0.911\,3^{***}$	0.188 9
额外价格	μ	$-0.307\,7^{***}$	0.045 9
社会经济因素交叉项			
男性×ASC		$0.422\,0^{***}$	0.053 8
35 岁以上×ASC		0.035 3	0.055 0
本科及以上学历×ASC		$0.128\,9^{**}$	0.053 8
家庭有小孩×ASC		$-0.311\,6^{***}$	0.057 9
年收入 20 万元以上×ASC		-0.103 4	0.202 9
现有汽车类型交叉项			
充电时间：缩短 1/6	×BEV	0.038 4	0.096 8
	×PHEV	0.076 4	0.106 4
	×ICEV	$0.142\,2^{*}$	0.077 0

续表

政策属性		系数	标准差
充电时间：缩短 1/3	×BEV	0.256 6**	0.107 0
	×PHEV	0.221 6*	0.119 6
	×ICEV	0.134 2**	0.057 5
充电站密度：每 5 千米	×BEV	0.141 3*	0.084 3
	×PHEV	−0.035 8	0.093 2
	×ICEV	0.187 3**	0.077 1
充电站密度：每 3 千米	×BEV	0.267 1***	0.095 7
	×PHEV	−0.255 1**	0.105 9
	×ICEV	0.304 6***	0.075 6
续航里程：增加 50 千米	×BEV	0.233 1*	0.134 3
	×PHEV	−0.082 6	0.153 2
	×ICEV	−0.114 8	0.110 2
续航里程：增加 100 千米	×BEV	0.122 1	0.093 5
	×PHEV	0.093 5	0.104 0
	×ICEV	0.031	0.074 9
城市类型交叉项			
充电时间：缩短 1/6	×一线城市	−0.225 2	0.773 6
	×二线城市	0.365 8***	0.083 3
充电时间：缩短 1/3	×一线城市	−0.090 8	0.083 6
	×二线城市	0.335 7***	0.088 6
充电站密度：每 5 千米	×一线城市	−0.008 7***	0.000 2
	×二线城市	0.015 5***	0.005 4
充电站密度：每 3 千米	×一线城市	−0.003 0***	0.000 1
	×二线城市	0.060 4***	0.009 9
续航里程：增加 50 千米	×一线城市	0.331 2***	0.103 4
	×二线城市	0.032 6***	0.010 2
续航里程：增加 100 千米	×一线城市	0.102 6	0.073 3
	×二线城市	0.125 6	0.077 2
受访者态度交叉项			
了解电动汽车×ASC		0.096 8*	0.057 0
认可电动汽车的环保性×ASC		0.565 4***	0.140 8
模型统计性表现			
贝叶斯信息准则值		26 777.2	
对数似然值		−13 336.6	

续表

政策属性	系数	标准差
对数似然值（零模型）	−13 915	
麦克法登伪 R^2	0.041 6	
样本量	13 752	

***、**、*分别表示在 1%、5%、10%的水平上显著

（b）降低电动汽车的使用成本

政策属性		系数	标准差
ASC1		0.836 7***	0.149 0
ASC2		0.712 1***	0.144 0
随机系数			
停车费：50%折扣	μ	0.271 8**	0.109 3
	σ	1.427***	0.354 0
停车费：免费	μ	0.697 0***	0.160 9
	σ	0.585 0***	0.160 6
非随机系数			
充电收费：50%折扣	μ	0.489 9***	0.074 6
充电收费：免费	μ	1.144 2***	0.110 2
高速公路通行费：50%折扣	μ	0.519 0***	0.124 6
高速公路收费：免费	μ	1.050 8***	0.173 7
额外价格	μ	−0.380 9***	0.045 6
社会经济因素交叉项			
男性×ASC		0.413 3***	0.051 4
35 岁以上×ASC		−0.066 8*	0.041 2
本科及以上学历×ASC		−0.155 4	0.515 2
家庭有小孩×ASC		−0.223 2***	0.055 0
年收入 20 万元以上×ASC		0.081 7***	0.028 0
现有汽车类型交叉项			
停车费：50%折扣	×BEV	−0.160 6	0.118 3
	×PHEV	0.214 5*	0.129 3
	×ICEV	0.024 3	0.091 1

续表

政策属性		系数	标准差
停车费：免费	×BEV	−0.008 1	0.108 6
	×PHEV	0.207 0*	0.123 3
	×ICEV	−0.036 5	0.086 4
充电收费：50%折扣	×BEV	0.021 3***	0.008 1
	×PHEV	0.089 2	0.096 7
	×ICEV	−0.069 8***	0.019 4
充电收费：免费	×BEV	0.142 2**	0.620 4
	×PHEV	−0.059 4	0.116 1
	×ICEV	−0.047 5*	0.029 2
高速公路收费：50%折扣	×BEV	−0.078 3*	0.042 6
	×PHEV	0.165 7	0.154 2
	×ICEV	0.073 6	0.106 8
高速公路收费：免费	×BEV	0.120 1	0.096 2
	×PHEV	0.262 5**	0.106 6
	×ICEV	0.121 7	0.076 2

城市类型交叉项

政策属性		系数	标准差
停车费：50%折扣	×一线城市	0.519 3***	0.089 9
	×二线城市	0.411 3***	0.104 1
停车费：免费	×一线城市	0.384 1***	0.084 7
	×二线城市	0.275 7***	0.089 8
充电收费：50%折扣	×一线城市	0.024 6	0.068 3
	×二线城市	0.053 6	0.070 6
充电收费：免费	×一线城市	0.054 1	0.080 5
	×二线城市	0.151 4*	0.088 5
高速公路收费：50%折扣	×一线城市	−0.13 2	0.103 5
	×二线城市	0.022 1	0.112 0
高速公路收费：免费	×一线城市	−0.128 1*	0.074 6
	×二线城市	0.054 2	0.077 9

续表

政策属性	系数	标准差
受访者态度交叉项		
了解电动汽车×ASC	0.019 8	0.054 7
认可电动汽车的环保性×ASC	0.649 6***	0.136 3
模型统计性表现		
贝叶斯信息准则值	27 419.8	
对数似然值	−13 657.9	
对数似然值（零模型）	−14 202	
麦克法登伪 R^2	0.038 3	
样本量	13 752	

***、**、*分别表示在 1%、5%、10%的水平上显著

（c）赋予电动汽车特权

政策属性		系数	标准差
ASC1		0.494 3**	0.210 9
ASC2		0.841 5***	0.231 9
随机系数			
电动汽车不限行	μ	0.851 1***	0.117 5
	σ	0.570 5***	0.115 1
非随机系数			
电动汽车不限购	μ	1.123 6***	0.158 8
公交专用道向电动汽车开放	μ	0.494 6***	0.066 3
额外价格	μ	−0.647 2***	0.069 9
社会经济因素交叉项			
男性×ASC		0.405 8***	0.066 0
35 岁以上×ASC		−0.165 4**	0.069 3
本科及以上学历×ASC		−0.099 6	0.066 2
家庭有小孩×ASC		−0.210 0***	0.070 5
年收入 20 万元以上×ASC		0.109 2***	0.005 4
现有汽车类型交叉项			
电动汽车不限行	×BEV	0.009 2	0.058 5
	×PHEV	0.247 6***	0.067 4
	×ICEV	0.001 9	0.046 2

续表

政策属性		系数	标准差
电动汽车不限购	×BEV	−0.051 1	0.060 8
	×PHEV	0.103 8	0.068 3
	×ICEV	0.051 5**	0.025 1
公交专用道向电动汽车开放	×BEV	0.058 48	0.044 7
	×PHEV	0.167 0***	0.049 4
	×ICEV	0.016 8	0.034 9
城市类型交叉项			
电动汽车不限行	×一线城市	0.140 2***	0.045 9
	×二线城市	0.136 3***	0.048 3
电动汽车不限购	×一线城市	0.301 3**	0.147 3
	×二线城市	0.158 8***	0.050 1
公交专用道向电动汽车开放	×一线城市	−0.281 9***	0.034 6
	×二线城市	0.048 2	0.035 2
受访者态度交叉项			
了解电动汽车×ASC		0.106 6	0.069 9
认可电动汽车的环保性×ASC		0.430 7**	0.188 1
模型统计性表现			
贝叶斯信息准则值		14 469.1	
对数似然值		−7 203.538 7	
对数似然值（零模型）		−14 201.955 7	
麦克法登伪 R^2		0.492 8	
样本量		6 876	

***、**分别表示在 1%、5%的水平上显著

5.5.1　社会经济特征

如表 5.5 所示，在所有三类替代激励措施中，男性与 ASC 的交叉项系数均达到 1%显著且为正值，这表明男性对电动汽车替代激励政策的接受程度比女性更为积极。年龄因素（＞35 岁）与 ASC 的交叉项结果表明，35 岁以下的受访者比年长的受访者更愿意为降低电动汽车使用成本激励政策和电动汽车使用特权在购车时支付额外的费用。受教育程度方面的交叉项显示，受过良好教育的受访者（拥有本科或更高学历）更愿意为提升与续航里程和充电相关的性能属性付费。

不过受访者的受教育程度与其他类型的激励政策的支付意愿之间并没有显著相关性。无小孩家庭的受访者比有小孩家庭的受访者更愿意为激励政策在购车时额外支付费用，这可能是由于无小孩家庭的经济负担相对较小。在收入的影响方面，家庭年收入超过 20 万元的受访者与降低使用成本和授予特权的激励政策的交叉项系数在 1%的水平上具有正向影响。这与 Helveston 等（2015）的研究结论一致，即在中国收入水平相对较低的消费者对电动汽车使用过程中需要投入的成本不太敏感。

5.5.2　现有汽车类型

本小节我们将对比纯电动汽车车主、插电式混合动力汽车车主和燃油汽车车主在面对问卷中的替代政策时不同的支付意愿。针对电动汽车车主的调研表明，他们与传统燃油汽车车主对电动汽车的支付意愿和偏好存在很大差异。因为电动汽车车主在电动汽车的购买和使用方面具有实践经验，他们对续航里程有限、充电时间较长及问卷中提及的替代激励政策可能对电动汽车使用产生的影响有更现实的理解。燃油汽车车主是电动汽车的潜在消费者群体，所以可以将他们和电动汽车车主进行对比来分析这些潜在消费者对电动汽车的担忧。

如表 5.5（a）所示，燃油汽车车主与缩短充电时间和增加充电站的交叉项系数都是显著为正的，这表明与电动汽车充电相关的属性是燃油汽车车主最为担忧的。对于纯电动汽车车主受访者，他们对增加充电站、充电时间缩短 1/3 和增加 50 千米续航里程这几个选项的偏好很显著。可能的原因是纯电动汽车仅配备电池电源系统，因此纯电动汽车车主相较于其他汽车车主，续航里程、充电时间和充电基础设施对他们来说更为重要。插电式混合动力汽车车主与每 3 千米就有充电站选项的交叉项系数为-0.255 1，在 5%的水平上显著。这表明，由于插电式混合动力汽车拥有燃油发动机作为备用，该类车主不愿意在买车时为增加充电站的密度支付额外的费用。

如表 5.5（b）中显著的交叉项系数所示，对于降低使用费用类的政策，插电式混合动力汽车车主更愿意选择停车费折扣和高速公路免费通行。然而对于纯电动汽车车主来说，仅和免费充电及充电费用 50%折扣的交叉项系数是显著为正的，这表明购买了纯电动汽车的消费者其实非常关注降低使用过程中成本的政策。这一结果与 Bjerkan 等（2016）在挪威的研究一致。高速公路通行费用 50%折扣与纯电动汽车车主的交叉项系数为-0.078 3，这表明纯电动汽车车主对在高速公路上长途驾驶不感兴趣。

对于表 5.5（c）中的电动汽车特权类激励政策，插电式混合动力汽车车主与交通不限行及开放公交专用道的交叉项系数在 1% 的水平上显著为正，这表明插电式混合动力汽车车主倾向于减少车辆在驾驶中的限制。另外，燃油汽车车主最愿意为完全取消电动汽车的车辆限购额外付费。

5.5.3　居住城市类型

受访者所在的城市是另一个影响他们选择和偏好的重要因素。各个城市之间的差异不是源于其人口的社会经济特征的差异，而是源于中国各地不同的城市发展水平、基础设施水平和激励政策力度之间的差异。

表 5.5（a）中的结果显示，来自二线城市的受访者几乎支持提升电动汽车续航里程和充电相关属性的所有激励政策，包括不同程度地提升续航里程、缩短充电时间和增加公共充电站分布密度。与其他城市的受访者相比，一线城市的受访者不想为增加公共充电站的密度而花额外的钱，这很可能是由于中国主要在大城市推广电动汽车的政策导向。目前一线城市的公共充电站密度和建设速度明显高于二线和三线城市。以电动汽车与电动汽车充电桩的数量之比（车桩比）为例，截至 2018 年 4 月，一线城市北京的比率为 3.84，而在距离北京仅仅 200 千米的新一线城市天津，车桩比只有 5.64（中国电动汽车充电基础设施促进联盟，2019）。

从表 5.5（b）中可以看出，降低电动汽车使用成本的政策中，一线和二线城市的受访者更愿意为停车费折扣这一替代政策在买车时支付额外费用。一线城市的受访者与停车费用 50% 折扣和停车免费的交叉项系数分别为 0.519 3 和 0.384 1，均高于二线城市。主要原因可能是一线大城市的受访者通常比小城市的受访者在汽车的日常使用中花费更多的停车费用。

一线城市的受访者对全面取消电动汽车限购和限行措施具有很高的支付意愿。目前，中国的四个一线城市对电动汽车的购买和形式仍然有不同程度的限制，如北京、上海、广州和深圳的电动汽车车牌虽然是排队发放，但仍有明确的数量指标，并且在北京市只有纯电动汽车可以享有交通不限行的权利，插电式混合动力汽车仍然要服从交通委员会关于尾号限行的管制措施。由于这些管制政策的存在，一线城市的受访者无法自由购买和使用车辆，故而他们更愿意为相应的便利支付额外费用。开放公交专用道与一线城市的交叉项系数显著为负表明，与其他城市的受访者相比，由于一线城市目前严重的交通拥堵，受访者并不希望政府赋予电动汽车公交专用道通行特权。消费者可能认为，即使公交专用道对电动汽车开放，也不太可能避免交通拥堵，甚至可能影响城市公共交通的快速运行。

　　根据以上的分析结果，我们可以看出应该分别对一线、二线和三线城市制定不同的替代政策组合，地方政府可以选择当地消费者支付意愿较高的激励政策去填补补贴退坡的空当（崔东树，2022）。当然，在实际的政策制定过程中，必须考虑更多实际因素，包括激励措施的实施成本、地方和省级政府财政及政府的基础设施状况。毕竟，基础设施建设的费用、充电和停车费用折扣等都将会是政府一笔额外的财政支出。

5.5.4　受访者态度

　　最后，本章对受访者态度的异质性与政策偏好之间的关系也进行了分析。调查问卷第三部分的最后两个问题被设为两个虚拟变量来描述受访者态度的异质性。这两个虚拟变量表明受访者是否了解电动汽车（对电动汽车有基本且更深入的了解）及他们是否认为使用电动汽车可以改善环境质量。变量值为 1 表示肯定答案，0 表示否定答案。

　　表 5.5 的交叉项结果表明，受访者对电动汽车的环境效益的认可能够显著增加他们对大多数替代激励政策的支持，这与其他学者的研究相一致（Helveston et al.，2015；Liao et al.，2017）。受访者对电动汽车的了解与提升行驶里程和充电相关属性的激励措施之间有显著的正相关关系。消费者对电动汽车的了解与降低使用成本及电动汽车使用特权政策的交叉项系数不显著，这表明消费者对电动汽车的关注与这两种政策的支持关系不大。但是，之前有研究表明，消费者了解和关注电动汽车性能指标（如电池容量）可能会对他们购买电动汽车产生负面影响（Kim et al.，2014）。

5.6　基于支付意愿的替代政策设计

　　基于上文计算出的每个替代政策的消费者支付意愿，我们可以通过各种替代政策的组合以弥补电动汽车购置补贴的退坡。中国各地的经济发展水平各不相同，在制定激励政策时必须考虑地域性差异。因此，根据各地受访者提供的问卷答案，我们使用混合 Logit 模型对一线、二线和三线城市的问卷结果（总 $n=1\ 719$；$n = 694$，$n = 541$ 和 $n = 484$）分别进行回归并计算了消费者对各项政策的支付意愿。结果如表 5.6 所示。

表 5.6　各城市的回归结果

政策属性		一线城市				二线城市				三线城市			
		系数	标准差	WTP/千元	标准差	系数	标准差	WTP/千元	标准差	系数	标准差	WTP/千元	标准差
提升电动汽车的续航里程和充电属性													
充电时间：缩短 1/6	μ	0.382 0***	0.083 8	11.349 1***	2.489 2	0.253 24***	0.231 2	13.582 9**	5.247 8	0.468 6***	0.100 3	16.063 5***	3.561
	σ	0.700 7*	0.421 1			0.486 5	0.485 8			0.172 1	0.471 2		
充电时间：缩短 1/3	μ	0.573 9***	0.178 6	17.050 2***	5.305 2	0.513	0.397 8	27.516	21.332 9	0.533 9**	0.236 1	18.095 4***	8.378 9
	σ	0.340 4	0.227 8			0.198	0.205 7			0.187 4	0.608 6		
充电站密度：每 5 千米	μ	0.753 9***	0.051 6	22.397 2***	1.532 6	0.505 5***	0.057	27.115 7**	3.058 4	0.650 2***	0.065 6	23.082 1***	2.326 8
	σ	0.181 5	0.290 2			0.034 7	0.279 2			0.202 6	0.276 9		
充电站密度：每 3 千米	μ	0.867 6***	0.085 8	25.777 5***	2.549 8	0.555 1***	0.092 4	29.777 1***	4.957 6	0.773 7***	0.105 2	27.463 7***	3.732 8
	σ	0.017 2	0.221 4			0.081 8	0.237 7			0.306 5	0.28		
续航里程：增加 50 千米	μ	0.924 9***	0.108 6	27.477 6***	3.227 2	0.454 8***	0.149 1	24.397 3***	7.998 8	0.579 3***	0.133 3	20.565 0***	4.731 6
	σ	0.132 4	0.300 5			0.165	0.383 5			0.105	0.380 9		
续航里程：增加 100 千米	μ	1.116 8***	0.205 8	33.179 1***	6.113 3	0.700 6*	0.247 9	37.579 2*	13.298 1	0.750 5***	0.265 8	26.642 1***	9.434 2
	σ	0.200 9	0.221 5			0.143 6	0.208 7			0.058 9	0.204 1		
额外价格	μ	−0.336 1***	0.062 9			−0.186 4**	0.079 5			−0.281 7***	0.082 1		
对数似然值		−5 621.366 4				−3 971.562 3				−3 765.639 9			
麦克法登伪 R^2		0.078 4				0.164 7				0.114 8			
样本量		5 552				4 328				3 872			

续表

政策属性		一线城市				二线城市				三线城市			
		系数	标准差	WTP/千元	标准差	系数	标准差	WTP/千元	标准差	系数	标准差	WTP/千元	标准差
降低电动汽车的使用成本													
停车费：50%折扣	μ	0.339 1***	0.083 3	10.961 7***	2.692 5	0.343 5***	0.114	8.516 3***	2.825 8	0.213 0**	0.097 6	6.129 1**	2.806 5
	σ	0.499 7	0.652 3			1.673 3***	0.637 9			0.150 2	0.551 4		
停车费：免费	μ	0.605 8***	0.174 3	19.579 1***	5.632 3	0.786 2***	0.244 5	19.490 0***	6.060 2	0.574 5**	0.238 1	16.523 6**	6.848 3
	σ	0.331 1	0.289 1			0.297 3	0.257 6			0.428 3	0.304 2		
充电收费：50%折扣	μ	0.655 3***	0.053 5	21.180 2***	1.727 5	0.484 0***	0.058 4	12.000 6***	1.447 6	0.490 3***	0.063 6	14.103 8***	1.828 4
	σ	0.067 5	0.316 2			0.193 7	0.331 8			0.234 2	0.279 8		
充电收费：免费	μ	1.113 6***	0.095 7	35.991 2***	3.093	1.101 0***	0.145 2	27.292 6***	3.598	0.968 3***	0.108	27.852 3***	3.106 8
	σ	0.066 2	0.255			0.424 2	0.292 9			0.247	0.312 5		
高速公路通行费：50%折扣	μ	0.552 9***	0.112 1	17.871 7***	3.622 4	0.486 9***	0.139 5	12.070 3***	3.457 2	0.389 4***	0.128 9	11.202 3***	3.707 6
	σ	0.408 2	0.280 8			0.108 4	0.294			0.138 8	0.394		
高速公路收费：免费	μ	0.835 1***	0.202	26.990 7***	6.528 9	1.162 0***	0.282	28.805 2***	6.991 5	0.966 8***	0.265 2	27.806 5***	7.627 2
	σ	0.033 5	0.203			0.233 2	0.221 6			0.176 4	0.174 9		
额外价格	μ	-0.309 1***	0.059 8			-0.403 4***	0.082			-0.347 6***	0.080 3		
对数似然值		-5 696.657 2				-4 132.390 3				-3 838.872 4			
麦克法登伪 R^2		0.066				0.130 9				0.097 5			
样本量		5 552				4 328				3 872			

续表

政策属性		一线城市				二线城市				三线城市			
		系数	标准差	WTP/千元	标准差	系数	标准差	WTP/千元	标准差	系数	标准差	WTP/千元	标准差
赋予电动汽车特权													
所有电动汽车不限行	μ	1.121 9***	0.184	16.181 0***	2.654 1	0.953 3***	0.234 9	14.805 5***	3.647 6	0.710 9***	0.182 9	12.646 6***	3.252 6
	σ	0.753 6 7***	0.199 5			0.576 6***	0.182 5			0.154 9	0.297 6		
所有电动汽车不限购	μ	1.425 7***	0.251 6	20.563 6***	3.629	1.212 8***	0.313 3	18.835 9***	4.865 3	0.916 7***	0.267 2	16.306 7***	4.752 2
	σ	0.201 1	0.184 7			0.251 6	0.198 9			0.162 7	0.197 3		
公交专用道向电动汽车开放	μ	0.523 5***	0.108 1	7.551 2***	1.558 5	0.520 2***	0.102 6	8.080 2***	1.592 6	0.456 7***	0.099	8.124 1***	1.760 5
	σ	0.151 6	0.262 5			0.168 3	0.175 4			0.087 5	0.235 3		
额外价格	μ	-0.693 3***	0.112			-0.643 9***	0.144 7			-0.562 2***	0.122 6		
对数似然值		-2 967.718 8				-2 219.215 3				-2 047.486 7			
麦克法登伪 R^2		0.026 9				0.066 5				0.037 3			
样本量		2 776				2 164				1 936			

***、**、*分别表示在 1%、5%、10%的水平上显著

表 5.6 显示，来自不同城市的受访者对各项电动汽车替代政策的支付意愿有所不同。一线城市的受访者对缩短充电时间和增加公共充电站密度的支付意愿最低。二线城市的受访者对增加公共充电站密度的支付意愿最高。在可以降低电动汽车使用成本的政策中，一线城市的受访者相较于二、三线城市的受访者愿意为停车、充电和高速公路通行费优惠 50%在购车时支付更多的费用。在特权政策方面，来自一线城市的受访者对交通不限行和电动汽车不限购的支付意愿最高。

基于以上结果，表 5.7 中分别给出了针对一线、二线和三线城市的替代政策的组合方案。我们假设的背景是在 2021 年通过替代方案将消费者对电动汽车的支付意愿填补到 2016 年的补贴最高水平 55 000 元。这些方案仅作为示例，旨在通过各地消费者对电动汽车替代政策不同的支付意愿填补购置补贴退坡所造成的影响。

表 5.7　不同城市的电动汽车激励政策情景

政策属性	情景 A： 一线城市	情景 B： 二线城市	情景 C： 三线及其他城市
充电时间			
充电站			
续航里程	增加 50 千米（27.47）	增加 50 千米（24.40）	增加 50 千米（20.57）
停车费用		免费停车（19.49）	
充电费用			
高速公路通行费			免费通行（27.81）
交通限行	不限行（16.18）	不限行（14.81）	
机动车限购	不限购（18.84）		
公交专用道			开放通行（8.12）
∑ 额外价格 / 千元	62.49	58.70	56.50

注：括号中为相应级别城市的消费者的支付意愿，单位为千元

表 5.7 中的一线、二线、三线城市不同的政策组合方案主要基于以下方面的考虑。第一，所选激励政策的支付意愿应该具有统计学意义，也就是说，回归系数至少在 10%水平内显著。类似于缩短充电时间这个在二线城市受访者答卷中在 10%水平上都不显著的政策就没有出现在二线城市政策方案中。第二，与电动汽车的充电时间和续航里程有关的政策应该是在全国范围内技术和行业标准的统一提升，属于国家政策，而不能是各区域不同的政策，所以如果选择这一类政策，实际上就是要在一线、二线、三线城市同时出台并实施同样力度的政策。第三，

截至 2017 年 12 月，车辆限购政策和车牌尾号限行政策仅在一线城市和部分二线城市实施，因此相应的电动汽车特权只能在一线和二线城市实施。第四，选择的激励政策应该尽量选择在该类城市中消费者支付意愿较高的政策，这样能够保证政策效益的最大化。例如，消费者对向电动汽车开放公交专用道这一政策的支付意愿排序是三线城市最高，一线城市最低，那么选择在三线城市赋予电动汽车公交专用道通行权显然政策效用更大。第五，考虑到施政成本问题，由于政府通常不需要为电动汽车特权类政策支付任何直接的经济成本，故而该类政策实施的经济成本最低，使其成为最经济可行的政策工具。政府可以引导社会资本投资来完成充电站的建设并推动充电技术的发展，因此提升续航里程、充电速度和增加充电站密度的政策实施成本也相对较低。降低电动汽车使用成本类的政策，如充电费用的优惠，应该只能由政府支付，所以实施成本可能较高。第六，消费者愿意支付的额外价格的累计值应该至少能够覆盖需要填补的补贴退坡额度，如表 5.7 中的政策组合都超过了 2016 年购买补贴上限 55 000 元。

当然，除了上述的六项原则之外，在实际的决策过程中，还必须考虑更多的实际因素，包括不同激励政策的成本效益分析，地方和省级政府财政情况、产业基础及基础设施状况。

5.7　本　章　小　结

本章一共设计了三大类共九项替代政策，基于效用最大化理论中的随机效用模型，结合替代政策和因为这些政策的出台消费者愿意在购车时额外支付的金额设计了一个消费者离散选择实验。我们于 2017 年 10 月通过搜狐汽车网站平台进行了全国范围内有针对性的调查问卷线上投放，得到 1 719 份有效问卷作为本章的数据样本。在计算过程中使用了多项 Logit 模型和混合 Logit 模型估算了消费者对各项替代政策的支付意愿，并使用混合 Logit 模型分析了不同人群的异质性对激励政策的偏好，并给出了一线、二线、三线城市政策组合方案示例和政策设计原则。

对于本章设计的各种替代激励政策，消费者愿意因为这些政策的出台在购买电动汽车时多支付 6 833~29 540 元，即中国市场主流的电动汽车价格的 5%~23%。根据消费者对这些替代政策的支付意愿，可以发现通过出台其中的两个或三个激励政策能够填补 2016 年以来电动汽车补贴退坡造成的空当。

全面取消对电动汽车的限购和限行是在一线、二线城市替代补贴的首选激励措施。因为在支付意愿较高的同时，这些政策本身的实施成本较低。一线城市的消费者对增加充电站和开放公交专用道的支付意愿相对较低。二线城市的受访者愿意为增加充电站分布密度支付更高的价格。对于未来几年市场潜力最大的二线城市来说，增加公共充电站的密度是一个合适的选择。

传统的燃油汽车车主对电动汽车的担忧主要集中于充电时间长和充电基础设施不足，这与纯电动汽车车主是一致的。不过，电动汽车车主更渴望进一步降低电动汽车的使用成本。纯电动汽车车主愿意在购车时付出更多的金额来换取几乎所有的第一大类替代政策及降低充电费用的激励政策。插电式混合动力汽车车主仅在缩短充电时间方面与纯电动汽车车主保持一致。此外，他们还对纯电动汽车车主并不太感兴趣的公共停车场停车费用、高速公路通行费的优惠及交通不限行和开放公交专用道政策有明显偏好。

消费者对电动汽车的环境效益的看法会极大地影响他们对替代激励政策的态度和支付意愿。但是，消费者对电动汽车的了解和关注程度只会影响他们对提升与电动汽车续航里程和充电有关的属性的支付意愿。

本章关注的是量化消费者对各种电动汽车替代激励政策的支付意愿，未分析特定地区特定的替代政策组合，因为实施激励政策的成本在各地区不同、电动汽车的制造成本随着时间下降的幅度不明确、消费者对电动汽车本身的支付意愿难以量化。因此，如果想要精确地进行地区性政策量化设计，还需要后续研究。

【车网融合篇】

第6章 碳中和愿景下车网融合的理论基础

随着电动汽车产业的成功引入与逐渐成长,如何满足未来电动汽车大规模用电需求,以及如何应对无序的随机性充电对电力系统的冲击,已经成为全球各国和社会各界考虑的新问题。避开用电高峰时段,将可调度的用电需求转移到夜间等用电低谷时段是电力系统传统的调峰手段。电动汽车的充电时间恰好符合可调度性,因此调整充电时间配合电网负荷峰谷时段的"有序充电"模式是最早被提出的解决方案。在美国、欧盟、英国、日本、加拿大等都提出在 2050~2060 年实现碳中和目标的背景下,电动汽车需要以更加主动的方式推动交通部门与能源部门的深度减排与融合(王震坡等,2020),需要进一步地提升自身的低碳价值协同电力系统进行削峰填谷,以及降低消纳高比例可再生能源发电的经济成本。因此,以 V2G 模式为主的利用电动汽车动力电池为电网提供储能空间的方案越来越引起各国的重视。有序充电和 V2G 两种模式都属于将电动汽车与电网有机融合的发展方案,也被称为车网融合。

6.1 推行车网融合的背景与意义

6.1.1 车网融合模式的发展背景

在习近平主席提出的"四个革命、一个合作"能源安全新战略指引下,我国能源体系正在经历以绿色低碳为导向的深刻转型(章建华,2019)。以推广电动汽车替代燃油汽车为代表的能源利用方式转型在需求侧拉动能源消费的电气化,截至 2020 年底,我国电动汽车保有量达到 492 万辆,占全国汽车总量的

1.75%，产、销量和保有量均居世界首位；以风力和光伏发电为代表的可再生能源发电替代化石能源发电，从能源供给侧推动了我国能源生产方式的低碳化（徐斌等，2019；潘晨等，2022），截至 2020 年底，我国风力和光伏发电装机容量分别达到 2.81 亿千瓦和 2.53 亿千瓦，居世界首位。在推进碳达峰、碳中和的背景下，我国必然要继续增加可再生能源发电比例并进一步推广电动汽车替代燃油汽车以增加非化石能源的生产与利用（国家能源局，2020；何建坤，2020）。

然而，在低碳能源产业发展到一定规模以后，当前既有的能源系统很难适应低碳能源生产和利用方式的大范围推广应用。未来以电力为核心的能源系统如何消纳供给侧高比例、波动的可再生能源发电，同时满足需求侧大规模不确定的电动汽车充电需求，这一结构性矛盾的解决成为能源系统低碳转型的关键（涂强等，2020；张增凯等，2021）。能源需求侧大力推广的电动汽车作为我国保障国家能源安全和治理城市空气污染问题的重要手段，由于地域分布上与我国电网负荷热点区域高度重合，并且充电时间和空间在季节和地理因素的影响下具有不确定性（Zhao et al.，2021），无序充电可能会在局部区域内直接影响到电力负荷波动幅度，大规模推广带来的负荷冲击必然会增加电力系统运行成本（Muratori，2018）。能源供给侧的风力和光伏发电技术都具有供给不稳定、能量密度低、难以精准预测等固有特点，会对电网的供给侧调度能力带来很大压力，同时需要搭配传统能源的调峰机组或者新建储能电站来平抑不稳定的电力供应（Yao et al.，2022b），因此可再生能源发电规模的进一步扩大受到牵制（张兴平等，2016；韩秀云，2012）。可见，新兴低碳能源的生产和利用方式从供给和需求两侧对未来能源体系的核心——电力系统的稳定运行提出了双重挑战。其本质是能源生产与利用方式在时间层面的不匹配，是变革的能源供需方式与既有能源系统供需方式的不匹配，是能源体系运转所追求的系统稳定性与能源系统低碳转型带来的波动性增加之间的不匹配，其根源是既有的能源体系难以满足低碳转型带来的结构性变革。

以上挑战的出现表明我国能源系统的低碳转型已步入深水区，不能再单纯追求低碳能源生产技术的产能提高和能源利用技术的推广规模，需要同时注重低碳能源生产和利用两端的结构性匹配以实现对传统能源技术的有效替代，避免供应侧低碳电力产能无法消纳而需求侧电动汽车用能需求难以满足的矛盾出现。因此，实现能源低碳化目标需要系统性的解决方案，包括技术、投资和管理。

6.1.2　研究推进车网融合的意义

从技术层面看，车网融合方案是一条重要的转型路径。车网融合是指电动汽车与电网之间的关系从原本分离的、用电与供电的关系转化融合为互利共生的关系。车网融合从技术上利用的是电动汽车充电时间可调度和电池储能容量大的特点，在满足电动汽车用能需求的同时配合电力系统运行，具体可分为单向 V2G 与双向 V2G 模式（Zheng et al., 2019）。单向 V2G 又称为有序充电，是通过引导电动汽车配合电网运行规律进行有序充电，减少波峰时段用能，提高波谷时段的电源利用率，缓解随机性充电需求对电网的冲击。双向 V2G 则利用电动汽车动力电池作为电力系统分散的巨量储能单位，吸收存储可再生能源电力、降低电力供给的波动性，同时缓解自身用电需求对电网造成过大的负荷冲击，提升电力系统柔性，且具有降低电力系统运行成本的潜力（Kaufmann et al., 2021; Bogdanov et al., 2019）。因而一旦实现车网融合的理想模式，可以在很大程度上解决可再生能源发电波动、电动汽车充电需求的随机性问题，化解能源系统低碳转型中的供需匹配结构性矛盾，将双重挑战转化为扩大低碳能源技术利用价值、深化能源系统低碳转型的历史机遇。

当前从管理科学层面对车网融合的研究一方面集中于如何利用政策工具引导电动汽车参与单向或者双向 V2G，如价格机制引导（杨景旭和张勇军，2020；黄守军等，2019）和促进充电基础设施建设运营（张奇等，2019；Ji and Huang, 2018）；另一方面集中于研究推广 V2G 的效果及实施方案，如从电力系统运行（Muratori et al., 2019; Zhang et al., 2014）、促进可再生能源利用（Alghoul et al., 2018）和碳减排（Das et al., 2020）等单个角度进行分析并给出政策建议。但从能源系统低碳转型的层面看，车网融合的实现很大程度上取决于对低碳能源产业发展方向和电动汽车充电行为的管理，需要从政策层面对能源系统低碳转型的方向进行系统性的引导（陈清泰，2021）。即在分析我国电动汽车、可再生能源规划和电力系统实际状况的前提下，在充分考虑政策稳定性和延续性的基础上，研究如何通过机制革新将电动汽车的推广与利用融入能源系统低碳转型的进程，而不是简单地推进电动汽车与可再生能源产业各自的规模增长。这一类的研究尚少，而本书将此作为研究重点。

我国当前对于包括电动汽车和可再生能源发电在内的低碳能源技术的政策方向主要集中于进一步扩大产业规模和提升技术研发水平（Wu et al., 2020），延续了在引入低碳能源技术初期对于规模和产量的追求，对于如何消纳日益增长的可再生能源发电产能和从时间上管理电动汽车充电需求关注较少，这正是出现供需匹配结构性矛盾的原因。能源系统低碳转型是涉及政府和社会多部门协同的系统工程，需要政府采用科学的机制设计和产业政策的必要干预才能顺利推进（段宏波和汪寿阳，2019；肖伯文和范英，2022）。随着低碳能源技术实现了大范围推广与应用，管理政策的重心需要从提升产量转移到革新既有能源系统的运行模式以匹配低碳能源生产和利用，将低碳能源技术系统性地融入能源体系。推进车网融合发展需要从政策机制的转变开始，有针对性地制定政策措施引导电动汽车与可再生能源产业融合、管理电动汽车充放电行为配合电力系统运行，系统性地深化能源系统低碳转型。

6.2　车网融合模式的理论基础

一直以来，发展电动汽车作为我国战略性新兴产业在能源系统低碳转型中主要肩负着以下三大使命：①治理空气污染，将污染从难以处理的移动源（汽车）分散排放改为利于处理的固定源（火力发电厂）集中排放，利于通过发电厂超低排放技术进行处理（Tang Y et al.，2019）；②减少了石油消费和进口依赖，保障我国能源安全；③随着电力结构中可再生能源发电比例的增加，交通部门碳排放降低。可见，电动汽车在能源系统低碳转型中发挥作用依赖于对燃油汽车的替代和电力生产的低碳化。

车网融合是在电动汽车治理空气污染、保障能源安全和交通部门碳减排的三大使命之外增加了协同消纳可再生能源发电的全新历史使命（周济，2022）。电动汽车将从交通工具和能源系统用电负荷转变为未来电力系统中的柔性要素，实现了与能源系统的融合、提升了电动汽车在能源系统低碳转型中的地位与贡献，已被作为未来碳减排路径中的重要一环（Brown et al.，2021；Davis et al.，2018；Wolinetz et al.，2018）。

6.2.1　电动汽车是电力系统的优质负荷

电动汽车可以通过单向 V2G 缓解大规模充电需求对电网造成的负荷冲击，使其成为优质可调负荷，即根据电网负荷峰谷波动情况协调引导电动汽车尽量多在波谷时段充电，从而避免增加波峰时段负荷，并利用电网在波谷时段浪费的大量电能（Milovanoff et al.，2020；Zhang et al.，2014）。另外，电动汽车还可以通过双向 V2G 的方式成为电网的优质可调负荷，即根据电网负荷波动在波谷时段储电、波峰时段向电网反向供电参与负荷调度和调峰（Guille and Gross，2009）。最后，电动汽车退役电池也可以回收利用建立储能电站，与电网形成柔性互动（Harper et al.，2019；Zheng et al.，2019），如图 6.1 所示。双向 V2G 模式要求电力系统和充放电基础设施在当前的技术和硬件方面全面升级（Isik et al.，2021），而单向 V2G 和退役电池储能电站所需的基础设施和技术条件相对简单，具备在近期试点并推广的基本条件（Alsharif et al.，2021；刘坚等，2021）。

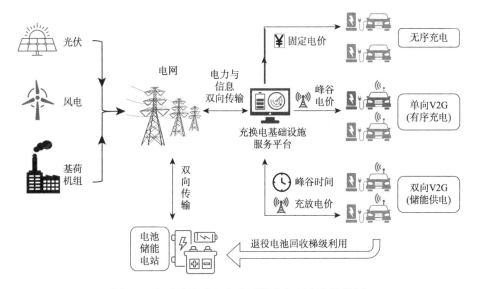

图 6.1　电动汽车融入电力系统的机理和电价机制

6.2.2　电动汽车与可再生能源互利共生

可再生能源的波动性与间歇性是电力系统难以进行大比例利用的主要原因，而大规模推广的电动汽车可以协同电力系统吸纳波动的可再生能源发电助力能源系统低碳转型（Ma et al.，2017）。如图 6.2 所示，电动汽车与可再生能源发电具有良好的互利共生和协同发展基础。首先，二者的发展目标高度重合。除了在清洁化、低碳化转型与保障能源安全等方面目的一致，可再生能源发电和电动汽车在产业升级方面也是目标高度重合（习近平，2020）。其次，二者发展的支撑条件十分相近。风力和光伏发电是电动汽车能够实现清洁、低碳替代燃油汽车的根本基础（Crabtree，2019；Du et al.，2021）。电动汽车充电时间的可调度性和动力电池的储能空间更是可以减少消纳可再生能源发电所需的储能电站建设规模（Milovanoff et al.，2020）。最后，二者优势劣势共生互补。可再生能源发电可以为电动汽车提供低成本电力，而电动汽车可以吸收平抑电网负荷波动，提升电网接纳波动电力供给的能力（Zhu et al.，2018）。

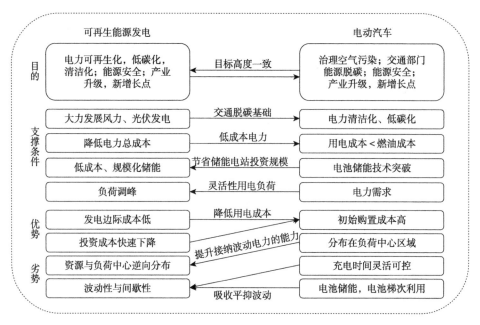

图 6.2　可再生能源发电与电动汽车的互利共生关系

6.3　车网融合模式的研究现状

6.3.1　电动汽车与电力系统的关系研究

电动汽车用能需求具有时间随机性、空间分散性、需求逐年增加和未来总量巨大等特征，对于电力系统运行所追求的计划性、平稳性、可靠性和供需实时平衡等目标都有负面冲击（张兴平等，2016；陈丽丹等，2018；姚颖蓓等，2021）。但是，一方面，推广电动汽车替代燃油汽车是我国保障能源安全、推进能源系统低碳转型和建设生态文明的既定路线（苏利阳等，2013；章建华，2019；张希良等，2021；黄维和等，2021）；另一方面，电动汽车是党的十九届五中全会鼓励发展的战略性新兴产业，是在一系列政策鼓励下拉动经济发展的新增长点（张雪峰等，2020；周燕和潘遥，2019；Ma et al.，2017；程永伟和穆东，2018）。所以，厘清电动汽车与电力系统的关联关系是推动车网融合发展的基础。

电动汽车的充电需求与电力系统的关系可以分为无序充电模式、有序充电模式和 V2G 模式（Zheng et al.，2019）。无序充电模式就是指电动汽车只是作为电网的一种刚性用电负荷，与电网的连接只是为了充电而且充电时间与功率只从电动汽车的需求考虑。无序充电模式下电动汽车的充电需求无疑会给电网带来新的压力，特别是在快充模式下在特定的位置和时段会给现存的电网在局部带来巨大压力（Moon et al., 2018），从而给电网运行带来额外的经济成本，而这种成本的增加最终会传导到消费者的用电成本（Zhang et al., 2014）。

通过技术手段和管理政策可以将无序充电模式转换为有序充电模式和 V2G模式（葛少云等，2014；项顶等，2015）。V2G 模式是通过技术升级让电动汽车在波谷时段充电、波峰时段放电实现削峰填谷，强调的是电动汽车作为电力系统的柔性可调负荷和储能单元（黄守军等，2016；Guille and Gross，2019）。但V2G 依赖于电网和电动汽车在电气和通信硬件上的全面升级，在当前技术水平下暂时无法实现经济性运行（张凡勇等，2018）。在不对电力设施实施大规模改造的前提下，我们可以通过需求侧管理实现有序充电，即通过划分电网的波峰波谷时段，引导电动汽车在波谷时段充电实现削峰填谷（陈明强等，2020；闫志杰等，2018；Finn et al., 2012），从而避免出现大规模充电需求对电网造成的负荷冲击。相对于 V2G，有序充电模式引导电动汽车成为单向柔性负荷、尽量在波谷时段充电是在短期内更具有可行性的方案（李含玉等，2019；Jian et al., 2017）。

除了电动汽车的动力电池以外，退役的电池仍然可以回收后梯级利用建成储能电站作为电力系统储能设施的补充（Tang L et al., 2019）。退役电池虽然充放电功率和容量相比于新电池都有明显下降，但占额定容量80%的储能空间仍可以作为储能电站电源继续使用 6 年左右（Bai et al., 2019；Tong et al., 2017）。因此，电动汽车在使用中和退役后都可以成为电网的优质柔性负荷，具有协助电力系统消纳波动的可再生能源发电的良好基础。

6.3.2　电动汽车对消纳可再生能源的影响

可再生能源发电是电力系统低碳转型的根本途径（Duan et al., 2021；Brown et al., 2021），可再生能源发电比例的快速增长是实现能源系统低碳转型的必然趋势。风力和光伏发电是近年来兴起的最主要可再生能源发电技术，随着技术进步其装机成本不断下降（IRENA，2020；蔡强等，2022）。但由于风力发电与光伏发电都与天气情况密切相关（Wang et al., 2021；Tu et al., 2021），不确定性与波动性等固有属性使得利用可再生能源需要电力系统配备以燃气发电为主的快速调峰机组和昂贵的储能系统（Linn and Shih，2019；Li et al., 2020）。风力与光伏发电装机容量的快速上升会给电力系统造成大比例成本上升

（Yao et al., 2020a），甚至出现了弃风弃光等令人惋惜的现象（Zhou et al., 2018）。中国风力发电和光伏发电装机容量截至 2021 年底居全球首位，分别达到 3.3 亿千瓦和 3.1 亿千瓦。如何消纳如此大量的可再生能源发电推动电力系统低碳化是中国及各个致力于能源系统低碳转型国家的电力系统需要考虑的问题（Boza and Evgeniou, 2021）。

消纳低碳电力系统中的可再生能源发电需要关注其固有属性特征，包括不稳定性、能量密度低、难以精准预测等（韩秀云，2012；梁吉等，2019），高比例的可再生能源电力并网需要电力系统提高储能空间和负荷的可调度性（徐斌等，2019；杜祥琬，2020）。电动汽车作为新兴的居民部门用电单位，相比于照明、取暖和制冷等常规民用负荷，灵活可调度的充电需求可以通过机制设计从无序随机的时段集中引导到负荷波谷时段，为电力系统提供吸收平抑可再生能源波动所需的灵活性用电负荷（Ma et al., 2022a）。未来电动汽车的动力电池和退役电池所能提供的储能空间更是可以缩小为消纳可再生能源发电所需的储能电站建设规模，大大降低电力系统消纳可再生能源的总成本（Yao et al., 2022a）。同时，因为电动汽车区域分布与能源需求负荷中心区域高度重合，在 V2G 情景中能够作为储能单位增加电力需求侧负荷中心接纳波动的可再生电力输入的能力（Levinson and West, 2018）。

但电动汽车的大规模应用会不断增加电力系统昼夜峰谷差，这将进一步提高消纳可再生能源的难度和成本（Impram et al., 2020）。变大的峰谷差一方面会增加电力系统的总装机容量即电力生产建设投资，另一方面会增加夜间负荷波谷时段大量机组产出的电能浪费（Bachner et al., 2019），而夜间正是风力发电的高峰时段（Li et al., 2020）。因此，从电力需求侧推进用户削峰填谷并增加储能容量是帮助电力系统消纳可再生能源的重要手段（Zou et al., 2017），诸如在充电设施部署光伏发电或储能电池（Alghoul et al., 2018；Muratori et al., 2019），或者将电动汽车纳入风光储能一体化系统中，都已被论证具有一定的经济效益和碳减排效果（罗继东等，2022）。

6.4　本　章　小　结

在碳中和愿景与能源系统全面低碳转型的导向下，我国在以电动汽车和可再生能源两大国家战略性新兴产业为代表的低碳能源产业规模上都实现了领先世界的快速增长。但能源需求侧大规模电动汽车充电需求的随机性和供给侧高比例可再生能源发电的波动性给承载能源传输的电力系统安全稳定运行造成了双重挑战。

　　本章从理论角度介绍了在能源系统低碳转型与碳中和愿景的背景下，交通部门与能源部门融合发展的必要性。通过车网融合模式，电动汽车将从电力系统单纯的用电负荷单位变成可参与被动调峰（有序充电）和主动调峰（V2G）的优质负荷，从而协同电网削峰填谷，降低电力生产与调度成本。从电动汽车与可再生能源发电两大产业的发展目的、支撑条件与优劣势分析中可以发现，二者属于目标统一、发展条件相同、优劣势互补的互利共生关系。只需要通过科学地引导电动汽车消费者主动配合电力系统运行与调度情况，调整电动汽车的充放电方式，就具有降低电力系统消纳高比例可再生能源发电成本的潜力。然而上述经济潜力的规模决定了我们值得以何种方式与力度去推进车网融合发展模式的落实，这将是下一章的主要研究内容。

第7章 我国车网融合发展的技术经济潜力

V2G 的广泛推广需要投入包括政策引导、基础建设和科技研发在内的经济成本。当前电池储能和可再生能源发电成本仍然较高，在技术进一步突破瓶颈之前可能无法实现成本有效（Duan et al., 2018）。因此，各国需要根据自身情况和实施后的收益规划未来推广 V2G 的进度和政策推广力度，科学测算电动汽车在不同的电力系统中、在不同的车网融合模式下可以带来的技术经济潜力成为当务之急。电动汽车通过有序充电（亦称"单向 V2G"）和 V2G 模式（亦称"双向 V2G"）可以降低电力系统运行成本的经济价值，以及提升交通、电力部门碳排放的潜力，其作用原理是通过动力电池谷时储能、峰时释放以替代电力系统中的调峰机组出力。因此，其经济和气候价值取决于以下两个方面：①电动汽车可以通过有序充电和电池储能供电在多大程度上平抑电力负荷波动从而替代传统能源调峰机组的作用；②V2G 可以在多大程度上提升电力系统消纳可再生能源发电波动性的能力，从而降低电力系统碳排放实现电力系统低碳化转型。

7.1 构建电力调度与产能扩张模型

7.1.1 模型构建

为了明确推行电动汽车单向 V2G 和双向 V2G 模式在我国以煤电为主并正在向以可再生能源发电为主转型的电力系统中能够发挥的实际作用，本书构建了一个多区域电力调度与产能扩张模型，从成本最小化的视角优化发电、输电设施的产能决策，同时模拟不同区域间的电力生产、传输过程。该优化模型的目标函数是规划期内电力部门的总成本。约束条件包含电力装机、电力生产、电力传输等方面。电力调度过程从小时尺度进行刻画，需要满足各地区各时点小时尺度的外生电力需求。实行单向 V2G 会改变电力负荷曲线（电力需求曲线）的形式，实行双向 V2G 相当于在单向 V2G 的基础上为电力系统增加了额外的储能机组设施。这两种 V2G 情景均在电力调度与产能扩张优化中发挥重要作用。模型的构架如图 7.1 所示。

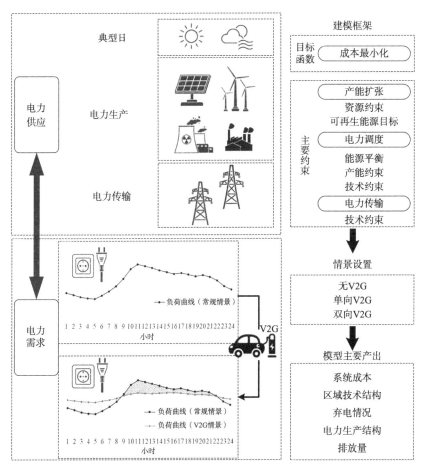

图 7.1　模型的构架

产能扩张模块主要针对电力系统投资决策，包括发电设施和输电设施的新增容量投资。未来各期的可用机组规模由当前机组在目标时点的存续容量和新增容量共同决定。

$$C\_\text{total}_{i,r} = C\_\text{exi}_{i,r} + C\_\text{build}_{i,r} \tag{7.1}$$

其中，$C\_\text{total}_{i,r}$ 表示技术 i 在区域 r 的装机规模；$C\_\text{exi}_{i,r}$ 表示到目标时点，现有装机容量中，技术 i 在区域 r 的存续规模；$C\_\text{build}_{i,r}$ 表示技术 i 在区域 r 的新增装机规模。

$$C\_build_{i,r} \leqslant C\_build\_max_{i,r} \qquad (7.2)$$

其中，$C\_build\_max_{i,r}$ 表示在模型的规划期内，技术 i 在区域 r 的新增装机容量上限。

$$C\_total_{i,r} \leqslant C\_total\_max_{i,r} \qquad (7.3)$$

其中，$C\_total\_max_{i,r}$ 表示技术 i 在区域 r 的总装机容量上限，通常考虑为资源潜力约束。

$$\sum_r C\_total_{i,r} \geqslant C\_target_i \qquad (7.4)$$

其中，C_target_i 表示对于技术 i 的装机容量目标。

电力调度模块主要描述小时尺度的区域间电力生产与传输过程，电力供应与需求需要满足实时平衡。

$$\sum_i ge_{j,k,r,i,t} + \sum_{r'} tr_{j,k,r,r',i,t} \times (1 - loss_{r,r'}) - \sum_{r'} tr_{j,k,r',r,i,t} - \sum_{sto} char_{j,k,r,sto,t} = Load_{j,r,t}$$

$$(7.5)$$

其中，$ge_{j,k,r,i,t}$ 表示技术 i 在时间 t、典型日 j、天气情景 k、区域 r 条件下的发电量；$tr_{j,k,r,r',i,t}$ 表示技术 i 在时间 t、典型日 j、天气情景 k 条件下，由区域 r 向区域 r' 传输的电量；$loss_{r,r'}$ 表示区域 r 与区域 r' 之间的电力传输损耗率；$char_{j,k,r,sto,t}$ 表示储能技术 sto 在时间 t、典型日 j、天气情景 k、区域 r 条件下的充电量；$Load_{j,r,t}$ 表示区域 r 在时间 t、典型日 j 下的总电力需求。

电力生产受到可用装机容量和产能因子的约束。

$$ge_{j,k,r,i,t} \leqslant C\_total_{i,r} \times CF_i \qquad (7.6)$$

其中，CF_i 表示技术 i 的容量因子。

参考 Jordehi（2018）和 Bukar 等（2019），风电和光伏的发电出力能力由风速、太阳辐射强度和温度决定。

$$CF_{wind} = \begin{cases} 0, & v \leqslant v_{in}^c \text{ or } v \geqslant v_{out}^c \\ \dfrac{v - v_{in}^c}{v_{rated}^c - v_{in}^c}, & v_{in}^c < v \leqslant v_{rated}^c \\ P_r, & \text{else} \end{cases} \qquad (7.7)$$

$$CF_{solar} = \frac{G}{G_{STC}} \times \left[1 + \alpha \left(T_{amb} + a_1 \times G - T_{STC}\right)\right] \qquad (7.8)$$

其中，v 表示风速；v_{in}^c、v_{out}^c 和 v_{rated}^c 分别表示切入风速、切出风速和额定风速；P_r 表示额定功率；G 表示光照强度；G_{STC} 表示标准情况下的光照强度；α 表示温度系数；T_{amb} 表示环境温度；a_1 表示辐射系数；T_{STC} 表示光伏组件的标准测试条件温度。

对于可调度的电源而言，t 时刻的电力生产量由 $t-1$ 时刻的机组状态和 t 时刻的启停、爬坡决策决定。机组增加或减少的出力能力由爬坡速率约束。

$$\mathrm{ge}_{j,k,r,i,t-1} + \mathrm{st}_{j,k,r,i,t} - \mathrm{sd}_{j,k,r,i,t} = \mathrm{ge}_{j,k,r,i,t} \tag{7.9}$$

$$\mathrm{st}_{j,k,r,i,t} \leqslant C\_\mathrm{total}_{i,r} \times \mathrm{ramp}_i \tag{7.10}$$

$$\mathrm{sd}_{j,k,r,i,t} \leqslant C\_\mathrm{total}_{i,r} \times \mathrm{ramp}_i \tag{7.11}$$

其中，$\mathrm{st}_{j,k,r,i,t}$ 表示技术 i 在时间 t、典型日 j、天气情景 k、区域 r 条件下的向上爬坡规模；$\mathrm{sd}_{j,k,r,i,t}$ 表示技术 i 在时间 t、典型日 j、天气情景 k、区域 r 条件下的向下爬坡规模；ramp_i 为技术 i 的爬坡率。

对于储能技术而言，技术 i 在 t 时刻储存的电量由 $t-1$ 时刻的状态和 t 时刻的充放电决策共同决定。

$$\mathrm{char}_{j,k,r,\mathrm{sto},t} \times \mathrm{ef}_{\mathrm{sto}} - \mathrm{ge}_{j,k,r,\mathrm{sto},t} + \mathrm{stock}_{j,k,r,\mathrm{sto},t-1} = \mathrm{stock}_{j,k,r,\mathrm{sto},t} \tag{7.12}$$

其中，$\mathrm{ef}_{\mathrm{sto}}$ 表示在储能技术 sto 下，电力充放过程的效率；$\mathrm{stock}_{j,k,r,\mathrm{sto},t}$ 表示储能技术 sto 在时间 t、典型日 j、天气情景 k、区域 r 的蓄电量。

蓄电量将受到最大蓄电能力约束，即

$$\mathrm{stock}_{j,k,r,\mathrm{sto},t} \leqslant C\_\mathrm{total}_{i,r} \times \mathrm{SF}_{\mathrm{sto}} \tag{7.13}$$

其中，$\mathrm{SF}_{\mathrm{sto}}$ 表示储能技术 sto 单位装机的最大蓄电容量。

电力传输模块主要刻画区域间的电力传输过程，其中跨区域输电容量建设是关键的决策变量。

$$C\_\mathrm{tr}\_\mathrm{total}_{r,r'} = C\_\mathrm{tr}_{r,r'} + C\_\mathrm{tr}\_\mathrm{build}_{r,r'} \tag{7.14}$$

$$\mathrm{tr}_{j,k,r,r',i,t} \leqslant C\_\mathrm{tr}\_\mathrm{total}_{r,r'} \tag{7.15}$$

其中，$C\_\mathrm{tr}\_\mathrm{total}_{r,r'}$ 表示区域 r 向区域 r' 的总传输容量；$C\_\mathrm{tr}_{r,r'}$ 表示区域 r 向区域 r' 的存续输电设施的传输容量；$C\_\mathrm{tr}\_\mathrm{build}_{r,r'}$ 表示规划期内区域 r 向区域 r' 的新增传输容量。

这一模型的目标是电力系统总成本的最小化，包括投资成本、运营成本、燃料成本和爬坡成本。

$$
\begin{aligned}
\min F = &\sum_{r,i} C\_\mathrm{build}_{i,r} \times \mathrm{incost}_i \times \frac{T}{\mathrm{life}_i} + \sum_{r,i} C\_\mathrm{total}_{i,r} \times \mathrm{OMcost}_i \times T \\
&+ \sum_{r,r'} C\_\mathrm{tr}\_\mathrm{build}_{r,r'} \times \mathrm{incost}\_\mathrm{tr}_{r,r'} \times \frac{T}{\mathrm{life}_i} + \sum_{r,r'} C\_\mathrm{tr}\_\mathrm{total}_{r,r'} \times \mathrm{OMcost}\_\mathrm{tr}_{r,r'} \times T \\
&+ \sum_{j,k,r,i,t} \mathrm{ge}_{j,k,r,i,t} \times \mathrm{fuelcost}_{r,i} \times T \times W_k^{\mathrm{weather}} \times W_j^{\mathrm{day}} \\
&+ \sum_{j,k,r,i,t} \mathrm{st}_{j,k,r,i,t} \times \mathrm{rampcost}_i \times T \times W_k^{\mathrm{weather}} \times W_j^{\mathrm{day}}
\end{aligned}
\tag{7.16}
$$

其中，$incost_i$ 表示技术 i 的单位投资成本；T 表示该优化模型对应的时间周期；$life_i$ 表示技术 i 的寿命期；$OMcost_i$ 表示技术 i 的单位运营维护成本；$incost\_tr_{r,r'}$ 表示区域 r 与区域 r' 之间输电设施的单位投资成本；$OMcost\_tr_{r,r'}$ 表示区域 r 与区域 r' 之间输电设施的单位运营维护成本；$fuelcost_{r,i}$ 表示技术 i 在区域 r 的单位燃料成本；$W_k^{weather}$ 和 W_j^{day} 分别表示天气情景 k 和典型日 j 的权重系数；$rampcost_i$ 表示技术 i 的单位爬坡成本。

该模型是一个大规模线性规划模型，在本章的条件设定下，模型内超过 6 万个待优化变量和超过 9 万条约束方程。利用这一模型，可以得到最优的产能扩张、电力生产、电力传输决策。引入成本参数和排放系数后，可以得出电力系统的成本和排放结果。此外，通过比较风电和光伏技术的最大发电能力和实际上网电量，还可以进一步计算出弃风弃光率等指标。

7.1.2　条件设定

为了尽可能真实有效地模拟真实的电力系统运行场景，本章模型所采用的输入变量与中国当前电力系统的实际情况一致。模型中模拟的 2018 年电力结构与实际值非常接近，具体参数设置如下。

我们以 2030 年风电和太阳能装机容量之和达到 12 亿千瓦的中国电力系统为例进行建模研究。在本案例研究中，基准年为 2017 年，规划期为 2017~2030 年，装机组合数据来自中国电力企业联合会。我们将中国电力系统按照实际运行特征分为 10 个区域，如表 7.1 所示。模型选取了夏季和冬季两个典型日[①]，并根据总用电量校准其权重。未来用电量将与国网能源研究院有限公司发布的《中国能源电力发展展望 2020》一致。根据中国汽车工程学会牵头编制并于 2020 年 10 月发布的《节能与新能源汽车技术路线图 2.0》，模型估算电动汽车区域保有量和电动汽车电池降解成本，其中电池每次充放电降解成本计为 0.13 元/（千瓦·时）。模型从区域电力负荷的峰谷差出发，以平抑负荷曲线为目标，计算有序充电模式下电动汽车的最优充电行为。

表 7.1　全国电力系统 10 个区域划分

序号	区域	区域内省级行政区及地区电网
1	东北电网	黑龙江、辽宁、吉林、蒙东电网
2	华北电网	北京、天津、河北、山东

---

① 典型日的区域负荷曲线来自国家发展和改革委员会 2020 年 11 月 25 日发布的各省级电网典型电力负荷曲线。

续表

序号	区域	区域内省级行政区及地区电网
3	晋蒙西电网	山西、蒙西电网
4	西北电网	甘肃、青海、宁夏、陕西
5	西部电网	新疆、西藏
6	华东电网	浙江、上海、江苏、福建、安徽
7	华中电网	湖北、湖南、江西、重庆、河南
8	四川电网	四川
9	华南电网	广西、云南、贵州、海南
10	广东电网	广东

注：由于数据原因，本案例研究暂不包含港澳台

在本章中，电动汽车电池的放电上限设为最大存储功率的 80%，也就是说，电动汽车电池在任何时候都至少保持 20% 的能量存储供日常行车使用。2000 年 1 月 1 日 1：00 至 2016 年 12 月 31 日 23：00 的区域风速、太阳辐照和温度由 Gelaro 等（2017）、Staffell 和 Pfenninger（2016）获得。我们采用 K-means 方法对每小时的气象资料进行聚类，并获得其权重。模型中考虑了 11 种发电技术（表 7.2 为基期内各区域的电力结构）和超高压、特高压输电两种输电技术。发电量参数参考 Yao 等（2020a）、Yi 等（2016），见表 7.3。电力传输的参数参考了 Yi 等（2016，2022）、Xu 等（2020a）的研究，用于计算燃料成本的各区域煤价数据获取自内蒙古煤炭交易中心，各区域的可再生能源发电技术潜力数据参考自国家发展和改革委员会能源研究所可再生能源发展中心编制的《可再生能源数据手册 2019》。

表 7.2　基期内各区域的电力结构　　　　单位：吉瓦

发电技术	东北	华北	晋蒙西	西北	西部	华东	华中	四川	华南	广东
超超临界燃煤发电	2.0	10.2	0	2.0	2.2	56.1	15.2	0	4.1	12.8
超临界燃煤发电	61.7	85.0	97.1	65.4	35.2	142.2	107.6	11.6	54.0	36.8
亚临界燃煤发电	25.2	56.8	22.9	11.7	13.8	13.9	15.1	1.8	8.2	10.7
燃气发电	0.2	12.6	3.3	0.8	0.8	35.5	4.4	1.3	1.1	15.7
核电	4.5	0	0	0	0	17.4	0	0	3.5	10.5
水力发电	8.1	3.9	3.3	24.3	8.6	30.4	69.9	77.1	101.8	14.9
风力发电	28.1	22.9	27.2	26.7	18.4	13.3	9.5	2.1	13.7	3.4
光伏发电	6.8	20.1	13.3	26.3	10.1	27.6	17.5	1.4	4.9	3.3

发电技术	东北	华北	晋蒙西	西北	西部	华东	华中	四川	华南	广东
生物质发电	1.6	3.2	0.6	0.2	0	5.0	2.2	0.4	2.2	1.1
抽水蓄能	1.5	3.1	2.4	0	0.1	10.1	5.0	0	0.2	6.4
电池储能	0	0	0	0	0	0	0	0	0	0.0

表 7.3　各发电技术的技术参数设置

发电技术	投资成本/（百万元/兆瓦）	运维成本/［百万元/（兆瓦）·年］	寿命/年	容量系数	爬坡成本/（元/兆瓦）	爬坡限制
超超临界燃煤发电	3.5	0.3	30	0.95	252	20%
超临界燃煤发电	3.9	0.3	30	0.95	189	20%
亚临界燃煤发电	4.9	0.3	30	0.95	126	20%
燃气发电	2.8	0.1	30	0.95	88	100%
核电	15.5	1.0	60	0.95	378	10%
水力发电	10.0	0	70	0.49		
风力发电	7.6	0.3	20			
光伏发电	4.1	0.1	20			
生物质发电	10.5	0.3	20	0.95		
抽水蓄能	13.0	0.5	60	0.95		
电池储能				1		

该模型采用通用代数建模系统（General Algebraic Modeling System，GAMS）软件平台中嵌入的 CPLEX 求解器求解。在本章案例中，系统中参与有序充电和 V2G 的电动汽车占保有量的比例设置为 0~100%，步长为 20%，其中 0 代表无序充电模式。电动汽车在无序充电模式场景下的充电负荷曲线来自作者研究团队 2020 年在全国开展的一项问卷调查，详见本书第 9 章研究内容。

7.2　车网融合对电力系统成本的影响

7.2.1　不同模式对电力总成本的影响

从模型仿真的结果看，单向和双向 V2G 会显著降低模型规划期内电力运行成本。随着参与 V2G 的电动汽车比例的增加，电力系统的总成本以凹形曲线形状降低，如图 7.2 所示。如果有 40% 的电动汽车在 2030 年参与单向 V2G，相比于无序充电情景，可以在整个模型规划期内降低电力系统成本约 3 000 亿元，占规划期内总成本的 1.02%。如果全部的电动汽车参与 V2G，则可以降低 2% 以上的电力系统总成本。

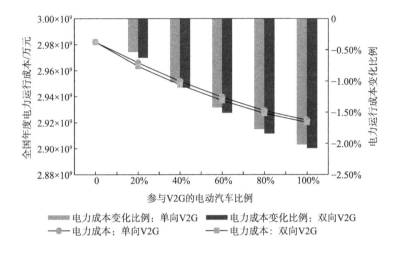

图 7.2　不同比例电动汽车参与 V2G 对电力系统运行成本的影响

　　相比于单向 V2G 情景，同等比例的电动汽车参与双向 V2G 对电力系统运行成本的降低效果只有有限的改善。例如，同样 40% 的电动汽车参与单向和双向 V2G，相比无序充电情景分别可以降低 1.02% 和 1.11% 的电力系统运行成本。也就是说，双向 V2G 相比于单向 V2G 在需要付出更大基础设施建设成本投资的前提下在 2030 年带来的额外收益有限。其原因在于根据模型测算，2030 年中国电力结构中煤电比例仍然较高，达到 42.7%，如表 7.4 所示。煤电的发电成本低，且相较于可再生能源具有很好的灵活性，因此在高比例煤电的电力系统中储能系统容量相对于单向 V2G 来说降低电力系统运行成本的额外收益有限。这与之前（Lin et al.，2016）关于储能的研究结果类似。另一个原因是，电池损耗的成本已经算进了 V2G 储能成本中，上面显示的是净收益。当前阶段推行双向 V2G 的意义有限。一方面，电池成本仍然较高；另一方面，在当前以高比例煤电为基荷、以燃气发电为调峰主力的电力结构背景下，峰谷价差有限。相关研究也指出，只有在高比例可再生能源发电的情形下，储能的收益才会体现出来（Schill and Zerrahn，2018）。

表 7.4　2018 年和 2030 年中国电力结构的对比

发电技术	2018 年		2030 年	
	装机容量/兆瓦	比例	装机容量/兆瓦	比例
燃煤发电	851 779	52.7%	1 352 005	42.7%
燃气发电	56 914.7	3.5%	99 223.03	3.1%
核能	35 810	2.2%	82 948.46	2.6%
水力发电	342 370	21.2%	389 640	12.3%
风力发电	154 760.5	9.6%	391 707.5	12.4%
太阳能	131 440	8.1%	808 292.5	25.5%
生物质发电	13 369.05	0.8%	13 369.05	0.4%
抽水蓄能	28 690	1.8%	28 690	0.9%

注：由于四舍五入，数据相加不等于 100%

7.2.2　不同模式对区域电网成本的影响

除了全国层面的成本测算，本书还对中国十个区域电力系统的 V2G 效果分别进行了模拟，得到不同比例的电动汽车单向和双向 V2G 对电力系统成本的影响，如图 7.3 所示。电动汽车参与度在 60% 的时候，单向 V2G 能够有效降低电力成本的地区按照效果从大到小依次是广东、华东、四川、华北和华中。西北、东北、华南和西部电网的电力总成本支出会因为 V2G 的实施而增加。在电动汽车参与度超过 60% 并继续增加时，华中电网成本会逐渐由负转正，晋蒙西地区几乎不受影响。双向 V2G 的效果与单向 V2G 基本类似。

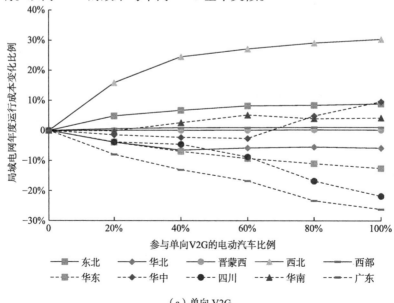

（a）单向 V2G

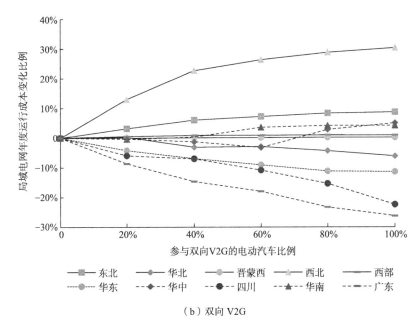

（b）双向 V2G

图 7.3　不同比例的电动汽车参与 V2G 对电力系统局域电网运行成本的影响

V2G 对各地电力系统出现不同影响的原因在于，相比于无序充电，单向和双向 V2G 对电力负荷曲线都有一定平抑效果，增加了电力系统整体的稳定性。因此，负荷高且生产成本高的地区可以从电力生产低成本的地区通过跨区域输电网络持续稳定地购入更多的电力，也就是图 7.3 中横轴下方的电力生产高成本地区（如广东）会减少本地发电，转而增加从横轴上方的低成本地区（如西北）购入电力，从而降低本地电力成本。同时，从全国层面看，总的电力运行成本也会相应降低。

因此，在不同的区域推广 V2G 的政策意义显然是不同的。在广东、华东、四川、华北这些电力生产成本高的地区推行电动汽车 V2G 的收益高于其他区域。恰好电动汽车保有量高的城市如北上广深一线城市和苏州、南京、成都等二线城市也分布于这些区域。优先在上述地区推广 V2G 不仅具备电动汽车保有量大的良好基础，也能够通过平抑电力系统负荷波动来增加系统柔性、降低电力系统成本。

7.2.3　不同模式对电力系统投资的影响

V2G 在降低日常运营成本的同时还可以通过削峰填谷的作用降低电力系统整体的发电装机容量。本书模型测算在 2030 年，单向和双向 V2G 对电力系统所需的新建电力装机容量均有显著的削减作用，如图 7.4 中的圆点线段所示。其中双向 V2G 因为其储能系统的作用，可以比单向 V2G 节省更多的装机容量。以 40%的电动汽车参与度为例，单向和双向 V2G 分别可以比无序充电情景下减少全国新增装机容量 27 吉瓦和 52 吉瓦。如果全部的电动汽车参与 V2G，则可以降低 4.4%以上的新建电力装机容量。

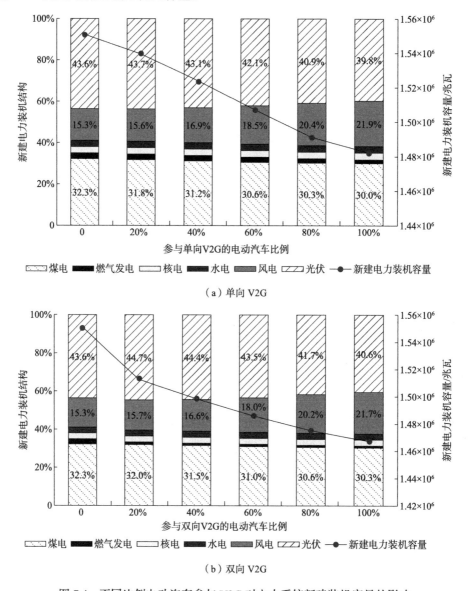

图 7.4　不同比例电动汽车参与 V2G 对电力系统新建装机容量的影响

模型仿真结果显示，新增的发电装机中光伏发电和燃煤发电机组的比例呈缩小趋势，而风力发电的比例可以相应提高，如图 7.4 所示。考虑到目前光伏发电的平准化度电成本高于风力发电，V2G 可以对电力装机部署决策产生影响。其主要原因在于在实施 V2G 之后，从时间尺度上，电力系统负荷曲线趋于平缓，更契合风力发电的出力特性。

另外，新增燃煤发电机组的比例降低则会减少电力系统碳排放，同时也显示出 V2G 对于电力系统灵活性的改善作用。但相较于单向 V2G，在双向 V2G 情景中的燃煤发电机组新增比例更高，同时燃气发电机组的比例有所降低。其原因在于双向 V2G 使用成本相对低廉的燃煤机组作为基荷机组配合 V2G 储能系统以增加电力系统储能提高了电力系统柔性，替代了部分具有快速调峰响应作用但装机成本高昂的燃气发电机组。

7.3　车网融合对碳排放和可再生能源发电的影响

7.3.1　车网融合对电力系统碳排放的影响

模型仿真结果显示，随着电动汽车参与 V2G 的比例增加，电力系统碳排放量不断下降，如图 7.5 所示。以 2030 年 40% 的电动汽车参与度为例，单向和双向 V2G 分别可以比无序充电情景下减少电力系统全年碳排放 3 920 万吨和 2 675 万吨。如果全部的电动汽车参与 V2G，则可以降低 2% 左右的电力系统碳排放。

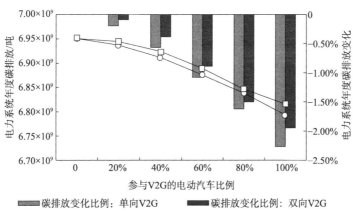

图 7.5　不同比例电动汽车参与 V2G 对电力系统年度碳排放的影响

但是，双向 V2G 情景中减少的电力系统碳排放略少于单向 V2G。其原因正如 7.2.3 节中所述，双向 V2G 情景中的新增燃煤发电机组容量比例略高于单向 V2G 情景，同时降低了排放较低但成本高昂的燃气发电装机。

7.3.2　不同模式对可再生能源发电的影响

模型仿真结果显示，单向和双向 V2G 都能够协助电力系统消纳可再生能源发电。如图 7.6 所示，在无序充电情景中，2030 年中国电力结构中风力和光伏发电占比之和为 14.4%。如果有 40% 的电动汽车参与单向或双向 V2G，风力和光伏发电占比可以分别提升至 14.8% 和 14.7%。同时，弃风弃光率则从 0.72% 下降至 0.55% 左右。其中，双向 V2G 因为增加了电力系统储能容量，在同等电动汽车参与度下比单向 V2G 可以进一步降低弃风弃光率，如表 7.5 所示。

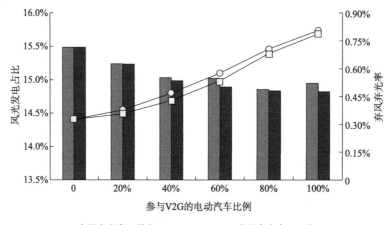

图 7.6　不同比例电动汽车参与 V2G 对电力系统风光发电利用率的影响

表 7.5　不同比例的 V2G 情景下的太阳能和风能装机容量和发电量

参与度	单向 V2G				双向 V2G			
	风电装机量/吉瓦	风电发电量/[（吉瓦·时)/年）]	光伏装机量/吉瓦	光伏发电量/（[（吉瓦·时)/年）]	风电装机量/吉瓦	风电发电量/[（吉瓦·时)/年）]	光伏装机量/吉瓦	光伏发电量/[（吉瓦·时)/年）]
0	392	836 369	808	831 387	392	836 369	808	831 387
20%	395	844 834	805	839 206	393	840 153	807	837 127
40%	412	880 888	788	832 296	403	861 931	797	839 285
60%	433	925 347	767	822 788	422	902 223	778	833 393
80%	459	979 200	741	810 556	453	967 830	747	815 162
100%	479	1 019 537	721	802 440	473	1 008 655	727	808 379

随着电动汽车 V2G 参与度的增加，区域电力负荷曲线逐渐转向更为平坦的形式，相比光伏而言，在更为平坦的负荷曲线形式下，风电出力曲线与其（指代负荷曲线）在时间尺度上的一致性更高，因此随着 V2G 参与度的增加，开始有小部分的风电取代了光伏的份额。通过横向对比发现（双向 V2G 与单向 V2G 对比），由于储能技术可以实现能量时移，并且对于光伏发电出力曲线与电力负荷曲线的不一致性有了一定的改善，从而使得光伏发电又取得了一定的成本优势，光伏的总装机容量比单向 V2G 高。考虑到光伏发电的平均年发电小时数要低于风力发电，所以实行双向 V2G 要比实行单向 V2G 情景下的风光发电总量与占比略低。

7.4　本　章　小　结

本章以我国在 2030 年实现 12 亿千瓦的风力与光伏发电装机容量目标为例，在考虑当前电力结构、区域差异、电动汽车保有量的基础上，以协同电力系统平抑负荷波动、最小化电力系统运行成本为目的，估计届时不同比例的电动汽车保有量参与 V2G 的经济和气候收益。通过构建多区域电力调度与扩张模型，量化估计了电动汽车 V2G 对于降低电网运行成本、减少电力系统碳排放及提升可再生能源利用率的潜力，从而为 V2G 协助能源系统低碳转型和碳减排的路径设计，以及分阶段、分区域的政策设计提供科学参考依据。

本章的研究结果可以给政策决策者提供以下三点政策参考建议。第一，当前阶段由于火力发电比例、电池生产和损耗成本都较高，到 2030 年之前，适合通过峰谷电价等政策引导电动汽车参与成本较低的单向 V2G 模式，而全面推广实施双向 V2G 的意义有限。第二，优先考虑在广东、华东、四川和华北这些电力生产成本高的地区推行电动汽车 V2G，在这些区域的收益要高于其他区域。第三，继续在全国范围内推广电动汽车和充电基础设施建设；参与 V2G 的电动汽车数量增加可以显著提高实施 V2G 的经济和环境效益。

第8章　推动车网融合发展的政策机制

为了在 2030 年实现上述削峰填谷的效果，一方面需要足够的电动汽车保有量作为规模基础，另一方面还需要电动汽车配合电网在特定的时段协调充放电行为，调整自身负荷曲线以平抑电力系统整体负荷波动。这首先要求我国要继续全面推广电动汽车在更大范围和更多领域的应用，保持电动汽车产销量的进一步快速稳定增长，同时，还要从消费者行为的角度出发，建立引导电动汽车用户充电行为的管理措施和市场机制。当前仅仅集中于促进产业规模和保有量增长的政策已不能适应这一发展的要求，需要我们根据我国实际的产业和消费市场情况，总结电动汽车产业多年来的政策体系实施和迭代经验，设计和转向适应新发展需求的政策体系与转型路径。

8.1　发展车网融合需要政策机制革新

8.1.1　当前产业政策体系分析

电动汽车作为新兴能源利用技术，从引入既有能源系统到形成规模化，再到最终与能源系统完成融合、形成具有低碳属性的车网融合系统以替代化石能源体系中的燃油汽车从油井到车轮系统，大致需要经历三个演进阶段：①技术引入期，要完成从储备技术向产业化的转变，战略核心是迅速在原有系统中导入低碳要素；②产业成长期，要在完成生产和利用规模增长的同时提升技术水平，战略核心是在扩大规模的基础上提升低碳要素的市场竞争力；③系统融合期，战略核心是将低碳要素真正融入既有的能源体系中，最终目标是逐渐替代原有传统能源要素，形成全新的低碳能源体系。

为了推进三个发展阶段不同战略的实施，各阶段行业政策的目标也随之不断演进：①技术引入期，政策目标是从研发、生产和利用各个环节对低碳能源技术进行扶持,以求迅速形成一定的低碳产业规模;②产业成长期,政策目标是扶持产业规模成长的同时营造低碳能源产业内部的市场竞争环境,以求追平与传统能源技术要素的差距,实现对传统能源技术的局部性替代;③系统融合期,政策目标转变为引导和促进低碳能源技术对传统能源技术规模性、系统性的替代过程的发生,完成系统性的低碳转型。

以上每个阶段的进步和政策的实施都需要大量经济和社会成本的投入(Duan et al.,2021)。但根据创新经济学理论,如果能够在能源系统低碳转型中通过将之前没有的生产要素和条件加入能源体系的运行中进行重新组合,一旦获得新的利润空间将可以推动技术和制度革新,从而形成全新的低碳能源体系。利用电动汽车和电力系统的车网融合,正是通过发掘既有能源体系中难以利用的传统基荷机组的夜间电能、提升电网消纳高比例的低成本可再生能源发电的能力,减少了燃气/燃油调峰发电机组的建设和运行,减少了未来使用昂贵的碳捕捉与碳封存技术进行减排的规模(Yao et al.,2020b),从总体上降低电力系统成本。这是在既有的能源体系外获得了新的产出,扩大了低碳能源技术的价值,从而大大化解能源系统低碳转型产生的双重挑战和能源体系变革阻力,转化为深化能源系统低碳转型的机遇。而且这部分产出还将随着电动汽车产业的成长和储能技术的突破不断放大规模效应,形成低碳转型的内生驱动力、构建车网融合的低碳能源体系。

8.1.2　产业政策导向亟待革新

不论是以有序充电还是以 V2G 模式推进车网融合发展的落地,客观上都需要从充放电基础设施建设、既有基建设施升级改造、建立适用于车网融合的充电服务平台、电网调度系统与充电服务平台对接等能源供给侧的硬件设施方面进行投资。同时,还需要从消费者需求侧方面入手,通过不同方式的激励政策或者充电定价策略,引导消费者改变当前随机的充电行为,配合电力系统运行,以及进一步培育消费者利用电动汽车动力电池积极参与电网 V2G 的储能供电。因此,为了以车网融合发展的方式推进交通部门与能源部门的融合,为了获得降低电力系统整体经济成本与二氧化碳排放量的潜在收益,还需要一笔为数不少的初始投资与持续激励。

基于车网融合发展自身存在 2030 年降低电力系统年度运行成本的巨大潜力,以及政府财政难以独自支撑进一步加快电动汽车与可再生能源发电推广的经济成本(董扬,2017),车网融合推广政策的机制设计应该考虑在借鉴电动汽车推广政策的历史经验的基础上,借助融合发展带来的收益建立市场机制来推动融合发展关系的形成。因为当前电动汽车的销量和保有量已有良好的规模基础，光伏和风力发电成本已下降至几乎可与常规火力发电比肩的水平（IRENA，2020），大多数消费者对电动汽车和可再生能源的绿色低碳属性也持有一定的认同，基本具备了建立市场机制的可能。

但是，我国电动汽车与可再生能源发电产业当前的发展并不是完全由市场机制驱动，政府激励政策在产业发展中仍然提供一定的支撑与驱动作用。客观上说，经历了十余年的持续性直接经济补贴后，产业工业链中的上下游企业都已经形成了对政府经济扶持政策的依赖性，这种贯穿整个产业链的依赖性使得经济补贴直接影响到了企业的成本、定价、销售和利润。因此，政策体系转型需要循序渐进而不能一蹴而就，市场机制的形成还需要一个基于政策演进历史逐步转变的过程。

8.2　电动汽车行业政策的演进历程

我国电动汽车行业历史最早可以追溯到 20 世纪 90 年代的"八五"时期由国家主导进行的技术储备，但当时不具备产业化和推广的技术和经济条件。直到 2009 年 1 月，在国家能源安全、削减温室气体排放和环境保护多个前提的推动下，由科学技术部、财政部、国家发展和改革委员会、工业和信息化部联合启动"十城千辆"计划，开始试点推广电动汽车。从"十城千辆"启动至今，我国电动汽车行业的主要政策重心都集中于扩大产业规模和应用范围。

从政策演进历程来看，我国电动汽车行业经历了两个时期：技术引入期（2009~2016年）和产业成长期（2017年至今）。从2009年"十城千辆"计划开始到2016年底电动汽车市场份额连续两年超过1%形成初步的技术应用和产业规模（欧阳明高，2017），可视为技术引入期。我国在技术引入期的发展目标是通过政策驱动将电动汽车作为低碳能源新要素引入既有能源系统中，政策驱动的着力点主要包括经济激励、企业及产品准入、行政管理、基础设施建设四个方面，该时期政策的特点是经济补贴额度高、行政管理力度强。从 2017 年开始至今，我国电动汽车处于产业成长期，发展目标在进一步扩大电动汽车的推广规模的同时也追求技术水平提升。产业成长期的政策大幅减少了对电动汽车产业的直接经济补贴并开始引入以奖代补等市场竞争机制，逐渐形成"政策+市场"双驱动机制和优胜劣汰的市场竞争氛围。两个时期的主要政策的演进过程如表 8.1 所示，各类政策的渐进式转变引领行业快速发展。

表 8.1　从技术引入期到产业成长期的政策演进

政策类型	技术引入期： 政策驱动，引入规模为先	产业成长期： "政策+市场"双驱动，"规模+质量"双提升
经济激励类政策	车辆购置价格补贴和免征购置税、车船税：填补了在产业导入期仍处于萌芽状态的电动汽车与技术相对成熟的燃油汽车之间的价格差距，使得电动汽车在市场上具有了一定的竞争力（周燕和潘遥，2019）	保持免征购置税、车船税，但加速退坡购置补贴额度，且在享受政策补贴的标准中增加了对电池续航里程、能量密度等多个关键技术指标的要求并逐渐提高：促进行业转变发展思路，提高技术水平
企业及产品准入类政策	2009 年我国发布首部《新能源汽车生产企业及产品准入管理规则》：对于企业准入的要求门槛较高，基本排除了非传统汽车企业介入电动汽车行业竞争的可能性（弋亚群和向琴，2009），政府的态度谨慎而保守	2020 年发布的最新版本《新能源汽车生产企业及产品准入管理规定》：放宽了多条企业准入条件，删除了对于申请企业"设计开发能力"等要求，希望将研发水平要求和生产能力要求进行分离，将生产能力过关的生产企业纳入电动汽车产业链下游的整车组装生产，激发市场活力
行政管理类政策	北京、上海、广州、深圳、天津和杭州六个城市采用燃油汽车限购和限行政策从供需和使用两个层面给予电动汽车优惠：对电动汽车应用推广的效果十分显著（Ma et al.，2017）	燃油汽车限购限行之外，开始试点建立汽车企业"双积分"政策：通过建立市场机制来督促车企加快节能技术和电动汽车技术的开发与投产，对于未能完成积分要求的企业可以采用积分交易的形式购买新能源汽车积分来抵扣（李旭和熊勇清，2021），以可预见的未来积分比例要求引导车企从研发生产环节进行电气化转型
基础设施建设类政策	2014 年 11 月发布首个激励政策《关于新能源汽车充电设施建设奖励的通知》：一定程度上影响了电动汽车初期的推广效果（Ji and Huang，2018），2015 年底，我国电动汽车车桩比（电动汽车保有量/充电桩数量）高达7.41，充电设施数量远不能满足电动汽车充电需求	加强了政策扶持力度的同时也开始调整充电桩的激励形式：逐步削减建设补贴转向运营补贴激励，包括充电运营奖励及充电电价优惠等措施，有效地促进了充电桩建设（Ma and Fan，2020）。2020 年底公共充电桩保有量达到 80.7 万台，车桩比下降至 3.13

8.3　转向市场机制推动车网融合

8.3.1　产业驱动机制转型

根据技术引入期和产业成长期的政策演进过程和历史经验，本书梳理提炼了每个时期电动汽车的产业驱动机制、核心战略和关键政策的演化历程，并推演搭建了转向系统融合期的市场驱动机制，如表 8.2 所示。

表 8.2   能源系统低碳转型中我国电动汽车产业的政策机制演进

	战略目标	引入低碳技术产业为先。通过直接经济激励和行政管理等优惠政策将低碳能源要素电动汽车与可再生能源发电作为新兴能源利用与生产方式引入既有能源体系
技术引入期	驱动机制	政策驱动。以政府激励政策作为低碳能源要素的推广驱动力，直接经济补贴填平低碳能源要素初期的成本和技术劣势
	关键政策作用关系	
	战略目标	"规模+质量"双提升。在扩大推广范围、继续提升低碳要素产业规模的同时，全面提升低碳产品的技术和质量水平，降低边际生产成本，形成相对于传统能源的市场竞争力
产业成长期	驱动机制	"政策+市场"双驱动。降低政府政策在低碳能源要素推广中的驱动力，逐渐转向以"双积分"和全国碳市场等以市场机制为主导的驱动机制
	关键政策作用关系	
系统融合期	战略目标	车网融合构建低碳能源体系。通过在电力系统、充放电基础设施、电动汽车三者之间建立双向互联关系，形成融合共生的全新低碳能源生态关系和盈利模式
	驱动机制	市场驱动。全面取消直接激励政策在低碳能源推广中的驱动力，通过以奖代补、碳配额交易和新能源汽车积分交易等机制构建充分竞争的市场环境

续表

系统融合期	关键政策作用关系	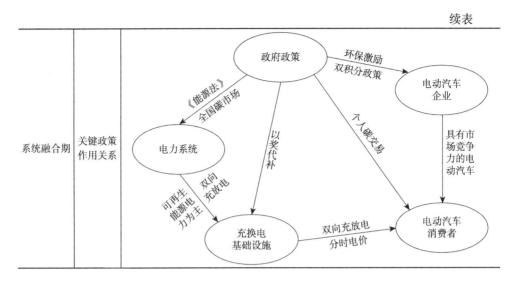

从表 8.2 可见，电动汽车和可再生能源发电作为新兴低碳能源技术要素，在与能源系统融合的三个阶段中政府的战略目标、驱动机制和关键政策存在递进迭代的关系。在初期引入能源系统的阶段，需要以政府政策为核心驱动力推动能源生产和利用体系吸收、接纳和扶持低碳能源技术尽快形成产业基础。政府从电动汽车企业、充电基础设施和消费者三个方面设置各种形式的直接经济激励，对于电力系统也提供可再生电力补贴。政府政策是推动电动汽车企业、电力系统、充电设施运营商和消费者各方形成能源生产和消费关系的主要动力，三方各自的驱动力不足。补贴后的电动汽车与燃油汽车相比仍然不具有足够的市场竞争力，充电设施以固定电价向电动汽车提供充电服务，而电动汽车也与其他普通负荷一样从电网获取电力，各方之间未能形成有效互动，也并不存在低碳能源技术对既有能源系统的冲击和挑战。

技术引入期结束后进入产业成长期，在继续扩大推广范围、巩固来之不易的成果的同时，开始以提升产业发展质量作为战略方向。即不再单方面追求包括电动汽车销量和发电装机容量在内的低碳能源要素的规模快速增长，而是通过政策设计引导企业提高技术和运营水平，尽快形成低碳能源自身相对于传统能源要素的竞争力，逐步构建市场竞争环境。财政激励政策的逐步退出特别是电动汽车购置补贴、充电桩建设补贴的大比例退坡和可再生能源发电补贴方式的转变体现了政府政策在产业驱动力上所占比例的降低（衣博文等，2017）。同时，采用以奖代补的方式促使企业更注重提高运营水平，行业内的竞争环境逐渐形成。基于市场机制设计的车企"双积分"政策和全国碳市场开始逐步发挥作用，倒逼产业从生产端进行低碳转型（耿文欣和范英，2021），能源系统低碳转型的驱动机制已经从单纯的政策驱动转向"政策+市场"双驱动。在此阶段中，低碳能源技术的应用规模逐渐增加，会对能源系统形成负荷冲击。

当低碳能源技术产业形成较大规模，随着电动汽车的用能需求与可再生能源发电装机容量的日益增加，政策机制和能源体系都必须随之做出革新，低碳能源技术进入与既有能源系统的融合期。从政策机制上看，一方面，政府将难以持续提供大规模的财政政策扶持；另一方面，低碳能源产业本身也形成了相对于传统能源的竞争力，因而需要将政策主导的驱动力撤出，由低碳能源自身的市场竞争力推动能源系统低碳转型。从能源体系内看，既有的能源系统不能适应和满足低碳转型后能源生产和利用方式的转变，面临供给和需求侧的双重挑战，必然需要从系统整体层面寻求转变路径以消纳大比例可再生能源发电、满足电动汽车用能需求，车网融合发展正是满足上述要求的新兴低碳发展路径。

在应对气候变化和能源系统低碳转型的迫切要求下，需要尽快推动我国电动汽车从当前所处的产业成长期转变为能源融合期，转向机制市场驱动，应采用科学的政策机制革新引导车网融合战略目标的推进，加速突破关键技术、提供车网融合发展的外部条件、实现低碳能源体系相对于传统能源体系的额外产出。在电动汽车和可再生能源已经形成相当规模的当下，引导低碳产业主体进行市场竞争才是促进突破"卡脖子"技术和低碳产业发展的内生动力（张中祥和邵珠琼，2020），政策角色将从推动变为引领行业方向和构建市场竞争环境。车网融合发展的理想目标是电动汽车与能源系统融合，获得消纳可再生能源发电的收益，形成传统能源系统中的燃油汽车无法比拟的车网融合共生的全新低碳能源系统（陈清泰，2021）。政府几乎不再需要向各方提供任何财政补贴，全面实施以汽车企业"双积分"、全国碳市场、个人碳交易，以及以奖代补的环保激励等多项市场机制为主的管理政策。能源系统转型以市场自身发展为动力，车企提供高性价比电动汽车，电力系统提供低成本可再生能源电力，充换电设施运营商通过在电网和电动汽车之间搭建 V2G 服务平台获取服务费，消费者可以与可再生能源电力系统形成柔性互动并通过 V2G 波谷储电、波峰放电获利。

8.3.2　政策体系转型路径

从我国电动汽车与可再生能源发电政策体系组成来看，在技术引入期是充分利用政府财政与社会管理职权，以经济补贴（如购车补贴与可再生能源发电机组建设补贴）、财税减免（如车辆购置税和车船税）和行政管理（如多个城市的燃油汽车限购和电动汽车免限购以及可再生能源发电优先上网）等直接激励政策工具为主。这一系列政策工具为第一批生产企业与用户填平了电动汽车与燃油汽车之间、可再生能源发电与传统能源发电之间的性价比鸿沟，快速刺激企业投入资金与技术进行生产制造与推广应用，扶持初期产业体系的形成，从而在整个机动车制造产业和新能源发电行业形成"头雁效应"，以直接经济利益带动了更多的传统车企与发电设备制造企业投入电动汽车、风电、光伏设备的研发与生产，尽快从总体规模上提升了产销量。

然而当技术引入期进入尾声，以直接激励为主的初期一系列政策工具开始显现部分副作用，政府开始迅速在成长期调整政策力度与思路谋求转型。2016 年 9 月，财政部曝光了苏州吉姆西客车制造有限公司等 5 家新能源汽车生产企业企图以编造采购材料、虚构生产销售业务等方式骗取国家财政补贴超 10 亿元；2016 年 8 月，国家能源局通报 2016 年仅上半年全国弃风弃光量就达到 371 亿千瓦·时，相当于 2015 年全年的弃风弃光量，极大地影响了可再生能源发电行业的发展；2017 年，中国汽车工业协会发声认为面对快速增长的电动汽车产销量，政府财政已难以继续维持对于电动汽车的高额补贴。于是，从 2017 年开始电动汽车购置补贴开始退坡，并且退坡力度逐年加大，同时提高补贴要求的电动汽车技术标准。到 2019 年则直接取消了各地方政府对于电动汽车的购置补贴，只允许保留中央财政补贴。同时，开始转向对于充电基础设施的投资建设补贴和运营电费补贴等各项政策工具。这一阶段的政策工具选择与体系转型思路是减少政府财政支出对电动汽车产业的直接扶持，转向创造电动汽车友好的使用环境与完备的基础设施，倒逼企业在获取政府政策红利之后尽快从依赖补贴转向通过创新与技术进步获得销量与市场。

在产业成长期，调整迭代后的政策体系其核心目标仍然停留在通过政策调控市场，提升电动汽车产业的产销规模和技术水平。但是，在交通部门与能源部门协同节能减排的背景下，新的产业发展需求发生了变化。一方面是从政策目标上调整为继续巩固宏观层面的电动汽车与可再生能源发电产业规模增长势头，从微观层面加强对于消费者行为习惯的引导；另一方面是从驱动机制上逐步增加市场机制的作用，进一步加速撤出政府的直接激励。从政策工具的选择上，对于电动汽车和可再生能源发电产业，以法律法规从体制顶层提高产业地位，以车企"双积分"、全国碳市场、以奖代补等政策工具全面替代补贴；对于需求侧的消费者，开始逐步出台以电动汽车充电分时电价和绿色电力证书等不同方式的政策工具，构建消费者行为引导政策体系，从需求侧拉动有序充电和 V2G 模式的落地实施。

8.4 本 章 小 结

  本章从我国电动汽车产业当前的政策体系出发，分析了推动车网融合发展所需的政策导向与当前政策的差异。依据可再生能源发电产业与电动汽车产业的政策历史演化过程，给出了从政府主导的政策机制转向市场主导的驱动机制的转型方向与路径。纵观我国电动汽车多年来的产业政策演进历程不难发现，政策机制的转变对应着不同发展阶段的跃迁。如今面临既有能源系统的低碳转型滞后于低碳能源技术推广应用的挑战，需要从单纯扩大电动汽车、可再生能源发电等低碳产业规模为主转换到以调整低碳能源系统供需结构性关系为核心的政策导向，通过从系统性角度建立跨部门融合互通的政策体系来化解供需匹配结构性矛盾。车网融合发展正是应对此轮挑战，实现新兴低碳能源技术与既有能源系统发生实质性融合，转型为低碳能源系统的关键。除了我们已经在供给侧构建的扶持电动汽车与可再生能源发电产业扩大与升级的政策体系，如何从需求侧通过政策工具与政策体系设计来引导消费者配合车网融合模式的落实，是我们需要着重考虑的新问题。

第9章 以充电分时电价为例的政策设计

分时电价（或称峰谷电价）是电力系统既有的通过价格信号调节电力需求的政策工具。从作用对象看，分时电价政策在我国是以大工业用电和工商业电力用户为主，只有部分省份和城市试点了针对居民部门的分时电价。从时段划分方式来看，我国的分时电价多按照高峰–平段、高峰–平段–低谷、尖峰–高峰–平段–低谷等组合方式将每天 24 小时分为不同的时段来分别确定电价。从全年不同时间看，夏季和冬季因为存在制冷和取暖用电需求，往往也会单独制定有区别的季节性分时电价。然而现行的这些地区性面向工业和商业部门用户的分时电价机制并不符合车网融合发展模式的需求。一方面，以光伏和风电为代表的可再生能源发电存在固有的随机性与季节性，随着电力系统供给侧低碳化的推进，原有的根据电力需求侧用电负荷变化划分的峰谷时段已经不再能满足高比例可再生能源电力系统的运行特征（Hou et al., 2021）；另一方面，电动汽车作为分散的、随机的、可充可放的、时间可调度的新型电力用户，与传统的相对集中的工业和商业电力用户存在本质区别，以及从单纯的用电单位变为用电与储能单位。因此，符合车网融合发展的分时电价机制亟待研究更新。

9.1 基于支付意愿调研的政策设计方案

不同于传统的较为集中的工业和商业电力用户，电动汽车充电分时电价的作用对象是千千万万具有极大异质性的普通消费者，影响消费者选择电动汽车充电时间的因素也比工商业用户更为复杂。因此，采用消费者视角的支付意愿理论进行离散选择实验，调研消费者对不同时段的支付意愿，以及消费者异质性因素对时段选择和支付意愿的影响，明确充电价格信号影响消费者充电行为选择的机制，可以为车网融合背景下电动汽车充电分时电价政策方案的设计提供实证参考。

9.1.1　电网的峰谷时段划分

在可再生能源发电比例日益增加的背景下，电网削峰填谷的目的是平滑基荷机组（包括火电、水电、核电等）的负荷曲线以降低总运营成本。因此本书将可再生能源发电量从总的发电量中刨除以考量基荷机组的发电日度运行情况。由于中国分为 6 大电网相对独立运行，故而需要将 6 大电网的发电情况累计计算，具体算法如式（9.1）所示：

$$\sum_{i=1}^{6} G_i = \sum_{i=1}^{6} TD_i - \sum_{i=1}^{6} RG_i \qquad (9.1)$$

其中，TD_i 表示电网 i 的电力总需求；RG_i 为该电网内的可再生发电量；G_i 为刨除可再生发电量后该电网基荷机组的发电量。鉴于工作日和休息日的电网负荷差异巨大（Szinai et al.，2020），同时电动汽车消费者在工作日和休息日的驾驶习惯也存在显著差异（Liu et al.，2015），故我们将其分开统计，得到全国电力平均日度总需求与基荷机组运行日度负荷曲线，如图 9.1 所示。

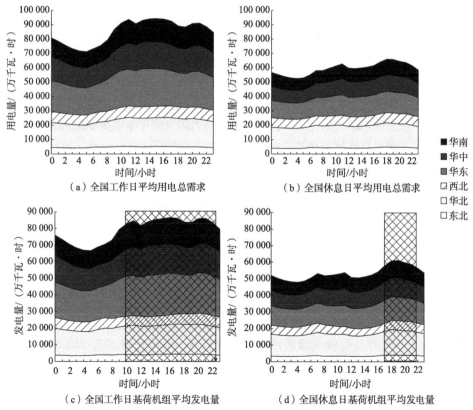

（a）全国工作日平均用电总需求　　　（b）全国休息日平均用电总需求

（c）全国工作日基荷机组平均发电量　　（d）全国休息日基荷机组平均发电量

■ 华南
■ 华中
■ 华东
▨ 西北
▨ 华北
▨ 东北

图 9.1　全国日均用电总需求与基荷机组发电量

从图 9.1 用电需求和基荷机组的发电量对比可知，可再生能源发电确实对基荷机组的峰谷时段有影响。工作日 11：00 左右的全天波峰时段消失，休息日双波峰结构变为了单波峰结构。基荷机组发电量的半透明区域表示波峰时段，我们可知刨除可再生发电量后，工作日高峰时段为 10：00~22：00、休息日波峰时段为 17：00~22：00，即图 9.1 中用网格标出的部分，其余时段为波谷时段。

9.1.2 离散选择实验与 Logit 模型

本章采用离散选择实验来研究消费者对不同时段的支付意愿。基于效用最大化理论，消费者从选择集 J 中选择选项 i 的条件是 i 对消费者的效用 U_i 大于其他选项（Manski，1977；McFadden，1973），如式（9.2）所示：

$$U_i > U_j \left(i, j \in J, i \neq j \right) \tag{9.2}$$

选项 i 的效用 U_i 可以分为系统效用部分 V_i 和误差效用部分 e_i（Train，2009），如式（9.3）所示：

$$U_i = V_i + e_i \tag{9.3}$$

其中，$V_i = \sum \beta_k x_k$。

假设误差项 e_i 的分布是独立且均匀分布的，遵循极值 I 型分布，则被调查者从选择集 $J (i, j \in J)$ 中选择选项 i 的概率为 P_i，即多项 logit 模型，如式（9.4）所示：

$$P_i = \exp\left(\beta_k x_k \right) / \sum_{j=1}^{J} \exp\left(\beta_k x_k \right) \tag{9.4}$$

消费者对特定属性 k 的边际支付意愿被定义为其系数 β_k 与价格属性系数 β_{price} 之比，如式（9.5）所示：

$$\text{WTP}_k = -\beta_k / \beta_{\text{price}} \tag{9.5}$$

为了将未观察到的受访者异质性考虑在内，我们还采用混合 logit 模型（Colombo et al.，2009；McFadden and Train，2000）将与选项属性相关联的系数 β_k 都设定为由均值 μ 和标准偏差 σ 组成。那么受访者选择选项 i 的概率可以用式（9.6）表示：

$$P_i = \int \frac{\exp\left(\beta_k x_k \right)}{\sum_{j=1}^{J} \exp\left(\beta_k x_k \right)} f\left(\beta \right) \mathrm{d}\beta \tag{9.6}$$

其中，$f(\beta)$ 为设定的系数 β_k 服从的分布。

9.1.3　电力经济调度模型

车网融合可以在多大程度上提升电网消纳可再生能源的能力，以及降低电力系统运行成本，是推进车网融合模式发展和实施是否可行的关键。本章构建了电力经济调度模型，以风电、太阳能发电总装机容量达到 12 亿千瓦为目标模拟了 2030 年电动汽车无序充电、单向 V2G 和双向 V2G 模式对电力系统负荷曲线和电力总成本的影响。

电力经济调度模型的核心是以研究期内总电力供应成本最小为目标，在保证电力供需平衡和技术层面可行的前提下，模拟电力系统在消纳可再生能源的同时满足大规模电动汽车充电需求的最优调度模式。该模型在时间维度上以小时作为最小决策单元，时间尺度是小时维度的，每周取一个典型天，即每年一共取 52 天，以 52×24=1 248 小时作为代表性小时，以线性优化方法模拟 2030 年的电力系统运行。空间尺度上将全国分为东北、华北、晋蒙西、西北、新疆、华东、华中、四川、华南和广东共十个区域，发电技术包括风电、光伏、燃气发电、燃煤发电、生物质能、水电、抽水蓄能、核电、电动汽车 V2G 供电和退役电池储能电站。目标函数为总的生产运作成本 C 最小化，包括在 r 地区 h 小时内采用 n 类发电技术的能耗成本 C^{Fuel}、可变运维成本 $C^{\text{O\&M}}$ 和启停成本 C^{Startup}，如式（9.7）~式（9.10）所示：

$$\min C = \sum_r \sum_h \sum_n \left(C_{r,n,h}^{\text{Fuel}} + C_{r,n,h}^{\text{O\&M}} + C_{r,n,h}^{\text{Startup}} \right) \tag{9.7}$$

$$C_{r,n,h}^{\text{Fuel}} = P_{r,n,h} \times e_n \times p_{r,n}^{\text{Fuel}} + \left(U_{r,n,h} - P_{r,n,h} \right) \times \text{ep}_n \tag{9.8}$$

$$C_{r,n,h}^{\text{O\&M}} = P_{r,n,h} \times c_n^{\text{O\&M}} \tag{9.9}$$

$$C_{r,n,h}^{\text{Startup}} = \text{SU}_{r,n,h} \times c_n^{\text{Startup}} \tag{9.10}$$

模型的约束条件包括电力供需的实时匹配、抽水蓄能的能量守恒、火电机组的状态转移方程、机组的最小和最大功率约束等，具体约束条件如式（9.11）~式（9.17）所示。其中，式（9.11）为火电机组的状态转移方程，式（9.12）为机组的最小和最大功率约束，式（9.13）为每小时的可用容量约束，式（9.14）为考虑区域间电力互联和负荷损失的电力供需实时匹配，式（9.15）为每小时的可用传输容量约束，式（9.16）为抽水蓄能的能量守恒，式（9.17）为决策变量非负约束。

$$U_{r,n,h} = U_{r,n,h-1} + \text{SU}_{r,n,h} - \text{SD}_{r,n,h} \tag{9.11}$$

$$U_{r,n,h} \times P_n^{\min} \leqslant P_{r,n,h} \leqslant U_{r,n,h} \tag{9.12}$$

$$U_{r,n,h} \leqslant Z_{r,n}^G \times v_n^G \times f_{r,n,h} \tag{9.13}$$

$$D_{r,h} = D_{r,h}^O + D_{r,h}^E = \sum_{r'}^{r' \neq r} \mathrm{PT}_{r',r,h} \times (1 - l_{r',r}) - \sum_{r'}^{r' \neq r} \mathrm{PT}_{r,r',h} + \sum_{n} P_{r,n,h} - \mathrm{IN}_{r,h} \quad (9.14)$$

$$\mathrm{PT}_{r,r',h} \leqslant Z^{\mathrm{Tr}} \times v^{\mathrm{Tr}} \quad (9.15)$$

$$Z_{r,h}^{\mathrm{pump}} = Z_{r,h-1}^{\mathrm{pump}} + \mathrm{IN}_{r,h} \times \delta - P_{r,\mathrm{pump},h} \geqslant 0 \quad (9.16)$$

$$U, \mathrm{SU}, \mathrm{SD}, P, \mathrm{PT}, \mathrm{IN} \geqslant 0, \ \forall r, n, h \quad (9.17)$$

决策变量和参数变量对应的指标如表 9.1 和表 9.2 所示。

表 9.1　决策变量表

变量	指标（单位）
$U_{r,n,h}$	r 地区的 n 技术在 h 小时应发容量（兆瓦）
$\mathrm{SU}_{r,n,h}$	r 地区在 h 小时启动的 n 技术容量（兆瓦）
$\mathrm{SD}_{r,n,h}$	r 地区在 h 小时关闭的 n 技术容量（兆瓦）
$P_{r,n,h}$	n 技术在 r 地区 h 小时功率输出（兆瓦·时）
$\mathrm{PT}_{r,r',h}$	每小时从 r 地区发送到 r' 地区的电力（兆瓦·时）
$\mathrm{IN}_{r,h}$	r 地区在 h 小时抽水蓄能存储电力（兆瓦·时）
$Z_{r,h}^{\mathrm{pump}}$	r 地区抽水蓄能在 h 小时的总蓄能（兆瓦·时）

表 9.2　参数变量表

参数	指标（单位）
$c_n^{\mathrm{O\&M}}$	n 技术单位可变运维成本［元/（兆瓦·时）］
c_n^{Startup}	n 技术单位启动成本［元/（兆瓦·时）］
$P_n^{\min}$	n 技术最小功率输出率（%）
v_n^G	n 技术可用发电量（%）
$f_{r,n,h}$	可再生能源技术 n 在 r 地区 h 小时的容量系数（%）
$l_{r,r'}$	r 地区与 r' 地区之间的传输损耗（%）
v^{Tr}	可用传输容量率（%）
δ	抽水蓄能能量损失率（%）
$Z_{r,n}^G$	r 地区 n 发电技术总容量（兆瓦）
Z^{Tr}	电力系统输电技术总容量（兆瓦）
$D_{r,h}$	r 地区 h 小时总电力需求（兆瓦·时）
$D_{r,h}^E$	r 地区 h 小时电动汽车电力需求（兆瓦·时）
$D_{r,h}^O$	r 地区 h 小时其他电力需求（兆瓦·时）
$p_{r,n}^{\mathrm{Fuel}}$	R 地区 n 技术燃料价格（元/千克）/（元/米³）
e_n	n 技术能耗［吨/（兆瓦·时）］
ep_n	n 技术非满负荷运行能量损失［吨/（兆瓦·时）］

9.1.4　条件设定

本章模型设定的各项条件和参考依据如表 9.3 所示。

表 9.3　模型条件设定和参考依据

条件	设定	依据与数据源
可再生能源发电装机容量	风电、太阳能发电总装机容量达到 12 亿千瓦	习近平在 2020 年 12 月 12 日气候雄心峰会上的讲话
2030 年我国电力结构	电力产能扩张模型	Xu 等（2020a）
电动汽车年度销量及纯电动汽车市场份额	到 2025 年和 2030 年，电动汽车销量占汽车总销量的比例分别为 20% 和 40%，我国汽车产销规模分别为 3 200 万辆、3 800 万辆，纯电动车占电动汽车市场份额分别为 90% 和 93%，其余为插电式混合动力汽车。中间年份参数设定为线性增长估计得到	《节能与新能源汽车技术路线图 2.0》
每辆纯电动汽车与插电式混合动力汽车的平均电池容量	$Q_{it}=Y_{it} \times R_{it}/100$ Q：每辆车平均电池容量（千瓦·时） Y：百千米电耗［（千瓦·时）/100 千米］ R：平均续航里程（千米） i：动力类型（纯电动/插电式混合动力） t：年份	
电动汽车使用年限	8 年	财政部、科学技术部、工业和信息化部、国家发展和改革委员会《关于 2016-2020 年新能源汽车推广应用财政支持政策的通知》
2030 年电动汽车保有量	7 415 万辆，为 2023~2030 年销量之和。其中纯电动汽车 6 762 万辆，插电式混合动力汽车 653 万辆	电动汽车使用年限为 8 年
2030 年电动汽车电池总容量	4.784×10^9 千瓦·时，为 2023~2030 年销售的电动汽车电池容量之和	
全国各省（区、市）电动汽车销量分布	以 2060 年为节点，假设电动汽车 2060 年销量在各省（区、市）的分布比例会从当前的电动汽车销量分布逐年过渡到当前机动车销量在各省（区、市）的分布 $\mathrm{ES}_{p,t}=\mathrm{ES}_{p,2020}+\left(S_{p,2020}-\mathrm{ES}_{p,2020}\right) \times (t-2020)/(2060-2020)$ $\mathrm{ES}_{p,t}$：p 省（区、市）在 t 年的电动汽车销量占全国总量的比例（%） $S_{p,t}$：p 省（区、市）在 t 年的机动车销量占全国总量的比例（%）	当前全国各省（区、市）电动汽车和机动车年销量数据来自中国汽车工业协会
参与单向和双向 V2G 的电动汽车比例	在情景设定中，参与单向 V2G 和双向 V2G 的电动汽车最高比例分别设为保有量的 60% 和 20%	单向 V2G 参与度： 49%~78%（Tarroja and Hittinger, 2021） 30%~90%（Zhao et al., 2019） 双向 V2G 参与度： 18.7%~63%（Huang et al., 2021） 6%~74%（Geske and Schumann, 2018）
退役电池残值	80%	Bai 等（2019）
退役电池使用年限	6 年	Tong 等（2017）

电动汽车消费者日度充电时间分布来源于作者于 2020 年 4 月进行的中国电动汽车消费者充电行为调查结果。该调查由作者所在研究团队与搜狐汽车网站合作，电子调查问卷以在线形式通过搜狐汽车 E 电园微信公众号、搜狐汽车 E 电园电动汽车车主微信群及搜狐汽车网站首页三种途径同时公开发放并回收。相比随机入户调查或者电子问卷推送，通过搜狐汽车 E 电园平台进行用户调查可以实现对电动汽车相关消费者有针对性的推送。总共获得了 543 名来自广东、北京、上海、山东、安徽、江苏等 29 个省（区、市）的电动汽车车主填写的有效问卷，调研结果具有代表性。问卷收集了受访者的电动汽车动力类型、有没有私人充电桩、日常充电时段和每周充电次数、使用公共充电桩的充电价格和类型（快充/慢充）等充电相关信息。问卷设置有填写时间和次数的限制。本书主要采用了该调查中对于消费者充电时间和次数的调研结果，结合《节能与新能源汽车技术路线图 2.0》中当前家用充电桩和公共充电桩的比例（50%∶50%），主流慢充桩和快充桩的功率（6.6 千瓦和 60 千瓦）等参数，经过加权平均计算后得到电动汽车全天各小时的充电量占日度总充电量的时间分布，如图 9.2 所示，该时间分布用作正文中电动汽车无序充电情景的依据。

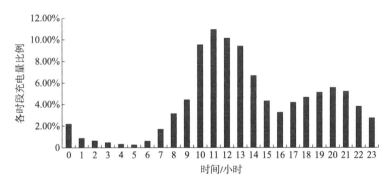

图 9.2　无序充电情景下消费者日度充电量时间分布

9.2　调研方法与离散选择实验

9.2.1　调查方法

为了在确保受访者随机性抽样的同时，让尽可能多的受访者是与电动汽车消费相关的人群（潜在购车者、燃油汽车车主和电动汽车车主），我们与搜狐汽车合作在 2020 年 4 月进行了两轮预调查以设置正式调查问卷的各项属性。在 2020

年 5 月分两次完成了正式问卷调查。调查问卷以在线形式通过搜狐汽车微信公众号、搜狐汽车用户微信群及搜狐汽车网站首页三种途径同时公开发放。完成问卷所有问题并提交的受访者可以获得 5 元的现金奖励。

9.2.2　预调查

在离散选择实验的问卷设计阶段，我们首先通过上述方式调查了 543 名电动汽车车主。预调查发现消费者充电集中的时间确实大部分集中于 22：00 之前的波峰时间段，尤其是公共充电桩用户主要集中于白天上班时间及晚间下班后，而家用充电桩用户主要集中于 17：00 后回家开始充电，如图 9.3 所示。这些时段与 9.1 节中得到的基荷机组负荷波峰时段重合，表明我们确实有必要进行需求侧管理。

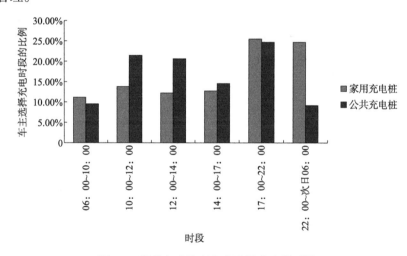

图 9.3　当前电动汽车车主选择充电的时段

另外，我们还调查了有助于正式问卷设计的其他因素，结果如表 9.4 所示。

表 9.4　预调查结果

调查项	调查结果
充电价格	家用充电桩充电的单价集中于 0.5 元/（千瓦·时）左右，公共充电桩充电单价集中于 1.5 元/（千瓦·时）左右
公共充电桩离家/工作/活动地点的距离	89.87%的电动汽车用户会选择 2 千米以内的充电站
可以接受的价格调整区间	保持其他时段电价不变，降低某一时段的电价 50%可以让 94.29%的消费者选择考虑在降低的时段充电 保持某一时段电价不变，而其他时段上涨 100%就可以让 93.19%的消费者优先选择在该价格不变的时段充电

9.3　离散选择实验设计

9.3.1　问卷设计

正式调查问卷分为三部分，分别为问卷说明、问卷主体和受访者背景信息。将实质性调查问题置于受访者信息调查之前，利于受访者在没有疲劳之前思考和填写有难度的问题（Hensher et al.，2005）。第一部分的问卷说明中，除了介绍问卷设计方、隐私保护声明、问卷调查内容和答题奖励方式之外，我们采用廉价谈话脚本方法来降低假设偏差（Brown et al.，2008；Cummings and Taylor，1999），即在问卷说明中标出"我们将根据调查结果，向政府部门建议制定相应的电动汽车政策并开展试点"，以此来引导受访者认真作答。第二部分是问卷主体部分，由 31 题组成。我们设置了家用充电桩-工作日、家用充电桩-休息日、公共充电桩-工作日和公共充电桩-休息日 4 类情景。关于各属性与价格之间的组合搭配，我们采用 SPSS软件中的正交试验设计模块，以减少各种属性组合的数量（Margolin，1968）。根据各元素不同水平在家用充电桩-工作日和家用充电桩-休息日部分分别设计了 6 个选项集，在公共充电桩-工作日和公共充电桩-休息日部分分别设计了 8 个选项集，如图 9.4 所示。为了给受访者降低答题难度，我们每一题只设置了包含保持现状在内的3 个备选项，家用充电桩和公共充电桩的选项集图例分别如图9.4所示。第三部分为调查受访者背景信息的 11 个问题，包括性别、年龄、受教育程度、家庭年收入、居住城市、现有汽车类型（PHEV 包括 EREV）、每周充电次数、是否拥有家用充电桩、偏好的电动汽车类型（燃油汽车车主填）、对电动汽车了解程度及所认可的电动汽车优势。

请选择 充电方案	充电时段	充电单价/［元/ （千瓦·时）］
○　方案1	10：00~17：00	0.25
○　方案2	17：00~22：00	0.75
○　以上都不选		

（a）家用充电桩情景示例

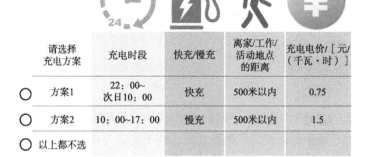

请选择 充电方案	充电时段	快充/慢充	离家/工作/ 活动地点 的距离	充电电价/［元/ （千瓦·时）］
○ 方案1	22：00~ 次日10：00	快充	500米以内	0.75
○ 方案2	10：00~17：00	慢充	500米以内	1.5
○ 以上都不选				

（b）公共充电桩情景示例

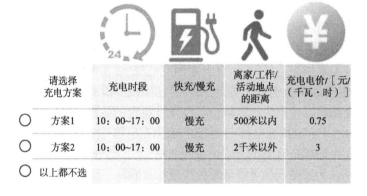

请选择 充电方案	充电时段	快充/慢充	离家/工作/ 活动地点 的距离	充电电价/［元/ （千瓦·时）］
○ 方案1	10：00~17：00	慢充	500米以内	0.75
○ 方案2	10：00~17：00	慢充	2千米以外	3
○ 以上都不选				

（c）陷阱选项题目示例

图 9.4　家用充电桩和公共充电桩情景选择集示例

9.3.2　属性设置

表 9.5 和表 9.6 展示了问卷中的家用充电桩和公共充电桩充电情景下各项属性设置，涉及的属性包括：家用充电桩/公共充电桩，工作日/休息日，充电时段，快充/慢充，公共充电桩离家/工作/活动地点的距离，充电单价。

表 9.5　家用充电桩充电属性及充电价格分档表

属性	水平	
	工作日	休息日
充电时段	10：00~17：00	10：00~17：00
	17：00~22：00	17：00~22：00

续表

属性	水平	
	工作日	休息日
充电时段	22：00~次日 10：00	22：00~次日 10：00
充电价格/［元/（千瓦·时）］	0.25	0.25
	0.5	0.5
	0.75	0.75
	1	1

表 9.6 公共充电桩充电属性及充电价格分档表

属性	水平	
	工作日	休息日
充电时段	10：00~17：00	10：00~17：00
	17：00~22：00	17：00~22：00
	22：00~次日 10：00	22：00~次日 10：00
快充/慢充	快充	快充
	慢充	慢充
公共充电桩离家/工作/活动地点的距离	1 千米以内	1 千米以内
	1~2 千米	1~2 千米
	2 千米以上	2 千米以上
充电价格/［元/（千瓦·时）］	0.75	0.75
	1.5	1.5
	2.25	2.25
	3	3

　　充电时段划分基于 9.1 节中依据 2018 年工作日和休息日全国电网年平均日度负荷曲线的划分，即工作日的波峰时段 10：00~22：00，休息日的波峰时段 17：00~22：00。充电价格和充电桩距离的水平设置是基于预调查的结果。家用充电桩与公共充电桩的集中价格分别是0.5元/（千瓦·时）和1.5元/（千瓦·时），再根据消费者可接受的调整幅度（即下降50%和上升100%）确定了表 9.5 和表 9.6 的价格水平设置。

9.3.3 质量控制

　　我们设计了 3 种方式来筛除无效答卷。第一，只有答题时间超过 3 分钟后提交的答卷才能被认定为有效答卷。超过 3 分钟这一条件的设定是根据线上测试运行的结果调整的。第二，问卷中设置了 3 道包含陷阱选项的题目以筛选出未认真答题的受访者，如图 9.4（c）所示，若受访者选择了选项"方案 2"，我们则以此为依据将答卷认定为无效答卷。包含陷阱选项的题目答案不作为下文模型计算的数据来源。第三，为防止网络恶意软件刷奖金红包，我们设置了每个手机或计算机只能提交一次问卷。

9.4　调研结果统计性分析

从全国一共收集到 2 637 份有效问卷，受访者背景信息如图 9.5 所示。受访者以 35 岁以下的人群为主，地理分布以华北、华南及华东区域为主，与电动汽车在中国的销量分布基本相符（Power，2020）。受访者中电动汽车车主（BEV+PHEV）达到 71.98%，对"对电动汽车的知识了解程度"选择"几乎不了解"项的只有 3.83%，符合我们对于调研目标群体的要求。另外，对于发展电动汽车替代燃油汽车的优势，89.61% 的受访者认为可以减少空气污染，92.49% 的受访者认为有助于发展可再生能源和碳减排，72.89% 的受访者认为有助于实现电网负荷削峰填谷。

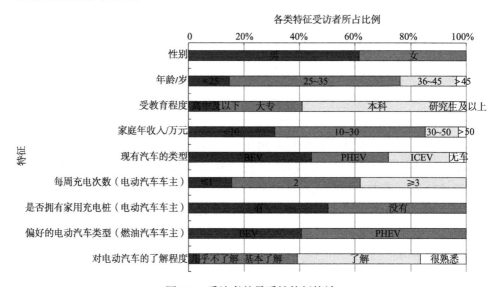

图 9.5　受访者的异质性特征统计

9.5　消费者对不同充电时段的支付意愿

　　为了比较不同模型的适用性，我们采用多项 logit 模型和混合 logit 模型分别回归，结果如表 9.7 所示。从统计性表现来看，在家用充电桩–工作日、家用充电桩–休息日、公共充电桩–工作日和公共充电桩–休息日 4 类情景中，混合 logit 模型的统计性表现更好，拥有较低的 BIC 值，较大的对数似然值和麦克法登伪 R^2 值，所以本书选择以混合 logit 模型作为回归模型，同时可以刻画出受访者异质性。

表 9.7　多项 logit 模型和混合 logit 模型的回归结果

属性		模型 1（多项 logit 模型）		模型 2（混合 logit 模型）	
		系数	标准误差	系数	标准误差
家用充电桩–工作日					
时段 1（10：00~17：00）	μ	1.455 3***	0.035 7	1.590 2***	0.081 4
	σ			2.047 4***	0.170 2
时段 2（17：00~22：00）	μ	1.947 6***	0.033 6	4.572 8***	0.207 3
	σ			7.130 4***	0.580 9
时段 3（22：00~次日 10：00）	μ	1.404 2***	0.034 8	1.782 1***	0.083 2
	σ			4.444 7***	0.323 7
充电价格	μ	−1.630 1***	0.049 7	−4.478 1***	0.253 3
统计性表现					
贝叶斯信息准则值		26 546.5		26 129.7	
对数似然值		−13 269.261 2		−13 057.857 1	
麦克法登伪 R^2		0.248 6		0.248 8	
样本量		15 822		15 822	
公共充电桩–工作日					
时段 1（10：00~17：00）	μ	0.834 5***	0.038 0	0.820 9***	0.038 8
	σ			0.120 7*	0.066 6
时段 2（17：00~22：00）	μ	1.033 9***	0.040 4	1.038 6***	0.041 7
	σ			0.036 6	0.099 0
时段 3（22：00~次日 10：00）	μ	0.642 6***	0.038 8	0.607 6***	0.044 7
	σ			0.504 4***	0.147 1

续表

属性		模型 1（多项 logit 模型）		模型 2（混合 logit 模型）	
		系数	标准误差	系数	标准误差
快充	μ	0.458 2***	0.050 6	0.476 1***	0.053 3
距离	μ	−0.000 3***	0.139 7×10⁻⁴	−0.000 3***	0.169 6×10⁻⁴
充电价格	μ	−0.485 2***	0.045 3	−0.508 7***	0.047 1
统计性表现					
贝叶斯信息准则值		39 538.5		39 535.6	
对数似然值		−19 763.232 3		−19 758.791 3	
麦克法登伪 R^2		0.147 3		0.147 458	
样本量		21 096		21 096	
家用充电桩–休息日					
时段 1（10：00~17：00）	μ	1.327 0***	0.030 1	2.866 1***	0.078 0
	σ			6.216 5***	0.591 7
时段 2（17：00~22：00）	μ	1.197 2***	0.030 9	1.214 4***	0.036 6
	σ			0.327 8***	0.066 8
时段 3（22：00~次日 10：00）	μ	1.263 2***	0.030 5	1.611 0***	0.043 0
	σ			1.297 5***	0.177 1
充电价格	μ	−1.788 4***	0.051 1	−2.444 0***	0.085 9
统计性表现					
贝叶斯信息准则值		28 685.5		28 462.2	
对数似然值		−14 338.734 9		−14 224.109 1	
麦克法登伪 R^2		0.181 5		0.181 7	
样本量		15 822		15 822	
公共充电桩–休息日					
时段 1（10：00~17：00）	μ	1.387 3***	0.047 5	1.394 5***	0.050 7
	σ			0.354 3***	0.084 6
时段 2（17：00~22：00）	μ	1.656 0***	0.048 5	1.678 5***	0.057 5
	σ			0.346 4*	0.194 6
时段 3（22：00~次日 10：00）	μ	2.131 7***	0.035 9	2.166 2***	0.040 3
	σ			0.239 8*	0.141 6

续表

属性		模型 1（多项 logit 模型）		模型 2（混合 logit 模型）	
		系数	标准误差	系数	标准误差
快充	μ	0.634 8***	0.049 5	0.657 8***	0.057 5
距离	μ	−0.000 4***	$0.218\ 8\times10^{-4}$	−0.000 5***	$0.246\ 3\times10^{-4}$
充电价格	μ	−0.885 0***	0.050 6	−0.913 4***	0.058 0
统计性表现					
贝叶斯信息准则值		39 452.9		39 439.1	
对数似然值		−19 720.449 4		−19 710.554 3	
麦克法登伪 R^2		0.149 4		0.149 5	
样本量		21 096		21 096	

***、*分别表示在 1%、10%的水平上显著
注：显著性检验采用 z 检验

　　从表 9.7 的回归结果中可以看出：①消费者对在不同的时段充电以及在家用充电桩和公共充电桩充电的支付意愿具有显著的差异；②消费者在公共充电桩充电的情景中，无论是休息日还是工作日，都对快充的支付意愿更高；③充电桩与活动场所之间的距离增加会降低消费者的效用。

　　依据混合 logit 模型的式（9.5），我们得到消费者的支付意愿，如表 9.8 所示。从表 9.8 结果可见以下 4 条规律：

　　（1）在工作日，无论是在家还是公共充电桩充电，17：00~22：00 时段的支付意愿都是最高的。这说明根据消费者的充电习惯，其更愿意在下班回家之后就将电动汽车充上电。

　　（2）在工作日，22：00 后的支付意愿都略低于当前价格水平。消费者对 22：00 之后去插上电源充电的支付意愿很低。

　　（3）在休息日，公共充电桩 10：00~17：00 时段的支付意愿最低，但家用充电桩该时段的支付意愿最高。

　　（4）在休息日，22：00 后的支付意愿都高于当前价格水平。在休息日结束后，需要为第二天的通勤充满电。

表 9.8　支付意愿的估计均值

各时段支付意愿	工作日		休息日	
	家用充电桩	公共充电桩	家用充电桩	公共充电桩
支付意愿 1（10：00~17：00）	0.355 （0.036）	1.614 （0.150）	1.173 （0.063）	1.527 （0.109）
支付意愿 2（17：00~22：00）	1.021 （0.091）	2.042 （0.161）	0.497 （0.029）	1.838 （0.123）

续表

各时段支付意愿	工作日		休息日	
	家用充电桩	公共充电桩	家用充电桩	公共充电桩
支付意愿 3（22：00~次日 10：00）	0.398 （0.036）	1.194 （0.172）	0.659 （0.035）	2.372 （0.087）

注：货币单位为元，括号中为标准误差

9.6　消费者异质性因素分析

9.6.1　消费者对时间段的偏好

因为 9.5 节中受访者的支付意愿在一些情境中呈现出上述异质性，我们将采用问卷中采集的 11 个消费者背景信息进行异质性分析。我们采用交叉项的形式将异质性因素加入混合 logit 模型中进行回归，回归结果如表 9.9 所示。其中，我国 2019 年人均 GDP 超过 2 万美元的 14 个城市在本书中被定义为发达城市[①]。

表 9.9　混合 logit 模型中包含交叉项的回归结果

交叉项	10：00~17：00		17：00~22：00		22：00~次日 10：00	
	系数	标准误差	系数	标准误差	系数	标准误差
工作日：家用充电桩						
×性别（男）	−0.307 0***	0.103 2	−0.292 8	0.204 5	−0.224 9	0.148 4
×年龄（>35 岁）	0.521 7***	0.112 1	−1.054	0.734 8	−0.186 2	0.176 9
×受教育程度（本科及以上）	0.128 3	0.103 7	0.036 8	0.206 8	−0.104 3	0.149 9
×年收入（>30 万元）	0.108 4	0.145 1	0.038 1	0.286 4	0.224 6	0.208 8
×发达城市	−0.443 8***	0.101 4	−0.359 1	0.206 3	0.643 3***	0.150 6
×BEV	1.179 8***	0.226 7	1.773 3***	0.470 4	1.542 1***	0.379 7
×PHEV	1.137 6***	0.230 5	0.617 3	0.477 1	0.519 2	0.384 7
×ICEV	0.676 0	0.428 8	0.521 6**	0.203 3	0.871 5	0.647 4
×充电频率（每周≥3 次）	−0.097 4	0.123 4	−0.069 7	0.242 3	−0.203 8	0.176 0
×有家用充电桩	0.187 9	0.121 0	0.789 0***	0.236 2	0.475 0***	0.172 9
×偏好 BEV	0.238 7	0.174 4	0.404 1	0.367 8	0.784 9***	0.268 1

---

① 深圳、无锡、苏州、珠海、鄂尔多斯、南京、北京、上海、广州、常州、杭州、武汉、宁波、厦门。

续表

交叉项	10：00~17：00		17：00~22：00		22：00~次日 10：00	
	系数	标准误差	系数	标准误差	系数	标准误差
×掌握电动汽车知识	−0.218 9**	0.105 5	−0.172 1	0.210 4	0.330 9**	0.153 3
×认可电动汽车可以改善空气质量	0.217 4	0.165 8	0.133 9	0.341 3	−0.091 3	0.240 7
×认可电动汽车可以助力碳减排	0.251 2	0.185 1	−0.092 0	0.413 9	0.303 3	0.281 0
×认可电动汽车可以助力削峰填谷	0.210 7*	0.115 4	0.471 6	0.336 1	0.371 6**	0.168 5

统计性表现

贝叶斯信息准则值	26 159.9	
对数似然值	−13 266.0	
麦克法登伪 R^2	0.244 1	
样本量	15 822	

工作日：公共充电桩

交叉项	系数	标准误差	系数	标准误差	系数	标准误差
×性别（男）	−0.199 0***	0.046 8	−0.233 0	0.150 4	−0.192 9***	0.053 4
×年龄（>35 岁）	0.489 0***	0.050 7	−0.423 1***	0.055 2	−0.395 0	0.298 5
×受教育程度（本科及以上）	−0.056 4	0.047 5	−0.132 0	0.105 1	−0.134 4**	0.054 3
×年收入（>30 万元）	0.086 9	0.066 8	0.159 1**	0.071 6	0.046 0	0.076 2
×发达城市	−0.084 4	0.065 5	0.055 8	0.049 2	−0.034 7	0.047 8
×BEV	0.391 5***	0.102 5	0.617 8***	0.115 6	0.528 9***	0.120 6
×PHEV	0.498 8	0.304 9	0.680 9	0.518 0	0.522 4	0.323 2
×ICEV	0.271 9	0.194 5	0.454 7	0.396 7	−0.341 5***	0.111 3
×充电频率（每周≥3 次）	0.138 8***	0.055 9	−0.160 2**	0.069 9	−0.023 6	0.063 6
×有家用充电桩	0.214 2***	0.054 3	0.026 4	0.058 3	0.244 7	0.181 8
×偏好 BEV	0.160 5*	0.082 3	0.284 3	0.190 0	0.207 2	0.195 2
×掌握电动汽车知识	0.002 7	0.047 6	−0.047 8	0.051 4	−0.022 0	0.054 5
×认可电动汽车可以改善空气质量	−0.071 4	0.077 5	0.306 7***	0.083 2	−0.227 1**	0.088 5
×认可电动汽车可以助力碳减排	0.396 1	0.238 1	0.651 6***	0.092 6	0.651 0	0.497 4
×认可电动汽车可以助力削峰填谷	0.314 9***	0.052 3	0.319 8	0.257 0	0.335 0	0.260 5

统计性表现

贝叶斯信息准则值	39 536.7	
对数似然值	−19 742.3	

续表

交叉项	10：00~17：00		17：00~22：00		22：00~次日 10：00	
	系数	标准误差	系数	标准误差	系数	标准误差
麦克法登伪 R^2	0.146 8					
样本量	2109 6					
休息日：家用充电桩						
×性别（男）	−0.686 2	0.454 0	−0.272 4***	0.068 4	−0.213 2	0.182 0
×年龄（>35 岁）	0.811 2***	0.172 8	−0.283 9	0.173 4	−0.485 7***	0.090 3
×受教育程度（本科及以上）	−0.319 5**	0.154 8	0.057 9	0.068 7	−0.006 7	0.082 8
×年收入（>30 万元）	0.100 1	0.213 7	−0.052 5	0.095 1	−0.052 8	0.115 0
×发达城市	−0.171 7	0.146 3	−0.140 4	0.165 8	0.209 3***	0.080 2
×BEV	1.076 4***	0.358 6	0.620 2***	0.146 9	0.792 4***	0.182 7
×PHEV	1.422 3***	0.368 0	−0.504 4	0.448 6	0.883 8***	0.187 0
×ICEV	0.484 2	0.330 4	0.212 0	0.134 6	0.209 7	0.167 1
×充电频率（每周≥3 次）	−0.228 2	0.178 3	−0.010 6	0.081 7	−0.104 0	0.098 3
×有家用充电桩	0.762 3***	0.179 5	0.136 2*	0.079 9	0.275 6***	0.096 0
×偏好 BEV	0.613 7**	0.271 5	0.152 7	0.115 2	0.314 9**	0.141 5
×掌握电动汽车知识	0.052 8	0.153 2	0.013 6	0.068 7	−0.053 7	0.083 3
×认可电动汽车可以改善空气质量	−0.105 2	0.249 8	−0.090 2	0.112 7	−0.107 6	0.135 9
×认可电动汽车可以助力碳减排	0.147 1	0.290 4	0.336 1***	0.123 7	0.331 5**	0.151 4
×认可电动汽车可以助力削峰填谷	0.556 3***	0.176 7	0.184 5	0.176 5	0.228 9***	0.093 0
统计性表现						
贝叶斯信息准则值	28 526.2					
对数似然值	−14 294.1					
麦克法登伪 R^2	0.181 7					
样本量	15 822					
休息日：公共充电桩						
×性别（男）	−0.174 0	0.150 1	−0.133 7***	0.050 6	−0.286 4	0.249 2
×年龄（>35 岁）	−0.464 2***	0.055 1	−0.516 6	0.565 7	−0.351 2***	0.053 4
×受教育程度（本科及以上）	−0.235 1	0.150 9	−0.142 9***	0.051 5	−0.070 4	0.049 9
×年收入（>30 万元）	−0.179 0**	0.070 1	0.112 1	0.071 6	−0.065 6	0.069 3

续表

交叉项	10：00~17：00		17：00~22：00		22：00~次日 10：00	
	系数	标准误差	系数	标准误差	系数	标准误差
×发达城市	−0.085 9*	0.048 9	−0.072 0	0.049 1	0.120 6**	0.052 3
×BEV	0.562 3***	0.116 9	0.360 7***	0.113 8	0.395 9***	0.108 5
×PHEV	0.701 2	0.519 4	0.483 4***	0.116 4	0.492 8	0.311 2
×ICEV	0.563 2	0.448 2	0.305 1	0.230 5	−0.203 5**	0.100 5
×充电频率（每周 ≥ 3 次）	0.151 9***	0.059 2	−0.139 2***	0.050 0	0.036 3	0.058 4
×有家用充电桩	0.346 0***	0.057 7	0.191 7	0.158 4	0.020 9	0.056 8
×偏好 BEV	0.375 5***	0.090 0	0.253 5***	0.091 0	0.258 8	0.187 4
×掌握电动汽车知识	0.040 0	0.050 9	0.091 6*	0.051 6	0.043 1	0.049 9
×认可电动汽车可以改善空气质量	−0.480 1***	0.082 5	0.307 9***	0.085 3	−0.139 7	0.091 6
×认可电动汽车可以助力碳减排	0.594 7***	0.090 1	0.705 6	0.493 3	0.687 7	0.485 2
×认可电动汽车可以助力削峰填谷	0.361 2***	0.056 9	0.292 2	0.157 2	0.312 8	0.255 1
统计性表现						
贝叶斯信息准则值	39 447					
对数似然值	−19 712.5					
麦克法登伪 R^2	0.149 1					
样本量	21 096					

***、**、*分别表示在 1%、5%、10%的水平上显著

注：显著性检验采用 z 检验

从表 9.9 的结果中可以看到：

（1）在工作日，35 岁以上的女性比其他人群更偏好于在 10：00~17：00 充电。

（2）对于 22：00 之后在家充电，以下类型的受访者接受度更高：发达地区的消费者、有家用充电桩的车主、认可电动汽车可以助力削峰填谷的消费者。

（3）对于 22：00 之后在公共充电桩充电，消费者异质性因素中除了纯电动汽车车主与发达地区消费者之外，其他因素都没有表现出正向的偏好。

（4）纯电动汽车车主在全天任何时段都表现出比其他类型车主更高的接受度，燃油汽车车主对 22：00 之后去公共充电桩充电表现出显著的抵触。

（5）对于公共充电桩充电，每周充电次数超过 3 次的车主偏好于在 10：00~17：00 充电，而不愿意在 17：00~22：00 充电，这部分车主可能是出租车或者网约车运营司机。

9.6.2　收入对支付意愿的影响

鉴于收入水平会直接影响消费者对电动汽车使用成本的支付意愿（Helveston et al.，2015；Qian and Soopramanien，2015；Ma et al.，2019a），我们对不同收入水平的受访者问卷数据采用 Mixed Logit 模型进行了分组回归，结果如表 9.10 所示。

表 9.10　不同收入水平的受访者群体的支付意愿

时段	家庭年收入/万元			
	< 10	10~30	30~50	> 50
工作日：家用充电桩				
10：00~17：00	0.438	0.434	0.478	0.709
17：00~22：00	1.249	1.135	1.260	1.666
22：00~次日 10：00	0.431	0.418	0.456	0.617
样本量	4 920	8 562	1 908	432
工作日：公共充电桩				
10：00~17：00	1.954	1.483	1.172	—
17：00~22：00	2.258	1.935	1.834	—
22：00~次日 10：00	1.435	1.091	0.935	—
样本量	4 920	8 562	1 908	432
休息日：家用充电桩				
10：00~17：00	0.952	0.964	1.012	1.558
17：00~22：00	0.474	0.538	0.548	0.802
22：00~次日 10：00	0.609	0.639	0.654	1.021
样本量	6 560	11 416	2 544	576
休息日：公共充电桩				
10：00~17：00	1.305	1.586	1.579	—
17：00~22：00	1.489	1.942	1.824	—
22：00~次日 10：00	2.207	2.409	2.207	—
样本量	6 560	11 416	2 544	576

注：表中每个支付意愿为回归均值，货币单位为元。—表示回归结果不显著

从表 9.10 结果可以看出以下 4 点规律：

（1）在工作日，家庭年收入 10 万元以下的人群在工作日各个时段充电的支付意愿都高于 10 万~30 万元年收入的人群，甚至对公共充电桩充电的支付意愿高于 30 万~50 万元年收入的人群，很有可能是低收入人群并没有家用充电桩，且电动汽车是其家庭唯一的汽车。也就是说，如果调高工作日的充电价格，低收入人群不得不支付更高的电价，而高收入人群可能会放弃在工作日充电。这种情况如果发生，会导致低收入人群的能源支出占收入的比例进一步增加，对高收入人群没有太大影响，从而引发社会不公平的问题（Sovacool et al.，2019；Grubb，2014）。

（2）在休息日，家庭年收入 10 万元以下的人群各时段充电支付意愿均低于收入高的人群。

（3）对于在家充电，家庭年收入 10 万元以上的人群对各时段的充电支付意愿都呈现出随收入递增的趋势。

（4）对于公共充电桩充电，我们并没有发现支付意愿随收入递增的趋势，相反，在工作日，消费者对充电的支付意愿出现了随收入增加而递减的趋势。

9.7　充电分时电价的政策仿真与设计

9.7.1　仿真区域电网的条件设定

本章以北京-蒙西区域互联电力系统为实例，以国家发展和改革委员会 2019 年公布的 2018 年的电源和电网结构为基础，设定不同的电动汽车充电分时电价政策情景，模拟全年 8 760 小时的电力系统调度运行情况，从而得出电动汽车充电峰谷电价实施对电力供应系统的调节效果。选择北京-蒙西区域互联电力系统的原因在于：①北京是我国电动汽车保有量第二的城市（仅略低于上海），有全面实施电动汽车公共充电桩和私人充电桩充电分时电价的基础和需求；②北京的大部分电力供给来自蒙西，而且蒙西电网容纳了包括风电和光伏在内的大量可再生能源。

仿真模型采用本章构建的电力经济调度模型，该模型在时间维度上以小时作为最小决策单元，发电技术包括燃气发电、大型燃煤发电（≥300 兆瓦）、小型燃煤发电（<300 兆瓦）、风电、光伏、生物质能、水电、抽水蓄能。模型考虑了可再生能源的间歇性及火电能耗曲线的非线性，决策变量为各区域各类技术在每个时间节点的电力产出、启停决策及充放电策略（Xu et al.，2020a）。模型具体的目标函数与约束条件的公式设定详见第 9.1.3 节，在此不再赘述。

对于北京市的电动汽车保有量和动力种类条件设定，本书采用 2020 年 1 月初北京市的真实数据，对于充电需求则根据充电频率与电池容量进行加权平均后计算求得，具体设定的基础数据如表 9.11 所示。

表 9.11　北京市电动汽车数据设定

指标	数据设定	数据源
电动汽车总保有量	297 724 辆	北京市公安局公安交通管理局
纯电动汽车保有量	290 789 辆	
插电式混合动力汽车+增程式混合动力汽车保有量	6 935 辆	
电动汽车充电频率	平均每周 2.23 次	全国电动汽车消费者充电行为预调查结果加权平均值
纯电动汽车电池容量	60 千瓦·时	综合参考《节能与新能源汽车年鉴 2020》与《节能与新能源汽车技术路线图 2.0》
插电式混合动力汽车/增程式混合动力汽车电池容量	15 千瓦·时	

9.7.2　基于支付意愿的政策情景设定

依据消费者的支付意愿，本书设定了包含不同时段和不同充电价格的三种情景，采用电力经济调度模型模拟了不同价格条件下消费者的充电时段选择对电网运行成本和负荷曲线的影响。这三种情景如下：

BASE（无序充电）：按预调查的充电时段比例，无政策引导情景。

TOU1（分时电价情景 #1）：波峰时段涨价 20%，波谷时段降价 20%。

TOU2（分时电价情景 #2）：波峰时段涨价 50%，波谷时段降价 50%。

在不同的情景中，我们将消费者的支付意愿样本与设定的电价相比，确定北京市消费者选择充电时段的变化情况。具体规则：高出设定电价即表明该时段的电价可接受，若同时有两个以上时段可接受，则取最低价格时段，若没有时段可接受，则选择最低价格时段，如式（9.18）所示：

$$C_{i,j} = \begin{cases} \min\{P_j \mid \mathrm{WTP}_{i,j} \geqslant P_j\}, & \mathrm{WTP}_{i,j} \geqslant P_j, \ j \in \{1,2,3\} \\ \min\{P_j\}, & \mathrm{WTP}_{i,j} < P_j, \ j = 1,2,3 \end{cases} \quad (9.18)$$

即消费者 i 选择在时段 j（j=1,2,3）充电，前提是对该时段的充电 $\mathrm{WTP}_{i,j}$ 大于等于该时段的充电价格 P_j，如果没有任何时段的 $\mathrm{WTP}_{i,j}$ 大于等于 P_j，那么就选择 P_j 中最小的时段充电。因此，最终消费者 i 会选择在时段 j 以可接受的最低的充电成本 $C_{i,j}$ 充电。

按照上述三种情景设定和消费者支付意愿的对比，可以得到在不同分时电价情景下消费者的充电时段选择，如图 9.6 所示。

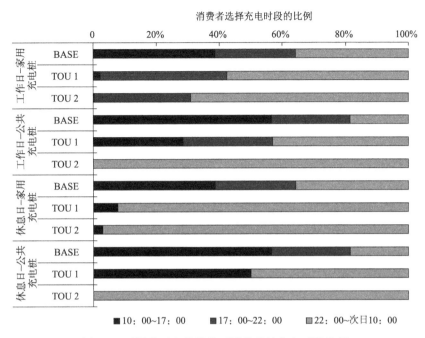

图 9.6　不同分时电价情景下消费者的充电时段选择

从图 9.6 的结果看，分时电价的调节机制有效，且调价 50% 的 TOU2 方案比调价 20% 的 TOU1 方案效果更加明显。对于公共充电桩，调整充电价格的效果集中体现在 17：00~22：00 时段，特别是在 TOU2 情景下，公共充电桩不论是在休息日还是工作日，波峰时段的充电需求都将被引导到 22：00~次日 10：00 时段，效果显著。其主要原因在于公共充电桩目前的收费水平已经明显高于家用充电桩采用的居民用电电价。

在工作日的 10：00~17：00 时段，分时电价机制的调节效果好，不论是家用充电桩还是公共充电桩，价格机制调整都显著减少了在该时段充电的消费者人数。对于 22：00~次日 10：00 时段，在工作日，不论是家用充电桩还是公共充电桩，分时电价机制都能够增加该时段的充电人数。但对于 17：00~22：00 时段的调节效果不佳，一部分放弃 10：00~17：00 时段充电的用户转移到了 17：00~22：00 时段充电。可能的原因是工作日的用车需求刚性较强，不同时段的充电需求可调度性弱于休息日。这一点也可以从休息日 17：00~22：00 时段充电人数的锐减效果看出。

9.7.3　多情景分时电价政策仿真

根据以上消费者充电用电需求的变化，本书模拟蒙西与北京的风能与光伏发电互联系统内的电网成本和负荷变化情况。其中工作日和休息日、公共充电桩和家用充电桩均按照实际情况进行了折算。

表 9.12 展示了不同情景下的各类成本，我们发现 TOU1 和 TOU2 情景下北京-蒙西区域互联电力系统的总电力供应成本相比于 BASE 情景分别下降了 1.525 亿元和 3.023 亿元，这意味着两种政策情景下充电行为的转变能够使得平均每辆电动汽车每年分别给电力供应侧节约 508 元和 1 008 元。供电成本的节约主要来自三方面：能耗成本、启停成本及失负荷损失。我们进一步将成本分解到工作日（共计 250 天）和休息日（共计 115 天），发现不同政策情景对工作日和休息日的作用效果是有区别的。TOU1 情景下的价格变化更有利于休息日电力系统能耗成本和启停成本的降低，而 TOU2 情景的主要成本节约来自工作日，这暗示了工作日和休息日可以采用不同的电价政策。其中，能耗成本的降低主要来源于火电机组利用效率的提高，TOU2 情景中北京燃气机组的平均利用效率相比于 BASE 情景提高了 3%。失负荷损失成本的降低主要体现在工作日，这是因为工作日的波峰负荷相对更高，这种情况下边际机组的发电成本远高于平时，充电行为的转变使得部分极端情况的供电状况得以改善。

表 9.12　不同情景下的电力成本结构　　　　　单位：百万元

情景		能耗成本	可变运维成本	启停成本	失负荷损失成本	总成本
工作日	BASE	34 379.8	1 952.0	214.4	66.3	36 612.5
	TOU1	34 361.2	1 951.5	197.6	35.3	36 545.6
	TOU2	34 269.5	1 949.5	140.9	7.3	36 367.2
休息日	BASE	14 547.6	877.6	105.2	1.0	15 531.4
	TOU1	14 494.2	876.4	75.2	0.0	15 445.8
	TOU2	14 518.7	877.3	78.4	0.0	15 474.4
全年	BASE	48 927.4	2 829.6	319.6	67.3	52 143.9
	TOU1	48 855.4	2 827.9	272.8	35.3	51 991.4
	TOU2	48 788.2	2 826.8	219.3	7.3	51 841.6

图 9.7 展示了北京-蒙西区域互联电力系统 BASE 情景工作日和休息日的平均电力供应情况，以及 TOU2 情景相比于 BASE 情景的变化情况。由于光伏发电基本集中在白天，火电的输出每天呈现两次向上爬坡的过程，峰值出现在 19：00~20：00。休息日由于白天负荷较低，晚间的峰谷差更为明显。TOU2 情景相比于

BASE 情景而言，电动汽车充电负荷的调整可以在保证风电和光伏的发电量全部优先上网的前提下，使得火电的产出发生变化：对于工作日而言，10：00 之后用电需求的下降有助于降低火电产出的峰谷差值，从而节约机组的调度成本，TOU2 情景中工作日火电出力的平均峰谷差相比于 BASE 情景降低了 11.7%。无论是工作日还是休息日，17：00~22：00 用电需求的下降都能够降低火电的最大产出，从短期来看，这能够缩小每天火电的峰谷差；从长期来看，可以降低火电的建设容量。在当前北京电动汽车保有水平下，北京-蒙西区域互联电力系统最多可降低 0.8%的火电容量。随着未来电动汽车普及率的升高，这一比例有望进一步提高。

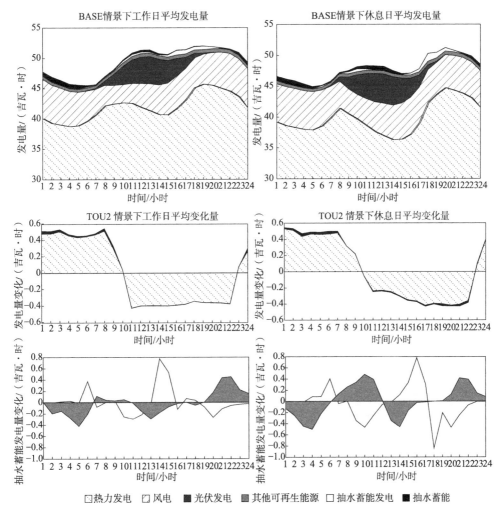

图 9.7　BASE 情景与 TOU2 情景下电力系统负荷情况对比

此外，抽水蓄能的运行模式也会随着电动汽车充电行为的变化而发生改变。TOU2 情景抽水蓄能 10：00~12：00 的发电几乎降为 0，此时抽水蓄能电站的出力将主要集中在 15：00~20：00。我们发现 TOU2 情景抽水蓄能的充放电总量并未发生明显改变，只是运行模式有所改变，这说明尽管负荷曲线的峰谷差有所降低，但适量的储能仍是十分必要的。

9.8　本　章　小　结

本章从电网的供应侧和需求侧两侧入手，采用离散选择实验和电力经济调度模型作为核心研究方法，探究如何科学地设计充电分时电价机制。首先，我们基于 2018 年中国电力系统的平均日度运行数据划分了刨除了风力和光伏发电之外的基荷机组负荷峰谷时段。其次，结合峰谷时段和对消费者当前充电行为习惯的预调查，我们设计了离散选择实验并进行了全国范围的调研。根据调研结果量化了消费者的支付意愿，并探究了异质性因素的影响。最后，采用电力经济调度模型模拟了不同价格条件下消费者的充电时段选择对电网运行成本和负荷曲线的影响。所得的消费者对不同时段、不同情景下的充电支付意愿及异质性因素影响可以为地方政府决策者制定相关政策机制提供实证参考。

鉴于当前消费者充电需求时段与电网波峰时段的冲突所表现出的削峰填谷潜力，我们提出如下政策建议：①在工作日提高 17：00~22：00 时段、降低 22：00之后的电价，公共充电桩 10：00~17：00 时段的电价也可适度上调；②在休息日提高 17：00~22：00 时段的充电电价，其余时段的充电电价不用调整；③解决大部分电动汽车车主在家安装家用充电桩的问题会显著改善政策效果；④在经济发达城市进行充电分时电价政策试点效果会相对较好；⑤考虑到社会分配的公平性，应该优先解决低收入群体的家用充电桩充电问题，或者对低收入群体在工作日的充电价格给予部分减免。

第 10 章　车网融合的现实问题
与政策建议

通过以上章节的研究分析可知，车网融合模式在理论层面具有推动能源部门与交通部门融合发展的必要性与良好基础，在技术经济层面具有协同电网削峰填谷、降低电力系统消纳可再生能源发电成本的经济潜力，在消费者层面具有通过基于市场机制的分时电价政策工具引导消费者改变充电行为配合电力系统运行的可行性。那么，在具体的政策体系构建过程中，需要我们逐步将由政府主导的、财政激励为主的政策推动机制转变为由市场机制主导的竞争驱动机制，以建立企业之间充分竞争的市场环境，促进车网融合模式的良性循环发展。在政策体系的转型路径上，需要清晰地认识到当前我国政策体系在推进车网融合模式落地实施过程中存在的阶段性问题，思考如何以科学合理的转型方式实现政策导向的逐步变革。

10.1　车网融合面临的现实问题

10.1.1　技术基础与问题

经过中央和地方财政多年的补贴，电动汽车行业的头部企业早已度过了技术研发的初始投入积累阶段，与燃油汽车在成本与技术上的差距相比于导入期已大幅缩小，一旦追平与燃油汽车制造成本差距，电动汽车在后期使用过程中的低成本优势便可以成为吸引消费者购买的重要驱动力（Ma et al.，2019a）。因此，下一阶段的重点任务如下：一方面，要继续解决三电技术（电池、电机与电控技术）和成本问题（林程等，2022）；另一方面，则要转向于如何与能源行业进行密切协同与融合互动。在全面实现电动汽车与电力系统跨界融合的道路上，主要面临技术、基建、管理和行为四个方面的问题，这些需要通过政策机制层面协调。

首先是技术方面。能源需求侧的电动汽车大功率充放电、电池反复充电寿命及电池能量密度等关键技术尚不能满足 V2G 模式运行的经济性，如电力电子领域的逆变器功率损耗和大功率充放电损耗问题。其次，电动汽车动力电池的安全性和稳定性有待提高（中国电动汽车百人会课题组等，2016；邵文博等，2022），生产成本需要进一步压缩以降低大规模向二三线城市和地区推广的门槛。再次，电动汽车的网联化、智能化以及与智慧交通等公共服务平台的对接技术还不完善（崔胜民，2019），还不能满足 V2G 模式下与其他电动汽车用户、充电服务平台、电力系统之间的有效智能联通。对于电力系统来说，首先需要优化大规模电动汽车有序充电的调度与预测技术，完成实时双向充放电的安全性能测试。可再生能源发电的光伏和风电单位装机成本有待下降，能量转换效率和电力跨区域远距离传输效率需要进一步提升（Yi et al.，2019）。最后，在推动我国分布式可再生能源发电项目建设的同时，加强由分布式光伏发电-储能系统-充放电技术组成的"光储充放"系统技术研发，提升在能源消费负荷中心区域微网融合综合技术水平（杜祥琬，2020）。

10.1.2　基建基础与问题

充放电基础设施是车网融合的连接节点，但当前我国充放电基础设施除了需要继续增加数量建设之外，还需要解决如下三个问题。

首先，私人家用充电设施的配建率亟待提高。电动汽车在负荷波谷储电、波峰放电的前提是在波谷时段能够便捷地连接电网吸收低成本电能。在可再生能源发电（特别是光伏发电）比例仍然较低的情况下，电力系统供电与用电之间差额较大的波谷时段仍然是夜间凌晨时段，车主居所附近的私人充电桩就是夜间波谷时段充电的最基本保障。如果选择公共充电桩，运营商所收取的充电服务费可能会填平甚至反超峰谷电价差，从而削弱分时电价削峰填谷的效果。

其次，公共充电设施的运营商服务平台从技术和标准层面亟待整合和开放统一，如果充电设施行业内部都存在障碍，则车网融合无从谈起。目前包括国家电网、特来电在内的各大充电服务运营商之间的信息沟通明显无法满足用户需求，而电动汽车、充电平台运营商和充电桩三方之间的信息互联也没有做到，亟须在打通信息壁垒之后通过用户需求和充电桩使用信息、地理信息数据的分析，充分提高既有充电桩/站设施的利用效率。

最后，电力系统与充放电运营平台之间的信息连接还未打通，车网融合的前提是电动汽车配合电力系统的负荷情况进行充放电安排,因此信息层面的充分融合是必须提前实现的。在完全实现小时级别的充放电价格动态波动之前,提前一天或几天进行分时段充电价格的预告是很好的试点运行方式。反之,在电动汽车充电运营商平台充分融合互通的前提下,电动汽车日度、周度、月度的慢充和快充用电需求预测区间也是可以提前提供给电力系统进行供需信息对接的,便于电网供电调度系统根据可再生能源发电区域的天气情况和充放电数据情况,对集中充电和放电时段提前制订应对方案。

10.1.3　管理现状与问题

可再生能源发电、电力传输、电动汽车和充放电基础设施当前分属不同的产业链、由不同的部门主管、追求不同的盈利目标、采用不同的融资渠道、集中在不同的地区和省份,甚至其核心的科学和技术都属于不同的学科门类,推动车网融合存在各自为政的隔阂。如果不能统一进行路径规划和资源调配,车网融合将很难在全国层面实施推广,那将大大降低其对于能源系统、环境气候和低碳经济发展的实际意义。

以公共充电桩的分时电价政策机制为例,虽然供电价格本身由各地方发展和改革委员会和电网公司制定,但出台的政策在落地实施过程中涉及行业分类、用户性质、土地性质和充电场站产权等多种因素,很难由上述两家单位直接解决遇到的实际问题。许多省市和地区出台了针对公共充电桩的诸多优惠政策,包括执行分时电价和大工业电价优惠,但在实际执行过程中容易出现难以享受到电价优惠的现实问题。例如,常见的充电场站所在的土地性质问题就会导致部分充电场站的充电价格难以获得分时电价政策优惠。在充电运营商向电网公司报装充电桩时,该充电桩所执行的电价标准取决于其所在建筑物的属性。对于城市中心的人口和商业密集区域,许多充电设施是在原有的公共停车场或者商业场所地下停车场的基础上进行的加装改造,由于原停车场所在的建筑和土地产权性质,部分公共充电桩一直执行工商业电价标准,长期未能享受大工业用电的分时电价。公共充电站所在的建筑和土地性质由国土资源管理部门(现自然资源管理部门)主管,建成后的配套消防和改造升级等管理由住房和城乡建设管理部门负责,确实存在多部门之间管理政策不统一导致难以对接协调的问题。

10.1.4　消费者行为问题

搭建了车网融合制度框架、提供了硬件技术环境之后,最重要的是引导电动汽车消费者配合电力系统供求负荷实施有序充电、峰时储电和谷时放电的行为。今天的大多消费者还处于因为燃油汽车的限购、限行或者环保意识才选择电动汽车的初级阶段，对于电动汽车在应对气候变化问题和能源系统低碳转型中的重要作用还没有清晰的认识，对于电动汽车在全生命周期特别是使用阶段的间接碳排放问题了解不多，很难在主观意愿上主动配合采用车网融合的方式协同降低电力系统运行调度成本、消纳可再生能源发电。

消费者行为由认知决定，从广大电动汽车消费者群体的视角出发，还未对电动汽车有序充电和车网融合发展形成共识，主要可能源于以下三点原因。一是宣传不到位。我国对于电动汽车的推广不过十余年时间，政府和媒体近年来对于推广电动汽车方面的宣传始终立足于减少城市空气污染和绿色低碳，并未着力宣传电动汽车充电对于电力系统负荷波动的影响，因而在普通消费者心中的电动汽车形象的优点集中于使用阶段的零排放，难以和电力系统调度运行相关联。况且电力系统供给侧的发电技术涉及专业技术领域知识，如传统燃煤发电机组和可再生能源发电设备的发电原理，以及电力系统实时调度供需平衡，这些知识对于普通消费者来说过于专业。二是并没有广泛实施的相关政策措施来营造低碳消费环境、引导消费者的低碳行为。当前我国还处于以推广应用为主的电动汽车产业成长阶段，客观上说，除非是大城市市区处于电力供应短缺的状态，电动汽车充电需求负荷还未大规模冲击电力系统运行。因而从政府层面缺乏成体系的电动汽车使用阶段的引导政策。想要大范围地引导普通消费者形成有序充电的基础意识，除了宣传推广之外，以政策工具特别是价格机制来营造有序充电、低碳用车的消费环境是必要的。三是对电动汽车参与电网储能对电池寿命和车辆折旧率等负面影响的担忧。这主要受限于当前电动汽车动力电池单位成本、循环次数、退役电池回收途径等因素影响，消费者从经济成本角度考虑难以接受储能供电对于动力电池寿命及电动汽车折旧的影响。在电池成本下降及 V2G 储能供电收益形成成本有效性之前，难以形成消费者主动配合利用电动汽车储能供电的行为。在此之前，引导消费者有序充电是更为切合实际的政策导向。

10.2 车网融合发展的政策建议

10.2.1 能源供给侧政策

从能源供给侧的可再生能源发电产业来看，提升可再生能源比例是低碳转型的根本，推动电力系统与交通、通信等部门的沟通融合是机制保障。第一，借助

《中华人民共和国能源法（征求意见稿）》立法确立可再生能源发电在电力结构中优先并网的地位，利用全国碳市场交易机制和有偿调峰定价机制逐步推进发电企业对可再生能源的建设运营与电网企业对增强负荷调度能力和调峰能力的投资建设，提升电力系统可再生能源比例（Mo et al.，2021）。第二，充分利用夜间浪费的低成本电力，综合运用峰谷电价机制和电动汽车充电优惠政策，通过降低充电成本引导消费者形成配合电网负荷有序充电的行为习惯，同时在电动汽车保有量高的发达地区小规模试点推广双向 V2G 储能的车网融合模式。第三，积极探索电动汽车退役电池回收机制，推进退役电池储能电站的建设试点，从电网需求出发拉动退役电池回收产业链的形成（Tang L et al.，2019），将电池回收流程建设为规范化、透明化、环保化的成熟产业，缓解消费者对购买电动汽车后残值折旧率不明的疑虑，打消电动汽车车主对参与 V2G 影响动力电池寿命的担忧。第四，加快推进电力系统市场化改革，推进电力辅助服务市场特别是分时峰谷电价市场化机制的建设（张红霞和石敏俊，2022；赵晓丽和孙楚钰，2021），明确市场主体合理的经济激励，优化电动汽车充电分时电价在公共充电桩和私人充电桩行业实施的政策环境，提高电力系统消纳可再生能源发电的水平。第五，进一步推进电力远距离省际传输通道建设，以特高压输电工程为代表的电力远距离传输通道为主干道，省市级区域配电电网为支干道，保障东北和西北地区的可再生能源发电能够高效传输至能源负荷中心区域。第六，建立电网与区域性微网及电动汽车充放电平台之间必要的信息沟通渠道，在保障电力系统与电动汽车用户信息安全的前提下（孙逢春等，2021），打造电力系统可再生能源发电供给与电动汽车灵活充放电之间的有效互动环境，为未来大规模电动汽车参与有序充电和V2G 提供硬件和软件基础。

10.2.2　能源需求侧政策

从能源需求侧的电动汽车产业来看，电动汽车产销量是规模基础，降低电动汽车生产成本、提升技术水平是经济技术保证。第一，需要继续深化"三纵三横"的电动汽车技术研发布局，根据《节能与新能源汽车技术路线图 2.0》等既有技术路径有序开展技术攻关，突破包括动力电池循环寿命和大功率充放电技术在内的关键技术瓶颈，为电动汽车储能供电大规模、安全、快速、反复充放电和智能网联的应用做好技术储备（崔明阳等，2022）。第二，坚持建立和巩固市场在资源配置中的决定性地位。采用车企"双积分"政策规划未来数年传统汽车的燃油消耗量指标与电动汽车产量/进口量积分，构建积分交易机制使得电动汽车企业通过出售积分从燃油汽车企业获得额外收益来支撑其进一步的技术研发与规模化生产，同时倒逼负积分车企降低燃油汽车油耗水平、提升电动汽车产量。通过"双积分"和补贴标准设计引导行业优胜劣汰，进一步提高产业集中度、提升燃油汽车的能耗标准和企业技术研发成本，建立电动汽车成本优势，从而提升市场占有率。第三，结合新型城镇化和乡村振兴战略建设浪潮，继续推动电动汽车下乡。当前一线和二线城市的电动汽车市场销售份额显著高于其他区域，应充分总结电动汽车十余年的政策体系建设经验，根据不同区域经济发展水平和市场情况制定有针对性的推广政策，加强电动汽车在二线以下城市和乡镇的推广应用，为消纳可再生能源发电提供储能潜力的规模保障。第四，以电动汽车跨行业发展为契机，从国家层面建立旨在打通电动汽车与各能源分支之间管理壁垒的协调机制，通过顶层设计和多元思维统一各部门之间的利益目标，促进产学研政各方形成有效合力，推进交通部门和能源部门融合发展、落实政策、协同脱碳，形成多能源优化配置机制。

10.2.3　充换电设施政策

从连接电力供给和需求的充换电基础设施产业来看，基础设施保有量是规模基础，提高公共充电桩保有量、优化充电桩的位置布局是促进电动汽车推广的重要手段，提升家用私人充电桩的配建率是保证电动汽车能够在夜间充电储能和晚间17：00~22：00反向供电的关键环节。

第一，吸取近年来充电桩推广政策的实施经验，逐步将对公共充换电设施的建设补贴转为考核充换电量的运营奖励，建立充换电设施行业的市场竞争环境，同时坚持以奖代补，调动地方政府积极性和充电运营商的主动性。第二，抓住新型城镇化和城乡融合发展的时代机遇，推动充换电基础设施建设。基础设施建设是区域经济发展的重要着力点（李兰冰和刘秉镰，2020），新型城镇化过程中出台针对电动汽车重点发展地区的区域性差异化政策，可以在城镇基础建设规划阶段就在公共区域和居民社区预留出足够的建设空间（罗桑和张永伟，2020），为电动汽车下乡提供充电基础设施保障。第三，通过峰谷电价机制和取消服务费限制等措施进一步让利充换电设施运营商，鼓励运营商利用收益进一步进行新充电设施投资和科技研发升级，尽快弥补我国充换电设施不足和技术水平不高的问题，为定时、延时充电和储能反向供电等车网融合技术方案的开发和应用提供基础条件。第四，相关部委牵头制定全国性家用充电桩建设规范标准，细化充电分时电价政策实施办法，地方政府着力协调破除包括物业、地方电网等各方对于电动汽车用户在居住地建设安装私人充电桩的障碍。保障电动汽车充电桩的家用充电桩配建率，创造电动汽车在夜间负荷波谷时段充电储能的基础条件。确保电动汽车分时电价机制能够在公共充电服务领域落实。第五，考虑在充换电设施运营盈利情况较好的区域积极试点引入包括基础设施公募基金 REITs 在内的新型金融工具，盘活行业既有资金、拓宽社会资本的融资渠道、提高资金的利用率和周转率，进一步在充换电基础设施建设领域引入社会资本（马少超等，2020）。

10.2.4　消费者引导政策

从消费者层面来看，考虑到技术水平、基础设施投资和 V2G 边际收益情况，当前阶段应该优先引导电动汽车以单向 V2G 模式配合电力系统运行，即尽快试点推广有序充电。

在政策工具的选择上，建议以有试点基础的充电分时电价政策为主。在试点区域的选择上，建议优先从大中型城市的市区开始，市区电动汽车保有量大、消费水平高、用户接受度高、潜在效果好。在政策的推广宣传上，既可通过充电站海报标识、居民社区展板、供电企业宣传单、电力公司短信等传统媒介，也要充分利用微信、微博、充电服务商 APP 平台等移动互联网多样化形式向消费者宣传推广充电分时电价机制。在政策实施进度方面，应注意循序渐进，考虑优先推广执行只分为平段和谷段电价的政策，以降低电动汽车消费者用电、用车成本为引导措施，后续视试点情况再增加设定峰时电价或者尖峰时段电价。在施政方式的选择上，推行充电分时电价政策过程中要注重以保障民众生活需求为底线，关注政策执行情况，动态调整价格设置。对于可能出现的充电运营商在特定时段增收服务费等情况要提前做好预防警示。在后续政策的调整上，可考虑在政策顺利引入执行的基础上，开展精细化管理，根据电力负荷特征，推进区分冬/夏季、工作日/休息日等差异化分时电价规则的制定与执行，进一步提升电动汽车充电分时电价机制的作用。

政府除了通过制定峰谷充放电价政策引导电动汽车车主配合电力系统进行车网融合之外，还可以构建其他市场交易机制激励消费者参与能源系统低碳转型。例如，将道路交通行业纳入全国碳市场交易范围内，届时企业可以通过生产电动汽车获得碳配额，配合个人碳交易市场规则的建立将电动汽车用户的电气化行驶里程转化为可交易的碳配额，从而获得额外收益以强化电动汽车相较于燃油汽车的经济成本优势。又如，通过设置荣誉性、实质性的奖励引导消费者在中国绿色电力证书认购交易平台购买和交易可再生能源发电的绿色电力证书，促进可再生电力消费。

10.3　本章小结

　　本章从技术基础、基建基础、管理现状与消费者行为四个方面分析了当前我国推进车网融合发展亟待解决的现实问题，并从能源的供需两侧、充换电基础设施和消费者引导政策层面提出了相应的政策转型建议。在应对气候变化问题和能源系统低碳转型的紧迫环境下，要想抓住车网融合发展这一历史机遇，需要以电动汽车的使用方式转型和产业政策为切入点革新能源体系的政策机制。除了要从关键技术突破和充放电基础设施建设方面进行投入，更重要的是在保持行业政策稳定性和延续性的基础上从国家层面进行顶层设计和政策机制革新，逐渐从政策主导驱动的行业机制转向市场驱动的电动汽车与能源系统跨行业协同管理机制，引导构建车网融合消纳可再生能源发电、降低电力系统运行成本的低碳能源系统。

第11章 研究展望

　　在碳中和愿景与能源系统全面低碳转型的战略指导下，电动汽车产业的价值已经突破了原有的保障能源安全、改善空气质量、振兴汽车产业和提升交通部门减排潜力的定位，而是可以通过车网融合模式更加主动地促进交通部门和能源部门的融合发展，协同电力系统削峰填谷、降低系统性低碳转型的经济成本。在当前我国以电动汽车和可再生能源两大国家战略性新兴产业为代表的低碳能源产业规模快速增长的背景下，能源需求侧大规模电动汽车充电需求的随机性和供给侧高比例可再生能源发电的波动性给承载能源传输的电力系统安全稳定运行造成了双重挑战。因此，车网融合发展已经成为具有前瞻性、系统性和经济性的低碳转型方案。

　　推动车网融合发展模式的应用是在解决电动汽车充电需求的同时，缓解能源供需两侧结构性矛盾，促进可再生能源发电消纳的重要途径。因此，车网融合发展正是应对此轮低碳转型的双重挑战、实现新兴低碳能源技术与既有能源系统发生实质性融合、转型为低碳能源系统的关键之一。车网融合将电动汽车从交通工具拓展为电网的柔性负荷和储能单位，在解决自身对电网负荷冲击的同时在既有能源体系之外创造了额外的产出，扩大了低碳能源技术的利用价值，深化了能源系统低碳转型，具备化双重挑战为加速能源系统低碳转型历史机遇的潜力。

　　车网融合模式的落地实施不仅需要突破技术瓶颈、推进基础建设，还需要引导消费者的行为习惯配合，因而构建适应车网融合这一新模式发展的管理政策体系是值得进一步探索和拓展的研究领域。对于电动汽车与能源体系融合发展、进入系统融合期的政策机制设计，应该借助车网融合模式带来的收益建立市场机制来推动融合发展关系的形成。亟待解决的核心问题是传统能源系统的低碳转型滞后于低碳能源技术的推广应用，而破题的方式是从单纯扩大电动汽车、可再生能源发电等低碳产业规模为主，转换到以调整低碳能源系统供需结构为核心的政策导向，通过从系统性角度建立跨部门融合互通的政策体系来化解新旧能源系统供需匹配结构性矛盾。

　　应对气候变化问题和能源系统低碳转型，既是紧迫的挑战又是难得的机遇。抓住车网融合发展这一历史机遇，可以加快我国电动汽车产业的技术升级、规模扩张和能源脱碳，占领 V2G 技术模式未来发展的高地。要想抓住这一机遇，需要以电动汽车的使用方式转型和产业政策为切入点革新能源体系的政策机制。除了要从关键技术突破和充放电基础设施建设方面进行投入，更重要的是要研究如何在保持行业政策稳定性和延续性的基础上，从国家层面进行顶层设计和政策机制革新，逐渐从政策主导驱动的行业机制转向市场驱动的电动汽车与能源系统跨行业协同管理机制，引导构建车网融合消纳可再生能源发电、降低电力系统运行成本的低碳能源系统。全面取消直接激励政策在低碳能源技术推广中的驱动力，通过充电基础设施以奖代补、新能源汽车积分交易、全国碳排放配额交易和电力有偿调峰定价等机制构建充分竞争的市场环境。针对能源需求侧，制定公/私充电桩分时充放电价政策，引导和改变消费者充电行为，主动配合电力系统运行。

　　在车网融合发展模式的实施层面，关键的科学问题之一是采用何种政策工具，在何时、何地、以何种力度实施，能够有效地引导广大消费者行为的改变。毕竟政策实施的经济和社会成本不可忽视，政策成本的投入和回报需要在小规模试点之后和全面推广的政策决策之前进行量化和明确。因此，对于政策成本、社会成本和政策实施后各类收益的量化研究将为政策决策者提供具有现实意义的参考。

　　最后，当前可再生能源发电、电力传输、电动汽车和充放电基础设施分属不同部门管理，其核心的科学和技术也属于不同的学科门类，推动车网融合发展存在各自为政的隔阂。如何基于不同地区的实际情况和政策历史沿革，统一进行路径规划和资源调配，才能继往开来，在碳中和愿景下实现其对于能源系统低碳转型、应对环境气候变化和推动低碳经济发展的潜在贡献，也是值得进一步探究的问题。

参 考 文 献

北京市小客车指标调控管理办公室. 2017-12-25. 关于 2017 年第 6 期小客车指标申请审核结果和配置工作有关事项的通告[EB/OL]. https://www.bjhjyd.gov.cn/jggb/20171225/1514163197009_1.html.

蔡强，卫贵武，黄晶，等. 2022. 基于社会福利的可再生能源 R&D 激励政策评价[J]. 中国管理科学，30（1）：206-221.

陈丽丹，张尧，Figueiredo A. 2018. 融合多源信息的电动汽车充电负荷预测及其对配电网的影响[J]. 电力自动化设备，38（12）：1-10.

陈明强，高健飞，畅国刚，等. 2020. V2G 模式下微网电动汽车有序充电策略研究[J]. 电力系统保护与控制，48（8）：141-148.

陈清泰. 2021. 新能源汽车迈向中高级发展阶段[J]. 汽车纵横，（1）：20-21.

程永伟，穆东. 2018. 基于 SD 动态博弈的新能源汽车供应链补贴策略优化[J]. 中国人口·资源与环境，28（12）：29-39.

崔东树. 2022. 新能源汽车补贴退出是必然趋势[J]. 科技与金融，（4）：9-15.

崔明阳，黄荷叶，许庆，等. 2022. 智能网联汽车架构、功能与应用关键技术[J]. 清华大学学报（自然科学版），62（3）：493-508.

崔胜民. 2019. 一本书读懂智能网联汽车[M]. 北京：化学工业出版社.

董扬. 2017. 对电动汽车补贴政策调整的建议[J]. 汽车纵横，（12）：3.

杜祥琬. 2020-07-17. 能源转型 推动高质量发展[N]. 人民日报.

段宏波，汪寿阳. 2019. 中国的挑战：全球温控目标从 2℃到 1.5℃的战略调整[J]. 管理世界，35（10）：50-63.

段宏波，朱磊，范英. 2015. 中国碳捕获与封存技术的成本演化和技术扩散分析——基于中国能源经济内生技术综合模型[J]. 系统工程理论与实践，35（2）：333-341.

范英，衣博文. 2021. 能源转型的规律、驱动机制与中国路径[J]. 管理世界，37（8）：95-105.

付于武，陈秀敏. 2019. 深刻认识汽车产业发展规律[J]. 中国工程科学，21（3）：98-102.

葛少云，郭建祎，刘洪，等. 2014. 计及需求侧响应及区域风光出力的电动汽车有序充电对电网负荷曲线的影响[J]. 电网技术, 38（7）: 1806-1811.

耿文欣, 范英. 2021. 碳交易政策是否促进了能源强度的下降？——基于湖北试点碳市场的实证[J]. 中国人口·资源与环境, 31（9）: 104-113.

工业和信息化部. 2017a-06-19. 关于 2016 年新能源汽车补贴前期审批工作的公示[EB/OL]. http://www.miit.gov.cn/n1146295/n1652858/n1653100/n3767755/c5647658/content.html.

工业和信息化部. 2017b-09-07. 关于 2016 年度新能源汽车推广应用补助资金（补充申请）初步审核情况的公示[EB/OL]. http://www.miit.gov.cn/newweb/n1146285/n1146352/n3054355/n3057585/n3057592/c5786736/content.html.

工业和信息化部. 2017c-11-28. 关于 2016 年度新能源汽车推广应用补助资金（第二批）初步审核情况的公示[EB/OL]. http://www.miit.gov.cn/n1146285/n1146352/n3054355/n3057585/n3057592/c5931108/content.html.

公安部. 2018-01-19. 2017 年中国的机动车和驾驶人数量继续保持高增长[EB/OL]. https://www.mps.gov.cn/n2255040/n4908728/c5977158/content.html.

郭晓丽, 肖欣, 张新松, 等. 2017. 微网下 V2G 技术经济性的分析与研究[J]. 电网与清洁能源, 33（3）: 43-48, 55.

国家能源局. 2020-12-31. 新时代中国能源在高质量发展道路上奋勇前进[N]. 人民日报.

韩秀云. 2012. 对我国新能源产能过剩问题的分析及政策建议——以风能和太阳能行业为例[J]. 管理世界, （8）: 171-172, 175.

何建坤. 2020-12-08. 未来十年还需大力发展可再生能源[N]. 人民政协报.

何凌云, 黎姿, 梁宵, 等. 2020. 政府补贴、税收优惠还是低利率贷款？——产业政策对环保产业绿色技术创新的作用比较[J]. 中国地质大学学报（社会科学版）, 20（6）: 42-58.

洪永淼, 汪寿阳. 2021. 大数据如何改变经济学研究范式？ [J]. 管理世界, 37（10）: 40-55, 72.

黄守军, 陈浪南, 张凡勇. 2019. 考虑用户风险规避的 V2G 备用消费价格补贴 CVaR 模型研究[J]. 系统工程理论与实践, 39（8）: 1976-1990.

黄守军, 杨俊, 陈其安. 2016. 基于 B-S 期权定价模型的 V2G 备用合约协调机制研究[J]. 中国管理科学, 24（10）: 10-21.

黄维和, 梅应丹, 吴丽丽, 等. 2021. 能源革命与中国能源经济安全保障探析[J]. 中国工程科学, 23（1）: 124-132.

交通运输部. 2017-12-15. 《关于 2018 年小客车指标总量和配置比例的通告》发布[EB/OL]. http://www.mot.gov.cn/difangxinwen/xxlb_fabu/fbpd_beijing/201712/t20171218_2955711.html.

李东东, 邹思源, 刘洋, 等. 2017. 共享模式下的充电桩引导与充电价格研究[J]. 电网技术, 41（12）: 3971-3979.

李含玉, 杜兆斌, 陈丽丹, 等. 2019. 基于出行模拟的电动汽车充电负荷预测模型及 V2G 评估[J]. 电力系统自动化, 43（21）: 88-96.

李兰冰, 刘秉镰. 2020. "十四五"时期中国区域经济发展的重大问题展望[J]. 管理世界,

36（5）：36-51.

李旭，熊勇清. 2021. "双积分"政策对新能源车企研发投入的影响分析[J]. 科学学研究，39（10）：1770-1780.

梁吉，左艺，张玉琢，等. 2019. 基于可再生能源配额制的风电并网节能经济调度[J]. 电网技术，43（7）：2528-2534.

林伯强. 2018. 中国新能源发展战略思考[J]. 中国地质大学学报（社会科学版），（18）：2.

林程，田雨，于潇，等. 2022. 高性能全气候电动客车的关键技术[J]. 科技导报，40（14）：41-50.

刘坚，熊英，金亨美，等. 2021. 电动汽车参与电力需求响应的成本效益分析——以上海市为例[J]. 全球能源互联网，4（1）：86-94.

罗继东，邹梦丽，侯宝华，等. 2022. 考虑 V2G 及碳排放量的风光储综合能源系统协调优化运行[J]. 电测与仪表，（1）：1-8.

罗建竹，苏春. 2021. 基于用户行为和分时电价的充电定价策略优化[J]. 东南大学学报（自然科学版），51（6）：1109-1116.

罗燊，张永伟. 2020. "新基建"背景下城市智能基础设施的建设思路[J]. 城市发展研究，27（11）：51-56.

马少超，范英. 2018. 基于时间序列协整的中国新能源汽车政策评估[J]. 中国人口·资源与环境，28（4）：117-124.

马少超，范英. 2022. 能源系统低碳转型中的挑战与机遇：车网融合消纳可再生能源[J]. 管理世界，38（5）：209-223.

马少超，范英，李杨. 2020-08-18. 中国公募 REITs 试点：充电桩行业能否获得融资新途径[EB/OL]. http://www.cnenergynews.cn/huizhan/2020/08/18/detail_2020081875554.html.

欧阳明高. 2017. 新能源汽车：新进展、新趋势、新挑战[J]. 新能源经贸观察，（7）：36-39.

潘晨，李善同，何建武，等. 2022. 考虑省际贸易结构的中国碳排放变化的驱动因素分析[J]. 管理评论，（1）：1-12.

汽车消费报告. 2016-05-10. 2016 中国新能源乘用车消费者调研报告[EB/OL]. www.sohu.com/a/74645368_215942.

邵文博，李骏，张玉新，等. 2022. 智能汽车预期功能安全保障关键技术[J]. 汽车工程，44（9）：1289-1304.

佘承其，张照生，刘鹏，等. 2019. 大数据分析技术在新能源汽车行业的应用综述——基于新能源汽车运行大数据[J]. 机械工程学报，55（20）：3-16.

苏利阳，王毅，陈茜，等. 2013. 未来中国纯电动汽车的节能减排效益分析[J]. 气候变化研究进展，9（4）：284-290.

孙逢春，王震坡，温才妃. 2021-11-18. 智能网联新能源汽车数据安全如何保障[N]. 中国科学报.

孙鹏，楼润平，李清玲. 2017. 能源替代、可再生能源发电产业发展与政府规制政策研究[J]. 能源研究与管理，（2）：1-7.

谭维玉，雷雨，李军，等. 2020. 计及动态分时电价的电动汽车参与电网调度研究[J]. 可再生能源，38（11）：1515-1522.

唐葆君，王翔宇，王彬，等. 2019. 中国新能源汽车行业发展水平分析及展望[J]. 北京理工大学学报（社会科学版），21（2）：6-11.

涂强，莫建雷，范英. 2020. 中国可再生能源政策演化、效果评估与未来展望[J]. 中国人口·资源与环境，30（3）：29-36.

王震坡，黎小慧，孙逢春. 2020. 产业融合背景下的新能源汽车技术发展趋势[J]. 北京理工大学学报，40（1）：1-10.

习近平. 2020. 国家中长期经济社会发展战略若干重大问题[J]. 求是，（21）：7-9.

项顶，胡泽春，宋永华，等. 2015. 通过电动汽车与电网互动减少弃风的商业模式与日前优化调度策略[J]. 中国电机工程学报，35（24）：6293-6303.

肖伯文，范英. 2022. 新冠疫情的经济影响与绿色经济复苏政策评估[J]. 系统工程理论与实践，42（2）：273-288.

解振华，张明柳. 2017-01-20. 发展电动汽车意义重大[N]. 中国政府采购报.

徐斌，陈宇芳，沈小波. 2019. 清洁能源发展、二氧化碳减排与区域经济增长[J]. 经济研究，54（7）：188-202.

徐素秀，谢冰，秦威，等. 2021. 电动汽车充电与换电模式定价及投资策略[J]. 交通运输系统工程与信息，21（5）：183-189.

闫志杰，张蕊萍，董海鹰，等. 2018. 基于需求响应的电动汽车充放电电价与时段研究[J]. 电力系统保护与控制，46（15）：16-22.

杨景旭，张勇军. 2020. 基于有序充电启动机制和补贴机制的充电负荷接纳能力优化[J]. 电力自动化设备，40（11）：122-130.

姚颖蓓，陆建忠，傅业盛，等. 2021. 华东地区电动汽车发展趋势及用电需求预测[J]. 电力系统保护与控制，49（4）：141-145.

衣博文，许金华，范英. 2017. 我国可再生能源配额制中长期目标的最优实现路径及对电力行业的影响分析[J]. 系统工程学报，32（3）：313-324.

弋亚群，向琴. 2009. 我国新能源汽车产业分析[J]. 中国软科学，（S1）：60-63.

张凡勇，黄守军，杨俊. 2018. 考虑随机需求与收入共享的风险规避型 V2G 备用决策模型[J]. 中国管理科学，26（11）：166-175.

张红霞，石敏俊. 2022. 电力价格市场化的成本影响分析——基于考虑价格异质性的投入产出价格模型[J]. 管理评论，34（1）：17-25.

张奇，李彦，王歌，等. 2019. 基于复杂网络的电动汽车充电桩众筹市场信用风险建模与分析[J]. 中国管理科学，27（8）：66-74.

张瑞友，王朝鸣，王德成. 2021. 考虑充电调度的共享电动汽车调运模型与优化[J]. 系统工程理论与实践，41（2）：370-377.

张希良，姜克隽，赵英汝，等. 2021. 促进能源气候协同治理机制与路径跨学科研究[J]. 全球能源互联网，4（1）：1-4.

张兴平，饶娆，冯一帆. 2016. 电动出租车充电行为分析及综合效益跨区域对比[J]. 中国电力，49（2）：141-147.

张雪峰，宋鸽，闫勇. 2020. 城市低碳交通体系对能源消费结构的影响研究——来自中国十四个城市的面板数据经验[J]. 中国管理科学，28（12）：173-183.

张增凯，彭彬彬，解伟，等. 2021. 能源转型与管理领域的科学研究问题[J]. 管理科学学报，24（8）：147-153.

张中祥，曹欢. 2022. "2+26"城市雾霾治理政策效果评估[J]. 中国人口·资源与环境，32（2）：26-36.

张中祥，邵珠琼. 2020. 辩证和发展地看待"杀手锏"技术和"卡脖子"技术的关系[J]. 国家治理，（45）：9-14.

章建华. 2019-08-13. 推动新时代能源事业高质量发展[N]. 人民日报.

赵晓丽，孙楚钰. 2021. 包含风电的电力系统电价机制优化设计：基于成本收益的分析[J]. 系统工程理论与实践，41（6）：1465-1475.

中国电动汽车百人会课题组，欧阳明高，王秉刚，等. 2016. 建立我国电动汽车安全体系的九大建议[J]. 时代汽车，（8）：10-12.

中国电动汽车充电基础设施促进联盟. 2019-02-25. 充电联盟充电设施统计汇总-201901[EB/OL]. http://www.evcipa.org.cn/.

中国能源研究会. 2018. 中国能源发展报告 2018[J]. 中国电业，（10）：2.

中国汽车技术研究中心，日产（中国）投资有限公司，东风汽车有限公司. 2016. 中国新能源汽车产业发展报告（2016）[M]. 北京：社会科学文献出版社.

中国新闻网. 2012-02-13. 王秉刚：我国电动汽车产业刚迈入导入期[N]. 科技日报.

周济. 2022. 以智能制造为主攻方向 坚定不移建设制造强国[J]. 中国工业和信息化，（9）：34-40.

周健，华中生，尹建伟，等. 2018. 基于平均电价的在线电动汽车充电排程定价机制[J]. 管理科学学报，21（1）：1-12.

周燕，潘遥. 2019. 财政补贴与税收减免——交易费用视角下的新能源汽车产业政策分析[J]. 管理世界，35（10）：133-149.

Adepetu A，Keshav S. 2017. The relative importance of price and driving range on electric vehicle adoption: Los Angeles case study[J]. Transportation，44（2）：353-373.

Åhman M. 2006. Government policy and the development of electric vehicles in Japan[J]. Energy Policy，（34）：433-443.

Alghoul M A, Hammadi F Y, Amin N, et al. 2018. The role of existing infrastructure of fuel stations in deploying solar charging systems, electric vehicles and solar energy: a preliminary analysis[J]. Technological Forecasting and Social Change, 137: 317-326.

Allcott H. 2011. Consumers' perceptions and misperceptions of energy costs[J]. American Economic Review, 101 (3): 98-104.

Alsharif A, Tan C W, Ayop R, et al. 2021. A comprehensive review of energy management strategy in vehicle-to-grid technology integrated with renewable energy sources[J]. Sustainable Energy Technologies and Assessments, 47: 101439.

Andrews D W K, Lu B. 2001. Consistent model and moment selection procedures for GMM estimation with application to dynamic panel data models[J]. Journal of Econometrics, 101 (1): 123-164.

Arellano M, Bover O. 1995. Another look at the instrumental variable estimation of error-components models[J]. Journal of Econometrics, 68 (1): 29-51.

Axsen J, Bailey J, Castro M A. 2015. Preference and lifestyle heterogeneity among potential plug-in electric vehicle buyers[J]. Energy Economics, 50: 190-201.

Axsen J, Kurani K S, Burke A. 2010. Are batteries ready for plug-in hybrid buyers?[J]. Transport Policy, 17 (3): 173-182.

Axsen J, Orlebar C, Skippon S. 2013. Social influence and consumer preference formation for pro-environmental technology: the case of a UK workplace electric-vehicle study[J]. Ecological Economics, 95: 96-107.

Axsen J, TyreeHageman J, Lentz A. 2012. Lifestyle practices and pro-environmental technology[J]. Ecological Economics, 82: 64-74.

Bachner G, Steininger K W, Williges K, et al. 2019. The economy-wide effects of large-scale renewable electricity expansion in Europe: the role of integration costs[J]. Renewable Energy, 134: 1369-1380.

Bai B, Xiong S, Song B, et al. 2019. Economic analysis of distributed solar photovoltaics with reused electric vehicle batteries as energy storage systems in China[J]. Renewable and Sustainable Energy Reviews, 109: 213-229.

Banfi S, Farsi M, Filippini M, et al. 2008. Willingness to pay for energy-saving measures in residential buildings[J]. Energy Economics, 30 (2): 503-516.

Barth M, Jugert P, Fritsche I. 2016. Still underdetected-social norms and collective efficacy predict the acceptance of electric vehicles in Germany[J]. Transportation Research Part F: Traffic Psychology and Behaviour, 37: 64-77.

Beck M J, Rose J M, Greaves S P. 2017. I can't believe your attitude: a joint estimation of best worst attitudes and electric vehicle choice[J]. Transportation, 44 (4): 753-772.

Benysek G, Jarnut M. 2012. Electric vehicle charging infrastructure in Poland[J]. Renewable and Sustainable Energy Reviews, 16 (1): 320-328.

Bishop R C, Mitchell R C, Carson R T. 1990. Using surveys to value public goods: the contingent valuation method[J]. Land Economics, 72 (1): 153-163.

Bjerkan K Y, Nørbech T E, Nordtømme M E. 2016. Incentives for promoting battery electric vehicle (BEV) adoption in Norway[J]. Transportation Research Part D: Transport and Environment, 43: 169-180.

Bogdanov D, Farfan J, Sadovskaia K, et al. 2019. Radical transformation pathway towards sustainable electricity via evolutionary steps[J]. Nature Communications, 10 (1): 1-16.

Borchers A M, Duke J M, Parsons G R. 2007. Does willingness to pay for green energy differ by source?[J]. Energy Policy, 35 (6): 3327-3334.

Borgstedt P, Neyer B, Schewe G. 2017. Paving the road to electric vehicles—A patent analysis of the automotive supply industry[J]. Journal of Cleaner Production, 167: 75-87.

Bowman S R, Angeli G, Potts C, et al. 2015. A large annotated corpus for learning natural language inference[J]. arXiv preprint arXiv: 1508. 05326.

Boza P, Evgeniou T. 2021. Artificial intelligence to support the integration of variable renewable energy sources to the power system[J]. Applied Energy, 290: 116754.

Breidert C, Hahsler M, Reutterer T. 2006. A review of methods for measuring willingness-to-pay[J]. Innovative Marketing, 2 (4): 8-32.

Brown M A, Dwivedi P, Mani S, et al. 2021. A framework for localizing global climate solutions and their carbon reduction potential[J]. Proceedings of the National Academy of Sciences, 118 (31): e2100008118.

Brown T C, Kingsley D, Peterson G L, et al. 2008. Reliability of individual valuations of public and private goods: choice consistency, response time, and preference refinement[J]. Journal of Public Economics, 92 (7): 1595-1606.

Buchholz S, Marsi E. 2006. CoNLL-X shared task on multilingual dependency parsing[C]. Proceedings of the Tenth Conference on Computational Natural Language Learning (CoNLL-X).

Bühler F, Cocron P, Neumann I, et al. 2014. Is EV experience related to EV acceptance? Results from a German field study[J]. Transportation Research Part F: Traffic Psychology and Behaviour, 25: 34-49.

Bukar A L, Tan C W, Lau K Y. 2019. Optimal sizing of an autonomous photovoltaic/wind/battery/ diesel generator microgrid using grasshopper optimization algorithm[J]. Solar Energy, 188: 685-696.

Bunsen T, Cazzola P, Gorner M, et al. 2018. Global EV Outlook 2018: towards cross-modal electrification[R]. International Energy Agency.

Burgess M, King N, Harris M, et al. 2013. Electric vehicle drivers' reported interactions with the public: driving stereotype change?[J]. Transportation Research Part F: Traffic Psychology and Behaviour, 17: 33-44.

Canepa K, Hardman S, Tal G. 2019. An early look at plug-in electric vehicle adoption in disadvantaged communities in California[J]. Transport Policy, 78: 19-30.

Carley S, Krause R M, Lane B W, et al. 2013. Intent to purchase a plug-in electric vehicle: a survey of early impressions in large US cities[J]. Transportation Research Part D: Transport and Environment, 18: 39-45.

CEIP (Carnegie Endowment for International Peace). 2012. Policy Priorities for Advancing the U. S. Electric Vehicle Market[R]. CEIP.

Chen P, Hsiao C Y. 2010. Looking behind Granger causality[R]. Munich Personal RePEc Archive, 24859.

Chen Q, Zhu X, Ling Z, et al. 2016. Enhanced LSTM for natural language inference[J]. arXiv preprint arXiv: 1609. 06038.

Colombo S, Hanley N, Louviere J. 2009. Modeling preference heterogeneity in stated choice data: an analysis for public goods generated by agriculture[J]. Agricultural Economics, 40 (3): 307-322.

Crabtree G. 2019. The coming electric vehicle transformation[J]. Science, 2019, 366 (6464): 422-424.

Cummings R G, Taylor L O. 1999. Unbiased value estimates for environmental goods: a cheap talk design for the contingent valuation method[J]. American Economic Review, 89 (3): 649-665.

Das H S, Rahman M M, Li S, et al. 2020. Electric vehicles standards, charging infrastructure, and impact on grid integration: a technological review[J]. Renewable and Sustainable Energy Reviews, 120: 109618.

Davis S J, Lewis N S, Shaner M, et al. 2018. Net-zero emissions energy systems[J]. Science, 360 (6396): eaas9793.

de Valck J, Vlaeminck P, Broekx S, et al. 2014. Benefits of clearing forest plantations to restore nature? Evidence from a discrete choice experiment in Flanders, Belgium[J]. Landscape and Urban Planning, 125: 65-75.

Diamond D. 2009. The impact of government incentives for hybrid-electric vehicles: evidence from US states[J]. Energy Policy, 37 (3): 972-983.

Dimitropoulos A, Rietveld P, van Ommeren J N. 2013. Consumer valuation of changes in driving range: a meta-analysis[J]. Transportation Research Part A: Policy and Practice, 55: 27-45.

Dimitropoulos A, van Ommeren J N, Koster P, et al. 2016. Not fully charged: welfare effects of tax incentives for employer-provided electric cars[J]. Journal of Environmental Economics and Management, 78: 1-19.

Du H, Chen Z, Peng B, et al. 2019. What drives CO_2 emissions from the transport sector? A linkage analysis[J]. Energy, 175: 195-204.

Du H, Li Q, Liu X, et al. 2021. Costs and potentials of reducing CO_2 emissions in China's transport sector: findings from an energy system analysis[J]. Energy, 234: 121163.

Du J, Ouyang M, Chen J. 2017. Prospects for Chinese electric vehicle technologies in 2016-2020: ambition and rationality[J]. Energy, 120: 584-596.

Duan H, Zhang G, Wang S, et al. 2018. Balancing China's climate damage risk against emission control costs[J]. Mitigation and Adaptation Strategies for Global Change, 23 (3): 387-403.

Duan H, Zhou S, Jiang K, et al. 2021. Assessing China's efforts to pursue the 1.5 C warming limit[J]. Science, 372 (6540): 378-385.

Egbue O, Long S. 2012. Barriers to widespread adoption of electric vehicles: an analysis of consumer attitudes and perceptions[J]. Energy Policy, 48: 717-729.

Engle R F, Granger C W J. 1987. Co-integration and error correction: representation, estimation, and testing[J]. Econometrica: Journal of the Econometric Society, (2): 251-276.

Fan Y, Peng B B, Xu J H. 2017. The effect of technology adoption on CO_2 abatement costs under uncertainty in China's passenger car sector[J]. Journal of Cleaner Production, 154: 578-592.

Faria M V, Baptista P C, Farias T L. 2014. Electric vehicle parking in European and American context: economic, energy and environmental analysis[J]. Transportation Research Part A: Policy and Practice, 64: 110-121.

Fetene G M, Kaplan S, Mabit S L, et al. 2017. Harnessing big data for estimating the energy consumption and driving range of electric vehicles[J]. Transportation Research Part D: Transport and Environment, 54: 1-11.

Figenbaum E. 2017. Perspectives on Norway's supercharged electric vehicle policy[J]. Environmental Innovation and Societal Transitions, 25: 14-34.

Finn P, Fitzpatrick C, Connolly D. 2012. Demand side management of electric car charging: benefits for consumer and grid[J]. Energy, 42 (1): 358-363.

Franke T, Krems J F. 2013. What drives range preferences in electric vehicle users?[J]. Transport Policy, 30: 56-62.

Frederick S. 2012. Overestimating others' willingness to pay[J]. Journal of Consumer Research, 39 (1): 1-21.

Fries J A. 2016. Brundlefly at SemEval-2016 Task 12: recurrent neural networks vs. joint inference for clinical temporal information extraction[J]. arXiv preprint arXiv：1606.01433.

Gelaro R, McCarty W, Suárez M J, et al. 2017. The modern-era retrospective analysis for research and applications, version 2（MERRA-2）[J]. Journal of Climate, 30（14）：5419-5454.

Geske J, Schumann D. 2018. Willing to participate in vehicle-to-grid（V2G）？Why not![J]. Energy Policy, 120：392-401.

Gnann T, Funke S, Jakobsson N, et al. 2018. Fast charging infrastructure for electric vehicles：today's situation and future needs[J]. Transportation Research Part D：Transport and Environment, 62：314-329.

Gnann T, Plötz P, Funke S, et al. 2015b. What is the market potential of plug-in electric vehicles as commercial passenger cars? A case study from Germany[J]. Transportation Research Part D：Transport and Environment, 37：171-187.

Gnann T, Plötz P, Kühn A, et al. 2015a. Modelling market diffusion of electric vehicles with real world driving data—German market and policy options[J]. Transportation Research Part A：Policy and Practice, 77：95-112.

Gong H, Wang M Q, Wang H. 2013. New energy vehicles in China：policies, demonstration, and progress[J]. Mitigation and Adaptation Strategies for Global Change, 18（2）：207-228.

Gordon J, Chapman R, Blamey R. 2001. Assessing the options for canberra water supply：an application of choice modeling in the choice modeling approach to environmental valuation[J]. Edward Elgar, Cheltenham,（6）：73-92.

Graham-Rowe E, Gardner B, Abraham C, et al. 2012. Mainstream consumers driving plug-in battery-electric and plug-in hybrid electric cars：a qualitative analysis of responses and evaluations[J]. Transportation Research Part A：Policy and Practice, 46（1）：140-153.

Green E H, Skerlos S J, Winebrake J J. 2014. Increasing electric vehicle policy efficiency and effectiveness by reducing mainstream market bias[J]. Energy Policy, 65：562-566.

Grubb M. 2014. Planetary Economics：Energy, Climate Change and the Three Domains of Sustainable Development[M]. London：Routledge.

Guille C, Gross G. 2009. A conceptual framework for the vehicle-to-grid（V2G）implementation[J]. Energy Policy, 37（11）：4379-4390.

Hackbarth A, Madlener R. 2013. Consumer preferences for alternative fuel vehicles：a discrete choice analysis[J]. Transportation Research Part D：Transport and Environment, 25：5-17.

Hackbarth A, Madlener R. 2016. Willingness-to-pay for alternative fuel vehicle characteristics：a stated choice study for Germany[J]. Transportation Research Part A：Policy and Practice, 85：89-111.

Hall D, Cui H, Lutsey N. 2017. Electric vehicle capitals of the world：what markets are leading the transition to electric?[R]. The International Council on Clean Transportation.

Hamilton J D. 1994. Time Series Analysis[M]. Town of Princeton: Princeton.

Hanemann W M. 1991. Willingness to pay and willingness to accept: how much can they differ?[J]. The American Economic Review, 81（3）: 635-647.

Hao H, Ou X, Du J, et al. 2014. China's electric vehicle subsidy scheme: rationale and impacts[J]. Energy Policy, 73: 722-732.

Hardman S, Chandan A, Tal G, et al. 2017. The effectiveness of financial purchase incentives for battery electric vehicles—A review of the evidence[J]. Renewable and Sustainable Energy Reviews, 80: 1100-1111.

Hardman S, Jenn A, Tal G, et al. 2018. A review of consumer preferences of and interactions with electric vehicle charging infrastructure[J]. Transportation Research Part D: Transport and Environment, 62: 508-523.

Harper G, Sommerville R, Kendrick E, et al. 2019. Recycling lithiumion batteries from electric vehicles[J]. Nature, 575（7781）: 75-86.

Harrison G, Thiel C. 2016. An exploratory policy analysis of electric vehicle sales competition and sensitivity to infrastructure in Europe[J]. Technological Forecasting and Social Change, 114: 165-178.

He H, Fan J, Li Y, et al. 2017. When to switch to a hybrid electric vehicle: a replacement optimisation decision[J]. Journal of Cleaner Production, 148: 295-303.

He X, Zhan W, Hu Y. 2018. Consumer purchase intention of electric vehicles in China: the roles of perception and personality[J]. Journal of Cleaner Production, 204: 1060-1069.

Helveston J P, Liu Y, Feit E M D, et al. 2015. Will subsidies drive electric vehicle adoption? Measuring consumer preferences in the US and China[J]. Transportation Research Part A: Policy and Practice, 73: 96-112.

Hensher D A, Rose J M, Greene W H. 2005. Applied Choice Analysis: A Primer[M]. Cambridge: Cambridge University Press.

Hidrue M K, Parsons G R, Kempton W, et al. 2011. Willingness to pay for electric vehicles and their attributes[J]. Resource and Energy Economics, 33（3）: 686-705.

Higgins C D, Mohamed M, Ferguson M R. 2017. Size matters: how vehicle body type affects consumer preferences for electric vehicles[J]. Transportation Research Part A: Policy and Practice, 100: 182-201.

Hoen A, Koetse M J. 2014. A choice experiment on alternative fuel vehicle preferences of private car owners in the Netherlands[J]. Transportation Research Part A: Policy and Practice, 61: 199-215.

Holtz-Eakin D, Newey W, Rosen H S. 1988. Estimating vector autoregressions with panel data[J].

Econometrica: Journal of the Econometric Society，（2）：1371-1395.

Horowitz J K，McConnell K E. 2002. A review of WTA/WTP studies[J]. Journal of Environment Economics and Management，44（3）：426-447.

Hou S，Fan Y，Yi B W. 2021. Long-term renewable electricity planning using a multistage stochastic optimization with nested decomposition[J]. Computers & Industrial Engineering，161：107636.

Hu M，Liu B. 2004. Mining opinion features in customer reviews[C]. AAAI，4（4）：755-760.

Hu Z，Zhan K，Zhang H，et al. 2016. Pricing mechanisms design for guiding electric vehicle charging to fill load valley[J]. Applied Energy，178：155-163.

Huang B，Meijssen A G，Annema J A，et al. 2021. Are electric vehicle drivers willing to participate in vehicle-to-grid contracts? A context-dependent stated choice experiment[J]. Energy Policy，156：112410.

Huo H，Zhang Q，Liu F，et al. 2013. Climate and environmental effects of electric vehicles versus compressed natural gas vehicles in China：a life-cycle analysis at provincial level[J]. Environmental Science & Technology，47（3）：1711-1718.

Huo H，Zhang Q，Wang M Q，et al. 2010. Environmental implication of electric vehicles in China[J]. Environmental Science & Technology，44（13）：4856-4861.

ICCT（The International Council on Clean Transportation）. 2014. Evaluation of State-Level U. S. Electric Vehicle Incentives[R]. ICCT.

IEA. 2009. World Energy Outlook 2006[R]. International Energy Agency.

IEA. 2016-05-27. Global EV Outlook 2016[EB/OL]. https://www.iea.org/publications/freepublications/publication/Global_EV_Outlook_2016.pdf.

IEA. 2022-05-10. Global EV Outlook 2022[EB/OL]. https://www.iea.org/reports/global-ev-outlook-2022.

Impram S，Nese S V，Oral B. 2020. Challenges of renewable energy penetration on power system flexibility：a survey[J]. Energy Strategy Reviews，31：100539.

IREA（Institut de Recerca en Economia Aplicada）. 2012. Policy Options for the Promotion of Electric Vehicles：a Review[R]. IREA.

IRENA. 2020. Renewable Power Generation Costs in 2019[R]. Abu Dhabi：International Renewable Energy Agency.

Isik M，Dodder R，Kaplan P O. 2021. Transportation emissions scenarios for New York City under different carbon intensities of electricity and electric vehicle adoption rates[J]. Nature Energy，6（1）：92-104.

Islam M S，Mithulananthan N，Hung D Q. 2019. Coordinated EV charging for correlated EV and grid loads and PV output using a novel, correlated, probabilistic model[J]. International

Journal of Electrical Power & Energy Systems, 104: 335-348.

Jensen A F, Cherchi E, Mabit S L. 2013. On the stability of preferences and attitudes before and after experiencing an electric vehicle[J]. Transportation Research Part D: Transport and Environment, 25: 24-32.

Jensen A F, Mabit S L. 2017. The use of electric vehicles: a case study on adding an electric car to a household[J]. Transportation Research Part A: Policy and Practice, 106: 89-99.

Ji Z, Huang X. 2018. Plug-in electric vehicle charging infrastructure deployment of China towards 2020: policies, methodologies, and challenges[J]. Renewable and Sustainable Energy Reviews, 90: 710-727.

Jian L, Zheng Y, Shao Z. 2017. High efficient valley-filling strategy for centralized coordinated charging of large-scale electric vehicles[J]. Applied Energy, 186: 46-55.

Jordehi A R. 2018. How to deal with uncertainties in electric power systems? A review[J]. Renewable and Sustainable Energy Reviews, 96: 145-155.

Kang M J, Park H. 2011. Impact of experience on government policy toward acceptance of hydrogen fuel cell vehicles in Korea[J]. Energy Policy, 39 (6): 3465-3475.

Kao C. 1990. Spurious regression and residual-based tests for cointegration in panel data[J]. Journal of Econometrics, 90 (1): 1-44.

Kaufmann R, Newberry D, Xin C, et al. 2021. Feedbacks among electric vehicle adoption, charging, and the cost and installation of rooftop solar photovoltaics[J]. Nature Energy, 6 (2): 143-149.

Kester J, de Rubens G Z, Sovacool B K, et al. 2019. Public perceptions of electric vehicles and vehicle-to-grid (V2G): insights from a Nordic focus group study[J]. Transportation Research Part D: Transport and Environment, 74: 277-293.

Kim J D. 2019. Insights into residential EV charging behavior using energy meter data[J]. Energy Policy, 129: 610-618.

Kim J D, Rasouli S, Timmermans H. 2014. Expanding scope of hybrid choice models allowing for mixture of social influences and latent attitudes: application to intended purchase of electric cars[J]. Transportation Research Part A: Policy and Practice, 69: 71-85.

Kim S G, Kang J. 2018. Analyzing the discriminative attributes of products using text mining focused on cosmetic reviews[J]. Information Processing & Management, 54 (6): 938-957.

Krause R M, Carley S R, Lane B W, et al. 2013. Perception and reality: public knowledge of plug-in electric vehicles in 21 US cities[J]. Energy Policy, 63: 433-440.

Lafferty J, McCallum A, Pereira F C N. 2001. Conditional random fields: probabilistic models for segmenting and labeling sequence data[C]. Proceedings of the 18th International Conference on Machine Learning 2001, ACM: 282-289.

Lai I K W, Liu Y, Sun X, et al. 2015. Factors influencing the behavioural intention towards full electric vehicles: an empirical study in Macau[J]. Sustainability, 7（9）: 12564-12585.

Lane B W, Dumortier J, Carley S, et al. 2018. All plug-in electric vehicles are not the same: predictors of preference for a plug-in hybrid versus a battery-electric vehicle[J]. Transportation Research Part D: Transport and Environment, 65: 1-13.

Langbroek J H M, Franklin J P, Susilo Y O. 2016. The effect of policy incentives on electric vehicle adoption[J]. Energy Policy, 94: 94-103.

Larsson R, Lyhagen J, Löthgren M. 2001. Likelihood-based cointegration tests in heterogeneous panels[J]. The Econometrics Journal, 4（1）: 109-142.

Levinson R S, West T H. 2018. Impact of public electric vehicle charging infrastructure[J]. Transportation Research Part D: Transport and Environment, 64: 158-177.

Li J, Wang L, Lin X, et al. 2020. Analysis of China's energy security evaluation system: based on the energy security data from 30 provinces from 2010 to 2016[J]. Energy, 198: 117346.

Li P, Jones S. 2015. Vehicle restrictions and CO_2 emissions in Beijing—A simple projection using available data[J]. Transportation Research Part D: Transport and Environment, 41: 467-476.

Li S, Tong L, Xing J, et al. 2017. The market for electric vehicles: indirect network effects and policy design[J]. Journal of the Association of Environmental and Resource Economists, 4（1）: 89-133.

Li W, Long R, Chen H. 2016. Consumers' evaluation of national new energy vehicle policy in China: an analysis based on a four paradigm model[J]. Energy Policy, 99: 33-41.

Li W, Long R, Chen H, et al. 2017. A review of factors influencing consumer intentions to adopt battery electric vehicles[J]. Renewable and Sustainable Energy Reviews, 78: 318-328.

Li W, Long R, Chen H, et al. 2018. Effects of personal carbon trading on the decision to adopt battery electric vehicles: analysis based on a choice experiment in Jiangsu, China[J]. Applied Energy, 209: 478-488.

Li X, Zhang Q, Peng Z, et al. 2019. A data-driven two-level clustering model for driving pattern analysis of electric vehicles and a case study[J]. Journal of Cleaner Production, 206: 827-837.

Liao F, Molin E, van Wee B. 2017. Consumer preferences for electric vehicles: a literature review[J]. Transport Reviews, 37（3）: 252-275.

Lieven T, Mühlmeier S, Henkel S, et al. 2011. Who will buy electric cars? An empirical study in Germany[J]. Transportation Research Part D: Transport and Environment, 16（3）: 236-243.

Lin B, Wu W. 2018. Why people want to buy electric vehicle: an empirical study in first-tier cities of China[J]. Energy Policy, 112: 233-241.

Lin B, Zhu J. 2017. Energy and carbon intensity in China during the urbanization and industrialization process: a panel VAR approach[J]. Journal of Cleaner Production, 168: 780-790.

Lin Y, Johnson J X, Mathieu J L. 2016. Emissions impacts of using energy storage for power system reserves[J]. Applied Energy, 168: 444-456.

Linn J, Shih J S. 2019. Do lower electricity storage costs reduce greenhouse gas emissions?[J]. Journal of Environmental Economics and Management, 96: 130-158.

Liu J. 2012. Electric vehicle charging infrastructure assignment and power grid impacts assessment in Beijing[J]. Energy Policy, 51: 544-557.

Liu J, Wei Q. 2018. Risk evaluation of electric vehicle charging infrastructure public-private partnership projects in China using fuzzy TOPSIS[J]. Journal of Cleaner Production, 189: 211-222.

Liu Y, Sun C, Lin L, et al. 2016. Learning natural language inference using bidirectional LSTM model and inner-attention[J]. arXiv preprint arXiv: 1605. 09090.

Liu Z, Wu Q, Christensen L, et al. 2015. Driving pattern analysis of Nordic region based on National Travel Surveys for electric vehicle integration[J]. Journal of Modern Power Systems and Clean Energy, 3（2）: 180-189.

Longo A, Markandya A, Petrucci M. 2008. The internalization of externalities in the production of electricity: willingness to pay for the attributes of a policy for renewable energy[J]. Ecological Economics, 67（1）: 140-152.

Lopez-Behar D, Tran M, Froese T, et al. 2019. Charging infrastructure for electric vehicles in multi-unit residential buildings: mapping feedbacks and policy recommendations[J]. Energy Policy, 126: 444-451.

Loureiro M L, Labandeira X, Hanemann M. 2013. Transport and low-carbon fuel: a study of public preferences in Spain[J]. Energy Economics, 40: S126-S133.

Love I, Zicchino L. 2006. Financial development and dynamic investment behavior: evidence from panel VAR[J]. The Quarterly Review of Economics and Finance, 46（2）: 190-210.

Lu Y, Castellanos M, Dayal U, et al. 2011. Automatic construction of a context-aware sentiment lexicon: an optimization approach[C]. Proceedings of the 20th International Conference on World Wide Web.

Ma S C, Fan Y. 2020. A deployment model of EV charging piles and its impact on EV promotion[J]. Energy Policy, 146: 111777.

Ma S C, Fan Y, Feng L. 2017. An evaluation of government incentives for new energy vehicles in China focusing on vehicle purchasing restrictions[J]. Energy Policy, 110: 609-618.

Ma S C, Fan Y, Guo J F, et al. 2019b. Analysing online behaviour to determine Chinese consumers' preferences for electric vehicles[J]. Journal of Cleaner Production, 229: 244-255.

Ma S C, Xu J H, Fan Y. 2019a. Willingness to pay and preferences for alternative incentives to EV purchase subsidies: an empirical study in China[J]. Energy Economics, 81: 197-215.

Ma S C, Xu J H, Fan Y. 2022b. Characteristics and key trends of global electric vehicle technology development: a multi-method patent analysis[J]. Journal of Cleaner Production, 338: 130502.

Ma S C, Yi B W, Fan Y. 2022a. Research on the valley-filling pricing for EV charging considering renewable power generation[J]. Energy Economics, 106: 105781.

Madina C, Zamora I, Zabala E. 2016. Methodology for assessing electric vehicle charging infrastructure business models[J]. Energy Policy, 89: 284-293.

Manski C F. 1977. The structure of random utility models[J]. Theory and Decision, 8 (3): 229.

Margolin B H. 1968. Orthogonal main-effect 23 designs and two-factor interaction aliasing[J]. Technometrics, 10: 559-573.

Masiero L, Hensher D A. 2010. Analyzing loss aversion and diminishing sensitivity in a freight transport stated choice experiment[J]. Transportation Research Part A: Policy and Practice, 44 (5): 349-358.

Massiani J. 2015. Cost-benefit analysis of policies for the development of electric vehicles in Germany: methods and results[J]. Transport Policy, 38: 19-26.

McFadden D. 1973. Conditional Logit Analysis of Qualitative Choice Behavior[M]. New York: Academic Press.

McFadden D, Train K. 2000. Mixed MNL models for discrete response[J]. Journal of Applied Econometrics, 15 (5): 447-470.

Mersky A C, Sprei F, Samaras C, et al. 2016. Effectiveness of incentives on electric vehicle adoption in Norway[J]. Transportation Research Part D: Transport and Environment, 46: 56-68.

Milovanoff A, Posen I D, MacLean H L. 2020. Electrification of light-duty vehicle fleet alone will not meet mitigation targets[J]. Nature Climate Change, 10 (12): 1102-1107.

Miwa M, Bansal M. 2016. End-to-end relation extraction using lstms on sequences and tree structures[J]. arXiv preprint arXiv: 1601.00770.

Mo J, Zhang W, Tu Q, et al. 2021. The role of national carbon pricing in phasing out China's coal power[J]. iscience, 24 (6): 102655.

Mohamed M, Higgins C D, Ferguson M, et al. 2018. The influence of vehicle body type in shaping behavioural intention to acquire electric vehicles: a multi-group structural equation approach[J]. Transportation Research Part A: Policy and Practice, 116: 54-72.

Moon H B, Park S Y, Jeong C, et al. 2018. Forecasting electricity demand of electric vehicles by analyzing consumers' charging patterns[J]. Transportation Research Part D: Transport and

Environment, 62: 64-79.

Moons I, de Pelsmacker P. 2012. Emotions as determinants of electric car usage intention[J]. Journal of Marketing Management, 28 (3/4): 195-237.

Morrissey P, Weldon P, O'Mahony M. 2016. Future standard and fast charging infrastructure planning: an analysis of electric vehicle charging behaviour[J]. Energy Policy, 89: 257-270.

Morton C, Anable J, Nelson J D. 2016. Exploring consumer preferences towards electric vehicles: the influence of consumer innovativeness[J]. Research in Transportation Business & Management, 18: 18-28.

Motoaki Y, Yi W, Salisbury S. 2018. Empirical analysis of electric vehicle fast charging under cold temperatures[J]. Energy Policy, 122: 162-168.

Muratori M. 2018. Impact of uncoordinated plug-in electric vehicle charging on residential power demand[J]. Nature Energy, 3 (3): 193-201.

Muratori M, Elgqvist E, Cutler D, et al. 2019. Technology solutions to mitigate electricity cost for electric vehicle DC fast charging[J]. Applied Energy, 242: 415-423.

Nichols B G, Kockelman K M, Reiter M. 2015. Air quality impacts of electric vehicle adoption in Texas[J]. Transportation Research Part D: Transport and Environment, 34: 208-218.

Noppers E H, Keizer K, Bolderdijk J W, et al. 2014. The adoption of sustainable innovations: driven by symbolic and environmental motives[J]. Global Environmental Change, 25: 52-62.

Ouyang Y, Li P. 2018. On the nexus of financial development, economic growth, and energy consumption in China: new perspective from a GMM panel VAR approach[J]. Energy Economics, 71: 238-252.

Parikh A P, Täckström O, Das D, et al. 2016. A decomposable attention model for natural language inference[J]. arXiv preprint arXiv: 1606.01933.

Pedroni P. 2004. Panel cointegration: asymptotic and finite sample properties of pooled time series tests with an application to the PPP hypothesis[J]. Econometric Theory, 20 (3): 597-625.

Peng B B, Du H, Ma S, et al. 2015. Urban passenger transport energy saving and emission reduction potential: a case study for Tianjin, China[J]. Energy Conversion and Management, 102: 4-16.

Peng B B, Fan Y, Xu J H. 2016. Integrated assessment of energy efficiency technologies and CO_2 abatement cost curves in China's road passenger car sector[J]. Energy Conversion and Management, 109: 195-212.

Peng B B, Xu J H, Fan Y. 2018. Modeling uncertainty in estimation of carbon dioxide abatement costs of energy-saving technologies for passenger cars in China[J]. Energy Policy, 113: 306-319.

Peters A, Dütschke E. 2014. How do consumers perceive electric vehicles? A comparison of

German consumer groups[J]. Journal of Environmental Policy & Planning, 16（3）: 359-377.

Peterson S B, Michalek J J. 2013. Cost-effectiveness of plug-in hybrid electric vehicle battery capacity and charging infrastructure investment for reducing US gasoline consumption[J]. Energy Policy, 52: 429-438.

Philipsen R, Brell T, Brost W, et al. 2018. Running on empty-users' charging behavior of electric vehicles versus traditional refueling[J]. Transportation Research Part F: Traffic Psychology and Behaviour, 59: 475-492.

Pierre M, Jemelin C, Louvet N. 2011. Driving an electric vehicle: A sociological analysis on pioneer users[J]. Energy Efficiency, 4（4）: 511.

Plötz P, Schneider U, Globisch J, et al. 2014. Who will buy electric vehicles? Identifying early adopters in Germany[J]. Transportation Research Part A: Policy and Practice, 67: 96-109.

Power J D. 2020. China new energy vehicle experience index（NEVXI）study[EB/OL]. https:// china.jdpower.com/zh-hans/automotive/china-new-energy-vehicle-experience-index-study.

Prakash N, Kapoor R, Kapoor A, et al. 2014. Gender preferences for alternative energy transport with focus on electric vehicle[J]. Journal of Social Sciences, 10（3）: 114.

Priessner A, Hampl N. 2020. Can product bundling increase the joint adoption of electric vehicles, solar panels and battery storage? Explorative evidence from a choice-based conjoint study in Austria[J]. Ecological Economics, 167: 106381.

Qian L, Soopramanien D. 2011. Heterogeneous consumer preferences for alternative fuel cars in China[J]. Transportation Research Part D: Transport and Environment, 16（8）: 607-613.

Qian L, Soopramanien D. 2015. Incorporating heterogeneity to forecast the demand of new products in emerging markets: green cars in China[J]. Technological Forecasting and Social Change, 91: 33-46.

Qiu Y Q, Zhou P, Sun H C. 2019. Assessing the effectiveness of city-level electric vehicle policies in China[J]. Energy Policy, 130: 22-31.

REN21. 2016. Renewables 2016—Global Status Report. Renewable Energy Policy Network for the 21st Century[R]. REN21.

Riesz J, Sotiriadis C, Ambach D, et al. 2016. Quantifying the costs of a rapid transition to electric vehicles[J]. Applied Energy, 180: 287-300.

Safari M. 2018. Battery electric vehicles: looking behind to move forward[J]. Energy Policy, 115: 54-65.

Saif H, He Y, Alani H. 2012. Semantic sentiment analysis of Twitter[C]. International Semantic Web Conference.

Samuelson P A. 1948. Consumption theory in terms of revealed preference[J]. Economica, 15（60）:

243-253.

Sang Y N, Bekhet H A. 2015. Modelling electric vehicle usage intentions: an empirical study in Malaysia[J]. Journal of Cleaner Production, 92: 75-83.

Schey S, Scoffield D, Smart J. 2012. A first look at the impact of electric vehicle charging on the electric grid in the EV project[J]. World Electric Vehicle Journal, 5 (3): 667-678.

Schill W P, Zerrahn A. 2018. Long-run power storage requirements for high shares of renewables: results and sensitivities[J]. Renewable and Sustainable Energy Reviews, 83: 156-171.

Schneidereit T, Franke T, Günther M, et al. 2015. Does range matter? Exploring perceptions of electric vehicles with and without a range extender among potential early adopters in Germany[J]. Energy Research & Social Science, 8: 198-206.

Sharma A, Swaminathan R, Yang H. 2010. A verb-centric approach for relationship extraction in biomedical text[C]. 2010 IEEE Fourth International Conference on Semantic Computing.

Sierzchula W, Bakker S, Maat K, et al. 2014. The influence of financial incentives and other socio-economic factors on electric vehicle adoption[J]. Energy Policy, 68: 183-194.

Sierzchula W, Nemet G. 2015. Using patents and prototypes for preliminary evaluation of technology-forcing policies: lessons from California's zero emission vehicle regulations[J]. Technological Forecasting and Social Change, 100: 213-224.

Silvia C, Krause R M. 2016. Assessing the impact of policy interventions on the adoption of plug-in electric vehicles: an agent-based model[J]. Energy Policy, 96: 105-118.

Sims C A. 1980. Comparison of Interwar and Postwar Business Cycles: Monetarism Reconsidered[R]. National Bureau of Economic Research.

Skippon S M, Garwood M. 2011. Responses to battery electric vehicles: UK consumer attitudes and attributions of symbolic meaning following direct experience to reduce psychological distance[J]. Transportation Research Part D: Transport and Environment, 16 (7): 525-531.

Skippon S M, Kinnear N, Lloyd L, et al. 2016. How experience of use influences mass-market drivers' willingness to consider a battery electric vehicle: a randomised controlled trial[J]. Transportation Research Part A: Policy and Practice, 92: 26-42.

Sovacool B K, Kester J, Noel L, et al. 2019. Energy injustice and Nordic electric mobility: inequality, elitism, and externalities in the electrification of vehicle-to-grid (V2G) transport[J]. Ecological Economics, 157: 205-217.

Sriboonchitta S, Liu J, Sirisrisakulchai J. 2015. Willingness-to-pay estimation using generalized maximum-entropy: a case study[J]. International Journal of Approximate Reasoning, 60: 1-7.

Staffell I, Pfenninger S. 2016. Using bias-corrected reanalysis to simulate current and future wind power output[J]. Energy, 114: 1224-1239.

Steele A J H, Burnett J W, Bergstrom J C. 2021. The impact of variable renewable energy resources on power system reliability[J]. Energy Policy, 151: 111947.

Sun H, Geng Y, Hu L, et al. 2018. Measuring China's new energy vehicle patents: a social network analysis approach[J]. Energy, 153: 685-693.

Sun Z, Gao W, Li B, et al. 2020. Locating charging stations for electric vehicles[J]. Transport Policy, 98: 48-54.

Szinai J K, Sheppard C J R, Abhyankar N, et al. 2020. Reduced grid operating costs and renewable energy curtailment with electric vehicle charge management[J]. Energy Policy, 136: 111051.

Taefi T T, Kreutzfeldt J, Held T, et al. 2016. Supporting the adoption of electric vehicles in urban road freight transport—A multi-criteria analysis of policy measures in Germany[J]. Transportation Research Part A: Policy and Practice, 91: 61-79.

Taiebat M, Xu M. 2019. Synergies of four emerging technologies for accelerated adoption of electric vehicles: shared mobility, wireless charging, vehicle-to-grid, and vehicle automation[J]. Journal of Cleaner Production, 230: 794-797.

Tanaka M, Ida T, Murakami K, et al. 2014. Consumers' willingness to pay for alternative fuel vehicles: a comparative discrete choice analysis between the US and Japan[J]. Transportation Research Part A: Policy and Practice, 70: 194-209.

Tang L, Qu J, Mi Z, et al. 2019. Substantial emission reductions from Chinese power plants after the introduction of ultra-low emissions standards[J]. Nature Energy, 4 (11): 929-938.

Tang Y, Zhang Q, Li Y, et al. 2019. The social-economic-environmental impacts of recycling retired EV batteries under reward-penalty mechanism[J]. Applied Energy, 251: 113313.

Tao Y, Huang M, Yang L. 2018. Data-driven optimized layout of battery electric vehicle charging infrastructure[J]. Energy, 150: 735-744.

Tarroja B, Hittinger E. 2021. The value of consumer acceptance of controlled electric vehicle charging in a decarbonizing grid: the case of California[J]. Energy, 229: 120691.

Tian X, Geng Y, Zhong S, et al. 2018. A bibliometric analysis on trends and characters of carbon emissions from transport sector[J]. Transportation Research Part D: Transport and Environment, 59: 1-10.

Tong S, Fung T, Klein M P, et al. 2017. Demonstration of reusing electric vehicle battery for solar energy storage and demand side management[J]. Journal of Energy Storage, 11: 200-210.

Tourille J, Ferret O, Neveol A, et al. 2017. Neural architecture for temporal relation extraction: a Bi-LSTM approach for detecting narrative containers[C]. Proceedings of the 55th Annual Meeting of the Association for Computational Linguistics (Volume 2: Short Papers).

Train K E. 2009. Discrete Choice Methods with Simulation[M]. Cambridge: Cambridge University Press.

Tu Q, Mo J, Liu Z, et al. 2021. Using green finance to counteract the adverse effects of COVID-19 pandemic on renewable energy investment—The case of offshore wind power in China[J]. Energy Policy, 158: 112542.

UNFCCC（UN Framework Convention on Climate Change）. 2017-01-10. Climate Change and Sustainable Transport[EB/OL]. http://www.unfccc.int/2860.php.

Wan Z, Sperling D, Wang Y. 2015. China's electric car frustrations[J]. Transportation Research Part D: Transport and Environment, 34: 116-121.

Wang P, Du E, Zhang N, et al. 2021. Power system planning with high renewable energy penetration considering demand response[J]. Global Energy Interconnection, 4（1）: 69-80.

Wang S, Li J, Zhao D. 2017. The impact of policy measures on consumer intention to adopt electric vehicles: evidence from China[J]. Transportation Research Part A: Policy and Practice, 105: 14-26.

Wesseling J H. 2016. Explaining variance in national electric vehicle policies[J]. Environmental Innovation and Societal Transitions, 21: 28-38.

Whitehead J, Franklin J P, Washington S. 2014. The impact of a congestion pricing exemption on the demand for new energy efficient vehicles in Stockholm[J]. Transportation Research Part A: Policy and Practice, 70: 24-40.

Wolinetz M, Axsen J, Peters J, et al. 2018. Simulating the value of electric-vehicle-grid integration using a behaviourally realistic model[J]. Nature Energy, 3（2）: 132-139.

Wu J, Fan Y, Timilsina G, et al. 2020. Understanding the economic impact of interacting carbon pricing and renewable energy policy in China[J]. Regional Environmental Change, 20（3）: 1-11.

Wu G, Inderbitzin A, Bening C. 2015. Total cost of ownership of electric vehicles compared to conventional vehicles: a probabilistic analysis and projection across market segments[J]. Energy Policy, 80: 196-214.

Xie F, Liu C, Li S, et al. 2018. Long-term strategic planning of inter-city fast charging infrastructure for battery electric vehicles[J]. Transportation Research Part E: Logistics and Transportation Review, 109: 261-276.

Xu G, Miwa T, Morikawa T, et al. 2015. Vehicle purchasing behaviors comparison in two-stage choice perspective before and after eco-car promotion policy in Japan[J]. Transportation Research Part D: Transport and Environment, 34: 195-207.

Xu J H, Guo J F, Peng B, et al. 2020b. Energy growth sources and future energy-saving potentials in passenger transportation sector in China[J]. Energy, 206: 118142.

Xu J H, Yi B W, Fan Y. 2020a. Economic viability and regulation effects of infrastructure investments for inter-regional electricity transmission and trade in China[J]. Energy Economics, 91: 104890.

Xu L, Su J. 2016. From government to market and from producer to consumer: transition of policy mix towards clean mobility in China[J]. Energy Policy, 96: 328-340.

Yao X, Fan Y, Zhao F, et al. 2022a. Economic and climate benefits of vehicle-to-grid for low-carbon transitions of power systems: a case study of China's 2030 renewable energy target[J]. Journal of Cleaner Production, 330: 129833.

Yao X, Fan Y, Zhu L, et al. 2020b. Optimization of dynamic incentive for the deployment of carbon dioxide removal technology: a nonlinear dynamic approach combined with real options[J]. Energy Economics, 86: 104643.

Yao X, Ma S C, Fan Y, et al. 2022b. An investigation of battery storage operating strategies in the context of smart cities[J]. Industrial Management & Data Systems, 122: 2393-2415.

Yao X, Yi B, Yu Y, et al. 2020a. Economic analysis of grid integration of variable solar and wind power with conventional power system[J]. Applied Energy, 264: 114706.

Yi B W, Eichhammer W, Pfluger B, et al. 2019. The spatial deployment of renewable energy based on China's coal-heavy generation mix and inter-regional transmission grid[J]. The Energy Journal, 40（4）: 45-74.

Yi B W, Xu J H, Fan Y. 2016. Inter-regional power grid planning up to 2030 in China considering renewable energy development and regional pollutant control: a multi-region bottom-up optimization model[J]. Applied Energy, 184: 641-658.

Yi B W, Zhang S H, Fan Y. 2022. Economics of planning electricity transmission considering environmental and health externalities[J]. iScience, 25（8）: 104815.

Yu Z, Li S, Tong L. 2016. Market dynamics and indirect network effects in electric vehicle diffusion[J]. Transportation Research Part D: Transport and Environment, 47: 336-356.

Yuan X, Liu X, Zuo J. 2015. The development of new energy vehicles for a sustainable future: a review[J]. Renewable and Sustainable Energy Reviews, 42: 298-305.

Zeng D, Liu K, Chen Y, et al. 2015. Distant supervision for relation extraction via piecewise convolutional neural networks[C]. Proceedings of the 2015 Conference on Empirical Methods in Natural Language Processing.

Zhang K, Xu L, Ouyang M, et al. 2014. Optimal decentralized valley-filling charging strategy for electric vehicles[J]. Energy Conversion and Management, 78: 537-550.

Zhang L, Li Y. 2017. Regime-switching based vehicle-to-building operation against electricity price spikes[J]. Energy Economics, 66: 1-8.

Zhang L, Zhao Z, Xin H, et al. 2018. Charge pricing model for electric vehicle charging infrastructure public-private partnership projects in China: a system dynamics analysis[J]. Journal of Cleaner Production, 199: 321-333.

Zhang P, Yan F, Du C. 2015. A comprehensive analysis of energy management strategies for hybrid electric vehicles based on bibliometrics[J]. Renewable and Sustainable Energy Reviews, 48: 88-104.

Zhang X, Bai X, Shang J. 2018. Is subsidized electric vehicles adoption sustainable: consumers' perceptions and motivation toward incentive policies, environmental benefits, and risks[J]. Journal of Cleaner Production, 192: 71-79.

Zhang X, Liang Y, Yu E, et al. 2017. Review of electric vehicle policies in China: content summary and effect analysis[J]. Renewable and Sustainable Energy Reviews, 70: 698-714.

Zhang X, Wang K, Hao Y, et al. 2013. The impact of government policy on preference for NEVs: the evidence from China[J]. Energy Policy, 61: 382-393.

Zhang Y, Qian Z, Sprei F, et al. 2016. The impact of car specifications, prices and incentives for battery electric vehicles in Norway: choices of heterogeneous consumers[J]. Transportation Research Part C: Emerging Technologies, 69: 386-401.

Zhang Y, Yu Y, Zou B. 2011. Analyzing public awareness and acceptance of alternative fuel vehicles in China: the case of EV[J]. Energy Policy, 39 (11): 7015-7024.

Zhang Y J, Peng H R, Liu Z, et al. 2015. Direct energy rebound effect for road passenger transport in China: a dynamic panel quantile regression approach[J]. Energy Policy, 87: 303-313.

Zhang Z, Sun X, Ding N, et al. 2019. Life cycle environmental assessment of charging infrastructure for electric vehicles in China[J]. Journal of Cleaner Production, 227: 932-941.

Zhao X, Cai Q, Ma C, et al. 2017. Economic evaluation of environmental externalities in China's coal-fired power generation[J]. Energy Policy, 102: 307-317.

Zhao Y, Huang H, Chen X, et al. 2019. Charging load allocation strategy of EV charging station considering charging mode[J]. World Electric Vehicle Journal, 10 (2): 47.

Zhao Y, Wang Z, Shen Z J M, et al. 2021. Assessment of battery utilization and energy consumption in the large-scale development of urban electric vehicles[J]. Proceedings of the National Academy of Sciences, 118 (17): e2017318118.

Zheng Y, Niu S, Shang Y, et al. 2019. Integrating plug-in electric vehicles into power grids: a comprehensive review on power interaction mode, scheduling methodology and mathematical foundation[J]. Renewable and Sustainable Energy Reviews, 112: 424-439.

Zhou K, Cheng L, Wen L, et al. 2020. A coordinated charging scheduling method for electric vehicles considering different charging demands[J]. Energy, 213: 118882.

Zhou P, Shi W, Tian J, et al. 2016. Attention-based bidirectional long short-term memory networks for relation classification[C]. Proceedings of the 54th Annual Meeting of the Association for Computational Linguistics（volume 2：Short papers）.

Zhou S，Wang Y，Zhou Y，et al. 2018. Roles of wind and solar energy in China's power sector：implications of intermittency constraints[J]. Applied Energy，213：22-30.

Zhu X，Xia M，Chiang H D. 2018. Coordinated sectional droop charging control for EV aggregator enhancing frequency stability of microgrid with high penetration of renewable energy sources[J]. Applied Energy，210：936-943.

Zou P，Chen Q，Yu Y，et al. 2017. Electricity markets evolution with the changing generation mix：an empirical analysis based on China 2050 High Renewable Energy Penetration Roadmap[J]. Applied Energy，185：56-67.

附录 A 消费者对各类电动汽车参数的偏好

表 A.1 消费者对纯电动汽车的参数偏好值

纯电动汽车参数	加权平均值	最大值	最小值	中位数	标准差
厂商建议零售价/元	241 381.51	1 088 314.27	42 680	222 633.33	158 547.84
续航里程/千米	241.57	496.25	120	266	81.58
电池容量/（千瓦·时）	35.20	86.43	10	33	16.52
电机总功率/千瓦	97.53	464	40	85	79.37
总重量/千克	1 177.26	1 900	427.8	1 162.5	405.28
长度/毫米	4 069.38	5 168	2 488	4 458.33	725.02
宽度/毫米	1 736.22	2 070	1 405	1 765	120.96
高度/毫米	1 575.39	1 980	1 445	1 530	93.97
轴距/毫米	2 455.93	3 198	1 600	2 640	340.50

表 A.2 消费者对插电式混合动力汽车的参数偏好值

插电式混合动力汽车参数	加权平均值	最大值	最小值	中位数	标准差
厂商建议零售价/元	361 912.16	1 988 000	165 400	231 233	331 747.14
续航里程/千米	64.92	85	27	61	12.61
电池容量/（千瓦·时）	12.14	18.4	6.2	12.8	1.66
电机总功率/千瓦	119.56	225	25	110	65.20
总重量/千克	1 465.39	2 515	860	1 538	368.61
长度/毫米	4 722.43	5 250	4 270	4 688	176.39
宽度/毫米	1 849.10	2 144	1 770	1 855	58.98

续表

插电式混合动力汽车参数	加权平均值	最大值	最小值	中位数	标准差
高度/毫米	1 570.51	1 780	1 116	1 530	145.42
轴距/毫米	2 738.16	3 210	2 535	2 700	124.02
发动机排量/升	1.79	6.3	1	1.5	0.85
发动机功率/千瓦	138.26	588	45	113	92.12
综合油耗/（升/100 千米）	1.80	3.9	0.9	1.6	0.47

表 A.3　消费者对增程式混合动力汽车的参数偏好值

增程式混合动力汽车参数	加权平均值	最大值	最小值	中位数	标准差
厂商建议零售价/元	289 840.96	519 800	209 300	280 800	91 874.94
续航里程/千米	106.21	207	50	116	48.31
电池容量/（千瓦·时）	17.62	27.5	13	18	4.34
电机总功率/千瓦	119.61	135	94	135	18.97
总重量/千克	1 524.62	1 735	695	1 610	314.87
长度/毫米	4 574.25	4 800	4 006	4 579	235.08
宽度/毫米	1 808.69	1 819	1 775	1 811	13.10
高度/毫米	1 505.42	1 600	1 484	1 494	35.59
轴距/毫米	2 682.11	2 710	2 570	2 694	42.48
发动机排量/升	1.21	1.5	0.65	1.5	0.31
发动机功率/千瓦	59.74	78	28	78	19.28
综合油耗/（升/100 千米）	1.81	2.4	0.35	2.4	0.89

附录 B　PVAR 模型最佳滞后期数的检验

表 B.1　PVAR 的滞后期数选择标准（ln PA、ln EV、ln EVCPAC）

滞后期	AIC	BIC	HQIC
1	−1.136 3	−0.554 7	−0.908 1
2	−1.441 5	−0.763 3	−1.174 9
3	−1.642 8	−0.861 5	−1.335 1
4	−1.774 42*	−0.882 762*	−1.422 66*
5	−1.759 3	−0.749 2	−1.360 1

*表示按照标准选择的最优滞后期数

表 B.2　PVAR 的滞后期数选择标准（ln PA、ln EV、ln EVCPDC）

滞后期	AIC	BIC	HQIC
1	0.685 0	1.266 6	0.913 2
2	0.379 4	1.057 7	0.646 0
3	0.216 6	0.997 957*	0.524 292*
4	0.214 505*	1.106 2	0.566 3
5	0.295 8	1.305 9	0.695 1

*表示按照标准选择的最优滞后期数

表 B.3　PVAR 的滞后期数选择标准（ln PA、ln BEV、ln EVCP）

滞后期	AIC	BIC	HQIC
1	4.523 7	5.105 4	4.752 0
2	4.428 8	5.107 1	4.695 4
3	4.198 1	4.979 47*	4.505 8*
4	4.185 0	5.076 7	4.536 8
5	4.126 73*	5.136 8	4.526 0

*表示按照标准选择的最优滞后期数

表 B.4   PVAR 的滞后期数选择标准（ln PA、ln PHEV、ln EVCP）

滞后期	AIC	BIC	HQIC
1	3.610 7	4.192 4	3.839 0
2	3.425 2	4.103 4	3.691 8
3	3.116 7	3.898 08*	3.424 4
4	3.046 01*	3.937 7	3.397 78*
5	3.051 1	4.061 1	3.450 3

*表示按照标准选择的最优滞后期数